A VISITA DA VERDADE

Coordenação de arte: Priscila Noberto
Capa e projeto gráfico: Marcela Badolatto
Diagramação: Priscilla Andrade
Preparação: Sandra Garcia Custódio
Revisão: Cristina Peres

1ª edição — 2ª impressão
1.000 exemplares — maio 2022
Tiragem total: 6.000 exemplares

Dados Internacionais de Catalogação na Publicação (CIP)
(Câmara Brasileira do Livro, SP, Brasil)

Ribeiro, Amadeu
A visita da verdade / Amadeu Ribeiro. —
São Paulo : Centro de Estudos Vida & Consciência
Editora, 2013.

ISBN 978-85-7722-236-0

1. Espiritismo 2. Romance espírita I. Título.
13-00080 CDD-133.9

Índices para catálogo sistemático:
1. Romance espírita : Espiritismo 133.9

Este livro adota as regras do novo acordo ortográfico (2009).

Vida & Consciência Editora e Distribuidora Ltda.
Rua das Oiticicas, 75 – Parque Jabaquara – São Paulo – SP – Brasil – CEP 04346-090
editora@vidaeconsciencia.com.br
www.vidaeconsciencia.com.br

A VISITA DA VERDADE

AMADEU RIBEIRO

"Finalmente ela se
tornaria a mulher
que sempre sonhou."

prólogo

Quando o galo do vizinho entoou sua canção matinal, todos na casa de Alfredo já estavam de pé. O canto da ave significava que mais um dia de trabalho na roça iria começar. Espreguiçando-se com vontade para deixar o sono e a moleza de lado, Alfredo, sua esposa e seus três filhos foram se levantando devagar e, quando o galo tornou a cantar, eles já estavam se dirigindo à pequena cozinha para tomar o café da manhã.

Cada um seguiria com sua rotina diária. Alfredo iria pegar a enxada e dar duro na terra. Serena, sua esposa, ficaria cuidando da casa, após arrumar os filhos para que eles fossem à escola. Quando eles voltassem, o almoço já estaria pronto e, após comerem, Márcio, o mais velho, levaria a marmita para o pai, que certamente estaria arando ou capinando as terras pertencentes ao prefeito daquele pequeno e afastado município localizado no interior de Minas Gerais.

Mais tarde as crianças fariam os deveres de casa, enquanto Serena estaria lavando ou passando as roupas da família do prefeito. Sempre havia serviço para Serena, e ela dava graças a Deus por ter o seu próprio dinheiro para ajudar o marido nas despesas com a casa e com as crianças.

Alfredo e Serena nunca reclamavam da vida simples e muito modesta que levavam. Ambos nasceram e cresceram no campo, tendo como companhia os pássaros coloridos que pulavam nos galhos das árvores frondosas e antigas, os peixes que nadavam tranquilamente pelos regatos de águas cristalinas e as pequenas cachoeiras que os mais corajosos sabiam existir nos interiores das matas mais espessas. Fora ali, naquele lugar distante dos trânsitos caóticos e das nuvens de poluição existentes nas grandes metrópoles, que Alfredo e Serena se casaram.

Eles se conheciam desde os tempos de criança, quando brincavam juntos e, ao ficarem maiores, descobriram que um gostava da companhia do outro. Após se esforçar e conseguir dois empregos, Alfredo fora à procura dos pais de Serena e a pedira em namoro. Ele era dois anos mais velho do que ela e, assim que completou vinte e um anos, ele a pediu em casamento. Quinze meses depois disso, nascia Márcio, o primeiro filho do casal.

Eles ficaram tão emocionados com o nascimento da criança que a exibiam aos amigos e vizinhos como se ela fosse um pequeno troféu. Márcio era um menino gorducho e risonho que cativava as pessoas que o observavam. Ele sorria para todos, até mesmo para as paredes quando estava sozinho, e algumas mulheres diziam que Márcio estava sorrindo para o anjo da guarda que somente ele conseguia enxergar. Conforme ele foi crescendo, seu bom humor foi aumentando, quase a ponto de deixar as pessoas a sua volta mais animadas e felizes com a vida.

Quando Márcio completou três anos, nasceu Nestor. Ao contrário do irmão mais velho, Nestor era manhoso, chorão e mimado. Não sorria com facilidade e só queria ficar no colo, já que chorava por qualquer motivo. Alfredo e Serena achavam graça ao notar que, enquanto Márcio parecia sempre estar sorrindo, Nestor sempre aparentava estar chorando ou reclamando.

Mas foi a terceira e última filha do casal que mais chamou a atenção das pessoas. Valéria era linda como um pequeno anjo e, para espanto de todos, principalmente de Alfredo e Serena, nascera com dois imensos olhos azuis, tão brilhantes e intensos como dois pedaços do céu. Os pais eram morenos e Márcio e Nestor também nasceram com uma vasta cabeleira negra, mas Valéria até nisso se diferenciara. Ao contrário dos cabelos escuros dos demais, inexplicavelmente ela nascera loira, com a pele rosada como a de uma boneca.

As más-línguas comentavam que Serena traíra Alfredo com um turista rico que estivera na cidade, o que explicaria a aparência da menina. No entanto, apesar dos cabelos e olhos claros, Valéria possuía o mesmo rosto do pai. E, quando ela completou seis meses, era uma versão reduzida e feminina de Alfredo. Não havia como atestar uma possível traição da parte de Serena, que, aliás, jamais cogitara essa ideia. Ela amava o marido e nunca olhara para outro homem com segundas intenções, assim como Alfredo, que nunca fora capaz de trair Serena nem mesmo em pensamento.

capítulo 1

Os anos foram passando depressa e, naturalmente, as despesas aumentaram. Márcio estava com sete anos, Nestor com quatro e Valéria acabara de completar seu segundo aniversário. Os pais faziam o possível para ver os filhos felizes e, mesmo com condições financeiras bastante escassas, esforçavam-se muito para economizar mais dinheiro e organizar uma festinha simples de aniversário para cada um dos filhos. Não houve nenhum ano que tivesse passado em branco. Sempre havia ao menos um bolo de fubá, alguns doces caseiros e refrescos para as crianças, que sempre chamavam os amiguinhos da escola e os filhos dos vizinhos. A família do prefeito também era muito gentil e educada, porém seus filhos já eram moços e não se interessavam mais por festinhas infantis.

Alfredo e Serena sabiam que havia algo diferente em Valéria, muito além de suas características físicas. Ela tinha um temperamento totalmente diferente do dos irmãos. Márcio era alegre e risonho, Nestor, irritadiço e chorão, mas eles nunca pareceram estar infelizes com a vida que tinham ou com os brinquedos e objetos que possuíam. Aos sete e quatro anos, respectivamente, pareciam ainda muito jovens e ingênuos para terem grandes noções sobre a vida. Quando fossem mais velhos, teriam opinião própria e poderiam escolher o que realmente quisessem da vida.

Mas com Valéria não era assim. Desde que começara a falar, ela parecia deixar claro que não gostava de muitas coisas que os pais lhe compravam. Ela devolvia as bonecas que ganhava dos vizinhos dizendo que eram feias e não tinham brilho. Ela também ficava contrariada quando a mãe a vestia com roupas simples e só gostava daquelas que fossem brilhantes, como ela mesma dizia. E, conforme Valéria ia ficando maior, não havia mais dúvida de que ela gostava de usar roupas elegantes, que parecessem mais sofisticadas.

Dois dias após completar cinco anos, enquanto tomava o café da manhã com os pais e os irmãos, Valéria disse que um dia queria ter muito dinheiro e viver numa casa tão grande quanto a do prefeito. Alfredo e Serena se entreolharam com certo espanto, pasmados com as afirmações de sua filha tão pequena. Mas Valéria sempre tivera opinião firme quanto àquilo de que gostava e de que não gostava, e expunha suas opiniões, gostos e desejos de forma clara e objetiva, para que não houvesse dúvidas.

Ela queria roupas e brinquedos caros, como aqueles que vira certa vez nos quartos dos filhos do prefeito, quando fora com a mãe entregar as roupas passadas da esposa do político. O prefeito tinha dois meninos, um com catorze e outro com dezessete anos. Porém, guardavam nos quartos os brinquedos de infância, de carrinhos de rolimã a jogos de montar, todos das melhores marcas e modelos, assim como as roupas e os sapatos. Valéria olhava fascinada para a imensidão da casa e, ao voltar para sua modesta casinha de madeira no final daquela tarde, estava acabrunhada e mal-humorada. Quando a mãe lhe chamou a atenção porque ela não queria comer, Valéria resmungou:

— Sempre a mesma comida!

Alfredo ficou bastante irritado com a atitude da menina. Ele sempre procurara dar o melhor aos filhos e nunca deixara que faltasse o essencial a eles. Por conta disso, não queria que Valéria crescesse com ilusões de se tornar rica um dia só por ter nascido com olhos azuis e cabelos loiros. Ele nunca entendera por que a filha nascera com aparência tão diferente deles, e não queria sustentar os luxos dela, mesmo porque ele nunca teria condições para tanto.

— Não deve reclamar da comida que Deus nos dá, Valéria — Alfredo olhava para a filha com expressão enfezada enquanto Márcio e Nestor acompanhavam a conversa. — Muitos não têm nem isso pra comer.

— Quem dá a comida é o dinheiro e não Deus — Valéria empurrou o prato para a frente com suas mãozinhas. — Não quero mais comer ovo, arroz e feijão. Nunca muda. Lá na casa do prefeito sempre tem comida diferente.

— Como você sabe? — Márcio olhava a irmã com curiosidade. — Nunca almoçou nem jantou lá.

— Porque eles têm dinheiro e quem tem dinheiro come coisas mais gostosas — ela olhou para o pai e continuou: — Se você trabalhasse mais, poderia me dar comidas melhores.

Alfredo perdeu a paciência e estapeou a filha no braço, que imediatamente se pôs a esfregar o local atingido.

— Nunca mais repita isso, menina metida! Deve aprender a respeitar seus pais e sua casa. Você tem apenas cinco anos e não é adulta. Não manda na sua vida.

— Mas um dia eu vou crescer e vou embora daqui! Vou ter muito dinheiro e nunca mais volto para cá.

Dizendo isso, ela levantou-se da mesa e correu até a cama, onde se deitou e começou a chorar, lamentando não apenas a ardência no braço, mas principalmente a pobreza em que vivia, tão diferente das coisas bonitas que o prefeito tinha em sua casa.

Esta cena foi esquecida, mas relembrada três meses mais tarde quando Valéria se recusou veementemente a calçar as sapatilhas de camurça que uma vizinha, amiga de Alfredo e de Serena, comprara para ela. Naquela noite de sábado haveria uma festa na praça principal, patrocinada pelo padre da igreja matriz, assim como houvera em todos os anos anteriores. Haveria música ao vivo, doces, comidas variadas e diversas atrações para adultos e crianças. Márcio e Nestor adoravam ir até a praça. Nunca perdiam nenhum evento festivo. Porém, Valéria teimou e bateu o pé, recusando-se a calçar o presente recém-ganhado da amiga dos pais.

— Vamos chegar atrasados à festa, Valéria! — Serena agitou as sapatilhas diante do lindo rostinho da filha de cinco anos. — Suas sandálias estão quase rasgando. Você não vai ficar descalça, não é mesmo?

— Melhor do que usar isso. São horríveis!

Serena avaliou as sapatilhas, que eram coloridas e combinavam perfeitamente com uma criança da idade de Valéria. Mas a menina desde sempre tivera gênio forte e ficava emburrada por um longo tempo quando contrariada. O pai, por mais que contestasse, acabava procurando realizar os desejos da filha quando envolviam coisas mais caras, e Serena, no íntimo, sabia que Valéria sempre seria daquela forma.

Achava que o marido também já compreendera a realidade da filha caçula, mas ela não podia aceitar. Era como se Valéria tivesse nascido no lugar errado ou que fosse filha de gente rica, que, por algum acaso do destino, tivesse vindo parar naquela humilde casinha no interior mineiro.

Sua aparência, seu porte eram refinados e aristocráticos; ela sentava-se à mesa com uma elegância digna de uma princesinha. Ao contrário dos irmãos, que comiam até saciarem a fome, Valéria degustava as refeições de forma calma e contida.

Às vezes Serena parava para observá-la discretamente sem saber a quem a menina puxara para ter aquele comportamento estranho. Embora tivesse uma semelhança inegável com Alfredo, muitas vezes Serena se perguntava se Valéria realmente saíra de suas entranhas. Considerando os olhos azuis e brilhantes da filha, aliados aos cabelos loiros e encaracolados, a ideia de a menina ter sido trocada na maternidade não parecia ser totalmente insana para Serena.

Mas, ao mesmo tempo, pensava que ela não poderia ser filha de pessoas ricas. Que mulher endinheirada daria à luz numa maternidade tão simples e desprovida de recursos quanto aquela em que Valéria e seus irmãos nasceram?

— Seu pai não vai gostar de saber que você não quer usar as sapatilhas novas. A dona Rosália estará na festa e vai reparar que você não está usando o presente que ela lhe deu. Não vai querer fazer feio, certo?

— Mais feio é usar um lixo! — decidida como uma pequena adulta, Valéria cruzou os bracinhos e continuou: — Eu não pedi presente nenhum. Ela deu porque quis.

— Então você vai descalça?

— Prefiro não ir. Lá só tem pessoas chatas e feias, que ficam comendo, falando e cuspindo.

— Seu pai não vai deixar você ficar sozinha aqui em casa.

— Eu fico deitada na minha cama e durmo — Valéria ergueu seus belos olhos para a mãe, insistindo: — Por favor, mamãe, me deixe ficar!

— Isso nós veremos com seu pai, que já deve estar chegando.

Alfredo chegou em casa quinze minutos depois e evidentemente não concordou com o que considerava mais uma frescura da filha. Tomou as sapatilhas coloridas das mãos da esposa e forçou Valéria a calçá-las. Nestor se aproximou, encarou a irmã que gritava e chorava em protesto e cutucou o braço do pai.

— Deixe-a ficar, papai. É uma boboca mesmo. Só vai dar trabalho se for.

Ela mostrou a língua para o irmão e olhou com tanto desgosto para as sapatilhas em seus pés que Alfredo quase se arrependeu por tê-la obrigado a calçá-las. Instantes depois Serena surgiu com o vestido preferido de Valéria, que não ficou mais feliz quando o vestiu. Ela olhava feio para baixo e mostrava a língua aos irmãos quando eles a insultavam discretamente.

— Seus sapatinhos são lindinhos — provocou Nestor.

— Parecem ferraduras coloridas — ajuntou Márcio. Mesmo sendo bem mais velho que Valéria, ele gostava de insultá-la.

Ela não discutiu mais e pouco depois todos foram para a festa. Nela havia palhaços, que deram pequenos brindes às crianças menores e animaram a noite. A festa parecia mais farta e divertida do que a de anos anteriores.

Voltaram para casa por volta de onze horas. As crianças estavam sonolentas e cansadas, mas ninguém reclamou, nem mesmo Valéria, que parecia ter se esquecido de seus calçados novos.

Alfredo e Serena também estavam exaustos, mas por sorte o dia seguinte seria um domingo e poderiam descansar um pouco mais, já que ele não precisaria trabalhar nas terras do prefeito.

———

No decorrer dos meses houve novas festas pela cidade, comemorações em casa de amigos e confraternizações das quais quase toda a população participava. Alfredo, Serena e os filhos não perdiam nenhuma oportunidade de descontração e estavam presentes em todas as festividades. Mas antes de saírem sempre se dava uma discussão com a filha, que parecia pronta a implicar com alguma coisa. Ora não queria usar determinada roupa por ser muito simples e sem brilho, ora se recusava a usar as meias e os sapatos que a mãe indicava, ora queria fazer um penteado que a deixasse ainda mais bonita do que já era. Alfredo ficava bastante irritado com as exigências de Valéria, mas acabava sendo vencido pelo cansaço e pela persistência da menina.

Por mais que fosse contrário aos luxos da caçula, Alfredo nunca conseguia fazer com que ela mudasse de atitudes, que só pioravam conforme ela ia ficando mais velha. Quando fez oito anos, só queria usar as roupas que ela mesma escolhia e sempre resmungava quando a mãe dizia que não tinha dinheiro para comprar as coisas que ela via nas vitrines das lojas do centro da cidade. Enquanto Márcio e Nestor pareciam conformados e agradecidos por tudo o que tinham, Valéria tinha uma ânsia inata de possuir sempre mais, objetos bons e caros, roupas chiques e de marca, e sonhava em segredo com o dia em que tivesse sua primeira joia.

Serena continuava trabalhando para a família do prefeito, que arrumara para Márcio um serviço de mensageiro na Prefeitura. Ele já estava com treze anos e auxiliava os pais nas despesas da casa, mas sempre deixava claro que nenhum centavo do seu dinheiro poderia ser usado para comprar coisas caras para a irmã. Ele a amava, porém não gostava do seu modo de ser. Achava Valéria metida e exigente, como se fosse grande coisa. Quando brigavam, ela o chamava de pobre e ele fazia questão de lembrá-la de que ela também tinha a mesma origem.

— Mas não vou ser como você, que se conforma com a pobreza — ela dizia, no auge das discussões. — Um dia vou ser rica, tão rica quanto a mulher do prefeito.

— E onde você vai arrumar tanto dinheiro, sua tonta? — Márcio era um bom rapaz, mas perdia a compostura com Valéria e eles brigavam como adultos. — Quem vai querer você? Ou vai trabalhar para enriquecer?

— Trabalho não dá dinheiro. O papai e a mamãe trabalham tanto e continuam pobres como sempre. Eu vou ter criados só para mim. E, quando me casar, meus filhos serão lindos, educados e tão ricos quanto eu. E você e o Nestor vão continuar aqui, neste lugar cheio de mosquitos e cobras.

Márcio ria, duvidando. Porém, Valéria falava aquilo com tanta convicção que ele ficava meio receoso. Ela repetia aquelas palavras desde pequena e insistia tanto na mesma coisa que era até possível que desse certo. Sua madrinha de batismo sempre dizia que, quando se deseja muito alguma coisa, os anjos escutam e dizem amém. E se eles dissessem amém para Valéria? E se um dia ela realmente ficasse rica? Tudo o que lhe restaria a fazer seria lhe desejar felicidades. Gostava muito da irmã e, acima de tudo, ele esperava que tanto ela quanto Nestor fossem felizes.

A beleza natural de Valéria parecia crescer junto com ela. Aos treze anos tinha o corpo de uma mulher e aos quinze era admirada por muitos rapazes da região e de áreas vizinhas. Valéria era muito cortejada, mas nunca reparara em ninguém, pois todos eram tão pobres quanto ela. Achava que, antes de amar um homem, era preciso amar seu dinheiro, e aqueles que ela conhecia não tinham onde cair mortos.

Márcio tinha uma namorada que morava na cidade vizinha e, com a autorização dos pais dela, ele ia visitá-la nos fins de semana. Ambos tinham vinte anos e Márcio ainda trabalhava na Prefeitura, embora a gestão atual fosse de outro prefeito. Era chefe da tesouraria e seu salário era suficiente para mantê-lo e a Mirela, caso decidissem se casar.

Nestor também tinha uma namorada. A jovem era mais bonita do que Mirela, mas ainda muito infantil. Sua família também era muito simples e todos gostavam de Nestor. Conheciam Alfredo e Serena de longa data e aprovavam a ideia de casamento entre os filhos, mas, diferentemente de Márcio e Mirela, Nestor e Maria Cecília nunca tocavam nesse assunto. Preferiam se divertir, além do que Maria Cecília era ainda muito ingênua para formar uma família.

Valéria encarava os relacionamentos dos irmãos com deboche. Achava ridículo uma pessoa pobre se casar com outra igualmente pobre, pois, para ela, isso significava que nunca deixariam de ser pobres. Ela achava que eles pensavam pequeno. Quem desejasse crescer na vida precisaria correr atrás do sucesso e da fortuna, embora a própria Valéria nunca tivesse feito nada nesse sentido simplesmente por falta de oportunidades. Os filhos dos coronéis, dos ex-prefeitos e dos banqueiros estavam casados, ou ainda eram crianças. Não havia partidos ricos disponíveis, mas Valéria nunca desistiria. Sabia que era cedo ainda e que o homem certo para ela viria, trazendo amor no coração e os bolsos cheios de dinheiro.

À sua maneira ela amava os pais, mas culpava-os em silêncio pela vida tão modesta que levavam. Não suportava ver que eles pareciam acomodados ali, de forma que viveriam daquela maneira até o fim de seus dias. E Márcio e Nestor, o que esperavam da vida? Um casamento sem graça, uma casa simples e um monte de filhos? Eles teriam que trabalhar de sol a sol como Alfredo sempre fizera para sustentar as crianças e a esposa.

Não, definitivamente Valéria não queria aquela vida para ela. Se as pessoas tinham o direito de sonhar, ela sonhava com coisas grandes e distantes, mas possíveis de serem conquistadas um dia. Por que não pensar no dia em que ela viajaria pelo mundo, falando três ou quatro idiomas, ao lado de um marido rico e bonito? Por que não idealizar uma casa perfeita, com carros na garagem e uma imensa piscina azulada, como ela vira pela televisão? Por que gostar da pobreza se no mesmo planeta havia também a riqueza? Se tudo era apenas uma questão de escolha, Valéria queria o melhor, que em sua concepção era a fortuna, o luxo e o requinte.

capítulo 2

No dia em que Valéria fez dezesseis anos, houve duas comemorações. Uma pelo seu aniversário e outra pelo casamento de Márcio com Mirela. Eles estavam felizes e apaixonados, trocando juras de amor. Márcio tornara-se um belo e atraente rapaz, e Mirela era uma moça cuja beleza enlevava os olhos de quem a fitasse. Ela se mostrou simpática com todos e cumprimentou Valéria pelo aniversário, que retribuiu a gentileza, desejando votos de felicidade.

— Minha única ordem é: faça meu irmão feliz.

Mas Valéria dizia para si mesma que pobreza era antônimo de felicidade e alegria. Ela nunca fora feliz com a vida que levara até então. Seus filhos, quando os tivesse, seriam criados no luxo, estudando nas melhores escolas, não como aquela em que ela e os irmãos estudaram, cujas goteiras sempre se faziam visíveis em dias de chuva.

Heitor, o patrão de Alfredo, que fora prefeito e empregara Márcio, também compareceu para dar parabéns aos noivos. Ele não conhecia Mirela, mas vira os filhos de Alfredo crescer e tinha apreço por sua família. Em segredo, disse a Alfredo que daria uma viagem a eles como presente de lua de mel.

Márcio e Mirela receberam emocionados a boa notícia e ficaram ainda mais felizes quando Heitor disse que lhes daria uma viagem a outro país, caso eles desejassem. Os dois nunca haviam conhecido outro estado e o mais longe que chegaram fora Belo Horizonte. Agradeceram Heitor repetidas vezes e a viagem ficou marcada para dali a algumas semanas.

Valéria acompanhava a movimentação com indisfarçável inveja. Se soubesse que Heitor daria uma viagem a Paris ao irmão e à cunhada, teria ela mesma se casado com qualquer pé de chinelo e pedido também uma viagem como lua de mel. Ela ouvira falar que havia homens muito ricos na Europa, em especial na capital francesa. Lá ela arrumaria um amante milionário, que a convenceria a deixar o marido. Eles se separariam e ela se casaria com o francês, e quem sabe até ficasse morando por lá mesmo.

Mas as fantasias de Valéria se desvaneciam com a mesma rapidez com que eram formuladas. O objetivo principal de sua vida parecia cada vez mais difícil de se realizar. O que um homem rico faria naquelas paragens em que ela morava? Os filhos de Heitor eram casados e demonstravam muito amor por suas esposas. Valéria muitas vezes até pensara em se insinuar para eles. O caçula estava com vinte e seis anos e o outro com vinte e nove. Talvez fossem meio velhos para ela, mas o mais importante sempre era o dinheiro. Entretanto, a ideia de se tornar amante de um homem casado não a agradava. Para ser dona de toda a fortuna, era preciso ser a esposa.

A viagem de Márcio e Mirela a França durou dez dias. Quando voltaram, pareciam mais felizes do que nunca. Tinham levado pouquíssimo dinheiro, mas não se esqueceram da família e trouxeram lembrancinhas francesas para todos. Para Valéria, haviam trazido um perfume. Era o melhor aroma que ela já havia sentido. Porém, não usava a fragrância porque pensava que não havia o menor sentido em se perfumar para continuar cercada por galinhas e porcos.

Alfredo e Serena adoraram ouvir as histórias que Márcio e Mirela contaram sobre o que tinham visto em Paris. Disseram que a cidade era belíssima e romântica. A inveja corroía o coração de Valéria. Era ela quem deveria ter feito uma viagem como aquela. Em um lugar tão elegante como Paris, certamente conheceria alguém interessante (e rico) que faria sua vida mudar para melhor.

Meses depois Mirela anunciou que estava grávida. Nestor e Maria Cecília continuavam firmes em seu namoro, mas nenhum deles mencionava casamento. Tinham ficado muito felizes com a viagem de Márcio e Mirela e, ao contrário de Valéria, não sentiram despeito ou ciúme. E, mesmo que resolvessem se casar, não poderiam esperar que o ex-prefeito também fosse lhes presentear com uma viagem ao exterior.

A menina que nasceu era um verdadeiro encanto. Márcio e Mirela decidiram chamá-la de Leocádia, nome que Valéria achou horrível. Quando tivesse seus filhos, colocaria nomes mais elegantes, que combinassem com sua classe social. Mas para isso era preciso estar rica. Jamais engravidaria de um marido pobre, que precisasse trabalhar na roça como seu pai fazia.

———

O aniversário da cidade era comemorado no dia 7 de abril. Era feriado municipal e Alfredo teria folga. Valéria estava prestes a completar dezoito anos. Parecia incrível, mas ela tinha o dom de se mostrar mais bela a cada manhã. Os rapazes da vizinhança eram loucos por ela, mas Valéria mal lhes dirigia o olhar. Alguns eram até bonitinhos, mas o dinheiro era ainda mais bonito. Nunca permitira ser beijada por homem algum. O primeiro que fizesse isso teria que provar para ela que era bem de vida. E, naturalmente, deveria tirá-la daquele fim de mundo para que Valéria pudesse ter a vida com que sempre sonhara.

O padre da igreja matriz era quem sempre organizava as festas na praça central da cidade. Alfredo e Serena nunca perdiam esses eventos. Valéria detestava cada um deles. Lá só havia um bando de pobres gargalhando como hienas e comendo como cavalos. Ela nunca conseguira entender como aquelas pessoas encontravam razões para ser felizes morando em casinhas de madeira pequenas e simples, cujos móveis ficavam grudados uns nos outros por falta de espaço. Contudo, as pessoas que ela tanto desprezava eram felizes.

Ela tinha decidido ficar em casa durante a festa da cidade. Quando pequena os pais a obrigavam a acompanhá-los. Agora que era uma moça, tomava suas próprias decisões, embora ainda não fosse maior de idade. Porém, ficar em casa era tão chato quanto sair. Mesmo depois de Márcio se mudar para a casinha que comprara para viver com Mirela e a filha, a falta de espaço continuava. Tinha que dividir o mesmo quarto com Nestor. Ela era uma mocinha e seus pais tinham que entender que ela queria ter seu próprio espaço. Queria ter sua privacidade respeitada, mas, naquelas circunstâncias, isso nunca aconteceria.

Emburrada por não ter opções, Valéria vestiu sua melhor roupa, penteou os cabelos usando o penteado que vira em uma atriz da televisão e partiu para a festa. O sol não estava muito quente, mas, por ter a pele muito clara, ela logo ficava corada. Ficou longe dos pais e dos irmãos. Gostava da sua família, mas muitas vezes eles a envergonhavam por serem tão xucros e malvestidos.

Havia várias barraquinhas com comidas e produtos artesanais. Era a mesma coisa de todos os anos. Parecia que até a comida era a mesma. E os lanches então? Dois ou três tipos de bolos diferentes e bolinhos de chuva, fritos na hora. Tudo era tão limitado e repetitivo que Valéria só conseguia bufar de irritação. Se um dia ela partisse daquele fim de mundo, nunca mais olharia para trás e fingiria nunca ter conhecido aquelas pessoas.

— Valéria! Ei, Valéria!

Ela se virou e olhou com pouco caso para Tibúrcio. Era um senhor gordo e risonho, dono de um pequeno armazém. Nas festas, ele trabalhava em uma das barracas de alimentos, ano após ano.

— Venha experimentar um dos meus biscoitos feitos de banha.

— Deus me livre! Acha que vou colocar essas coisas gordurosas na minha boca?

— Mas foram feitos pelas mãos mágicas da minha esposa — contestou Tibúrcio, sem se ofender.

Valéria imaginou a esposa dele, igualmente gorda, fazendo aqueles biscoitos. Não foi uma visão bonita e ela chegou a sentir ânsia.

— Não estou com fome, obrigada. Nem deveria ter vindo.

— Mas por que não, se a festa está tão boa?

Ela ouviu uma voz masculina soar atrás de si. Virou-se pronta para criticar quem estava se metendo em sua conversa. Porém, sua fala morreu na garganta ao deparar com o desconhecido. Valéria não se lembrava de tê-lo visto antes e tinha certeza de que ele não morava na cidade.

— Você falou comigo? — ela perguntou, sondando-o com o olhar. Ao menos, ele tinha bom gosto para roupas.

— Com certeza. Acha que eu perderia a oportunidade de falar com a mulher mais bonita da festa? Pelo menos ainda não vi nenhuma mais graciosa do que você.

Ele falava macio e sedutoramente. Valéria já teria se livrado dele, pois detestava cantadas baratas. Entretanto, o modo como ele gesticulava e se expressava lembrava alguém com mais classe. Até pareciam os modos dos filhos de Heitor. Além disso, as roupas e os sapatos dele pareciam ser finos e elegantes. E o perfume que ele exalava era tão suave e marcante quanto a colônia que ela tinha ganhado do irmão e nunca tivera oportunidade de usar.

— Nós já nos conhecemos?

Era óbvio que não, mas Valéria quis puxar assunto.

— Ainda não, eu moro em Belo Horizonte. Nunca tinha vindo para cá.

— Mas já que veio — era Tibúrcio novamente, que prestava atenção à conversa —, não gostaria de experimentar um dos meus biscoitos feitos de banha de porco? Minha esposa caprichou no preparo.

Valéria tentou impedir o desconhecido de fazer a compra, mas ele já estava sacando o dinheiro do bolso. E quanto dinheiro! Havia um maço de notas de valores tão altos que os olhos azuis de Valéria se esbugalharam.

O rapaz pagou a Tibúrcio e ofereceu alguns biscoitos a Valéria, que balançou a cabeça negativamente. Antes que Tibúrcio continuasse dando palpites, Valéria segurou o rapaz pelo braço e o conduziu para um local mais afastado da festa. Não queria que seus irmãos ou seus pais a vissem conversando com alguém cujo nome ela nem sequer sabia.

— Os biscoitos estão mesmo muito bons — elogiou ele, entre uma mastigada e outra.

— Não sou muito chegada nisso — Valéria exibiu o seu melhor sorriso e perguntou: — Mas me diga: o que o trouxe para esse lugar tão remoto e afastado?

— Estudo com o Robson — tratava-se do filho mais velho de Heitor. — Não sei se você sabe, mas ele está morando com a esposa em Belo Horizonte. Ele aproveitou que seria feriado aqui para visitar a família. Ele me convidou para acompanhá-los e aqui estou eu, aproveitando o dia quando deveria estar estudando.

— E quando vocês voltam?

— Hoje à noite — ele fez uma expressão de tristeza, dizendo: — Pelo pouco que conheci desta cidade, eu já gostei. As pessoas são alegres e hospitaleiras. Veja você, por exemplo. Uma garota linda, com olhos de anjo, já está se entrosando comigo como se me conhecesse de uma vida inteira.

— Mas essa é a sensação que eu tenho — mentiu Valéria, se lembrando do maço de dinheiro que ele tinha no bolso. — Pena que por aqui não tem homens como você.

— Como assim? — ele perguntou e engoliu mais um biscoito.

— Homens bem-humorados, respeitáveis, educados e que sabem manter uma boa conversa — e claro, os homens mais abastados não estavam disponíveis.

— Também gostei de você, menina! Como se chama?

— Valéria. E você?

— Felipe Falcão — ele estendeu a mão para cumprimentá-la, mas Valéria, toda saliente, trocou o cumprimento por um beijo no rosto. — Nossa, menina, assim você me deixa sem jeito.

Ela riu, espevitada. Enquanto Felipe continuava falando de si, ela o observava em silêncio. Ele não era um homem bonito, mas não era de se jogar fora. Era alto, magro, pele clara e cabelos negros e brilhantes. Os olhos eram escuros e cativantes. Tinha o queixo estreito e a testa larga, o nariz era um pouco torto e os dentes tão pequeninos que pareciam ser de leite. Valéria não notou nenhum sinal de aliança em seus dedos.

Ele contou que tinha trinta e dois anos e cursava Engenharia. Morava com os pais e decidira que só se casaria quando encontrasse a mulher ideal, de preferência após estar formado. Era filho único e, quando indagado sobre a área em que trabalhava, Felipe apenas riu e respondeu:

— Graças a Deus eu não preciso trabalhar. Meu pai paga a minha faculdade e uso o dinheiro da minha mesada para meus gastos pessoais.

Valéria achou que ele já estava um pouco velho para viver à custa do dinheiro do pai, mas considerou que entre as pessoas ricas isso deveria ser normal. Alfredo, seu pai, nunca pudera lhes dar mesada, e, mesmo que desse, o valor mal daria para pagar um pão.

Era a primeira vez que Valéria ficava interessada em alguém. Felipe parecia o homem perfeito que ela vinha esperando desde criança. Era rico, solteiro e jovem, embora fosse quinze anos mais velho do que ela. Realmente, ele poderia representar a oportunidade tão ardentemente desejada.

Valéria falou pouco de si mesma. Resumiu em poucas palavras que morava com os pais e com um irmão solteiro. Fez uma expressão condoída ao contar o quanto aquela vida a entristecia.

— Eu sempre sonhei em morar numa cidade grande... como Belo Horizonte — ela jogaria o máximo de indiretas possível. — Mas isso é algo que nunca vai acontecer. Estou fadada a viver e morrer aqui.

— Ah, mas não pode ser tão ruim assim! — sorriu Felipe, encantado com a formosura de Valéria.

— Você diz isso porque chegou há apenas um dia. Eu vivo aqui há quase dezoito anos. Sei do que estou falando. É tudo tão parado, tão quieto, tão sem graça. Só se vê mato, bicho e os mesmos rostos. Não gosto de nenhum rapaz daqui, mas sei que, se eu não quiser ficar para titia, vou ter que me casar com um deles, mais cedo ou mais tarde — os olhos dela brilharam e duas lágrimas escorreram por seu rosto belíssimo. — É o meu destino. O meu lamentável e sofrido destino.

Felipe achou que ela estava sendo dramática, mas podia compreendê-la. Até ele, que vivia na capital, às vezes se cansava da mesmice. Era importante quebrar a rotina, como ele fizera ao viajar em companhia do filho do ex-prefeito para aquela cidade.

Eles continuaram conversando enquanto a festa seguia animada. Em dado momento, Valéria, que fazia tudo de caso pensado, decidiu que era preciso avançar além do diálogo. Felipe estava comentando algo sobre seu curso, quando, inesperadamente, ela o envolveu pela nuca e o trouxe para si, beijando-lhe os lábios com uma paixão que estava longe de sentir.

Era a primeira vez que beijava um homem e não sentiu emoção nenhuma. Todavia, o coração de Felipe disparou, enquanto mergulhava naquele beijo e sentia o gosto dos lábios rosados e tentadores da garota. Como o beijo se intensificou, Felipe ficou mais ousado e decidiu passar a mão pelos seios dela. Como Valéria não tentou impedi-lo, ele ficou ainda mais excitado.

— Vamos para algum lugar onde a gente possa ficar mais à vontade? — ele perguntou, mordiscando a orelha dela. — Deve haver algum hotel nesta cidade. Eu pago. O que acha?

— Eu adoraria — murmurou ela, preocupada com a ideia de ser vista pelos pais enquanto beijava Felipe. — Mas não posso.

— Não pode por quê? — ele estava ofegante, beijando o rosto e os cabelos encaracolados de Valéria. — Não vamos demorar.

— Porque não é certo — com gestos ensaiados, ela o afastou de perto de si e ajeitou a roupa. — Não sou uma moça fácil! Além disso, quero um homem para casar.

— Casar? — Felipe pareceu aturdido.

— Claro! Nós nos conhecemos hoje. Eu adorei sua companhia e, sinceramente, ficaria feliz se fôssemos namorados. Mas eu quero mais do que isso. Meu maior sonho é me casar com um homem decente e bonito como você, mas, infelizmente, não existe nenhum por aqui.

— Mas nós podemos conversar sobre isso mais tarde — ansioso por mais beijos, ele avançou nela novamente, mas Valéria o afastou com as mãos. — Por favor, minha querida...

— Não! Eu sinto muito — ela baixou os olhos e, quando tornou a erguê-los, Felipe viu que ela estava chorando. — Você vai me achar uma boba pelo que vou dizer, uma verdadeira caipira do mato.

— O que foi, Valéria? Vamos, me diga.

— É a primeira vez que beijo um homem — o que era verdade. — Sei que parece ridículo, mas acho que estou apaixonada por você — o que era mentira. — Não sou uma idiota?

Ela completou a pergunta chorando ainda mais. Espantado com aquela revelação, Felipe simplesmente puxou-a para junto de si e abraçou-a carinhosamente. Em Belo Horizonte, várias mulheres tinham dito estarem apaixonadas por ele, mas nenhuma delas tinha despertado seu interesse até agora. Além disso, o curso de Engenharia era complexo e lhe tomava bastante tempo. Mas agora, com aquela jovem loira nos braços se dizendo apaixonada por ele, a situação era outra. E por mais que não quisesse admitir, ela o havia tocado no fundo do coração.

— Valéria, você sabe que eu estou indo embora hoje. Não vamos poder ter nada sério.

— Eu sei. Por isso sou uma boba. Tinha que me apaixonar por alguém impossível...

— Olha, nós podemos nos corresponder. O que acha?

— Nada disso me importa mais. Meu coração está partido — ela tomou a mão dele e a encostou em seu peito. — Veja, está disparado. Eu nunca vivi nada parecido antes. Só sei que meu sofrimento será ainda maior.

Felipe começou a se agitar novamente, pois sua mão estava em contato com o seio dela outra vez. Mas, antes que pudesse esboçar qualquer reação, ela se afastou e recuou alguns passos.

— Adeus, Felipe! Só peço que, se um dia você voltar aqui, não se esqueça de mim — secou os olhos rapidamente. — Eu te amo, apesar de nos conhecermos a menos de duas horas. Mas o amor não tem tempo ou razões, não é mesmo?

Ela acenou e girou o corpo, se afastando a passos largos. Felipe ainda tentou ir atrás dela, mas Valéria se misturou entre a multidão.

Quando ele voltou para Belo Horizonte naquela noite, nada comentou com o filho de Heitor. Mas seus pensamentos estavam povoados por aquela maravilhosa garota loira e pelas palavras amorosas que ela lhe dissera.

capítulo 3

Três meses se passaram. A vida na roça continuava a mesma. Valéria estava certa de que alguém a vira aos beijos com Felipe e a notícia chegaria aos ouvidos do seu pai. Mas, se foi vista, nada comentaram. Com o decorrer das semanas, ela foi ficando mais relaxada. O importante era que parte do seu plano tinha dado certo, ou pelo menos parecia que tinha.

Ela não se arrependeu por ter beijado um homem que ela mal conhecia. Tinha dado um tiro no escuro. Nem sequer sabia se Felipe se interessaria por ela. Mas, ao intensificar o beijo, percebeu que ele estava se entregando exatamente da maneira que ela esperava. Foi proposital se afastar dele repentinamente, logo após enlouquecê-lo com seu beijo. Sua intenção era deixá-lo com vontade de experimentar mais. Só que para isso acontecer ele teria que pagar um preço alto.

Depois que ele partiu, Valéria esperou que ele reaparecesse dias depois. Como ele não deu nem sinal, ela continuou aguardando mais um pouco. Talvez suas obrigações em Belo Horizonte o impedissem de voltar. Quase dois meses tinham se passado e Felipe não dera as caras. Preocupada, Valéria começou a achar que nada tinha dado certo. Em vez de seduzi-lo com a história de estar apaixonada, talvez o tivesse botado para correr. Alguns homens fugiam da palavra casamento. Se Felipe fosse um deles, ela estaria perdida.

Ao final do terceiro mês ela já tinha desistido. Recriminava-se a todo instante. Jogara para perder. Como pudera ter sido tão burra? Não poderia tê-lo assustado com aquele rompante de paixão. O homem que representava sua única oportunidade de sair daquele esconderijo onde vivia tinha lhe escapado por entre os dedos. Tinha jogado sua grande chance no lixo.

Se ela tivesse algum dinheiro guardado, teria viajado para a capital atrás dele. Aliás, se tivesse dinheiro guardado, ela já teria se mandado daquela cidade. Mas infelizmente sua situação era precária. Se a morte fosse cobrar para levá-la, Valéria viveria eternamente.

Naquele dia tinha chovido durante toda a manhã. Logo depois do almoço a chuva estiou. Serena havia deixado dinheiro para que ela comprasse alguns produtos de higiene na venda. Valéria não gostava de ir até lá. Achava o lugar muito modesto para comportar uma moça com o porte distinto que ela tinha. Fizera dezoito anos na semana anterior, embora isso não mudasse nada.

Ela estava entrando na venda quando alguém tapou seus olhos por trás, usando as mãos. Antes de responder, ela sentiu um agradável cheiro de colônia masculina, uma fragrância levemente familiar. Imediatamente se lembrou de quando sentira aquele perfume.

— Felipe? É você?

Ele descobriu os olhos dela e a virou para ele. Os dois se contemplaram por alguns segundos e Felipe, faminto dos lábios dela, beijou-a com a paixão guardada ao longo de noventa dias. Feliz pelo retorno dele, Valéria entregou-se ao beijo, sem nenhum pudor ou restrição.

Quando finalmente se afastaram, ele perguntou:

— Como você consegue estar mais linda do que antes?

Ela estava usando um vestido azul, mais escuro que a cor dos seus olhos. Prendera os longos cabelos cacheados num rabo de cavalo. Não estava maquiada, embora nem fosse necessário.

— O que faz na cidade? — ela quis saber. Tinha demorado, mas finalmente ele estava ali.

— Nós precisamos conversar. E desta vez não será como no dia da festa.

— Como assim? Você quer me levar para algum lugar em especial?

— Também não é isso. Quero falar com seus pais.

O mundo de Valéria parou. Sentiu uma tremenda vontade de gritar de alegria, certa de que ele lhe daria uma ótima notícia.

— Mas antes eu preciso saber se você ainda gosta de mim.

— Mais do que tudo — a voz dela ficou trêmula. Ela agarrou as mãos dele e apertou-as com firmeza. — Sinta como as minhas mãos estão frias. Você mexe com todo o meu corpo. Eu o amo, Felipe!

Ele tornou a beijá-la. Em seguida, beijou as mãos dela sofregamente.

— Sendo assim, eu quero conversar com seus pais. Nesses três meses eu não consegui parar de pensar em você. Mal consegui me concentrar nas atividades do meu curso, sabia? Sonho com seu rosto e com seus beijos quase todas as noites. Eu também estou apaixonado por você, Valéria. E acho que nós merecemos mais do que isso. Quero me casar com você. Será que seus pais vão concordar?

As batidas do coração de Valéria aceleraram. Será que estava escutando direito? Aquilo sim é que parecia um sonho. Aquele homem de pouca beleza e muito dinheiro estaria falando a verdade?

— Felipe, nem sei o que dizer. Eu... — propositalmente, ela não completou a frase.

— Diga apenas que aceita se tornar minha esposa, isto é, se seus pais concordarem.

Mas é claro que seus pais concordariam, nem que ela os torturasse com brasa quente. Ninguém iria atrapalhar o seu futuro agora. Mesmo que não permanecesse por muito tempo casada com Felipe, ele seria o seu passaporte para um novo mundo, ao qual ela sempre desejara pertencer. Se Alfredo e Serena a impedissem, ela se casaria escondido e sumiria daquela cidade horrorosa.

— Eu aceito, meu amor. É tudo o que eu mais quero. Oh, Deus, achei que você nunca mais fosse voltar. Pensei... — como já fizera antes, ela fingiu um pranto angustiado.

— Shhh! Eu estou aqui agora, não estou? Não vou mais me separar de você.

E nem ela o perderia de vista.

No trajeto até a casa de Valéria, Felipe explicou que se demorara a dar um retorno porque tinha custado a convencer sua família a consentir no casamento. Embora já estivesse com mais de trinta anos, ele não era dono do seu próprio dinheiro. Contudo ele era herdeiro de um império no ramo da indústria automobilística que seu pai deixaria ao falecer. No início, sua mãe não aprovou a ideia e o pai chamou Valéria de interesseira. Mas Felipe parecia tão apaixonado e foi tão insistente, tocando no mesmo assunto todos os dias, que eles foram obrigados a concordar. Mas antes queriam conhecê-la pessoalmente.

Ele explicou ainda que tinha chegado à cidade naquela manhã. Viera pedindo informações sobre ela quando a viu cruzando seu caminho na direção da venda. Seu coração de ingênuo homem enamorado cantou de felicidade.

Valéria tornou a chorar quando pararam diante da casinha em que ela morava. Explicou que tinha vergonha de mostrar a simplicidade do seu lar para um homem bem de vida como Felipe.

— Além disso, está tudo desarrumado.

Como tudo era parte de sua armação, ela já esperava que Felipe fosse dizer que nem ia reparar na bagunça.

— Meus pais não estão — informou ela assim que entraram. — Eu tinha ido à venda para comprar algumas coisas e acabei não comprando nada.

— Em breve você não vai mais precisar ir a mercado algum — garantiu Felipe, de mãos dadas com ela. — Terá empregados que farão isso para você.

— Você não pode estar falando sério.

— Estou sim. Você vai ter aquela vida com que tanto sonhara. Você parece uma rainha e é nisso que vou transformá-la: rainha de Belo Horizonte.

Valéria fazia um grande esforço para não soltar uma gargalhada. Aquele homem era tudo o que ela esperava. Faria dela exatamente aquilo que ela tanto almejava.

Nestor não estava em casa e eles ficaram conversando sobre amenidades, esperando pela chegada dos pais dela. A casa era arrumada e não era tão pequena como Valéria anunciara. Porém, Felipe tinha que concordar que ela merecia mais do que aquilo. Sua figura não combinava com aquele lugar. Para ele, era como prender uma ave rara e exótica numa gaiolinha.

Ela o levou ao quarto que dividia com o irmão, e Felipe precisou se controlar para não atirá-la sobre a cama. Precisava respeitar aquele lar. Além disso, ela logo se tornaria sua esposa e seria toda dele.

Serena chegou sobraçando uma sacola de roupas que trouxera para lavar e passar. Olhou com curiosidade para o estranho. Valéria fez as devidas apresentações, mas disse que Felipe era um amigo que desejava conversar com ela e com Alfredo.

Meia hora depois Alfredo chegou com Nestor. O rapaz não tinha um emprego definido, por isso ajudava o pai na lida. Também encararam o desconhecido com estranheza. Felipe, educado e gentil, cumprimentou-os polidamente. Após as apresentações, ele decidiu ir direto ao ponto.

Em poucas palavras, disse ter conhecido Valéria na festa do aniversário da cidade e, conversando, eles descobriram que tinham muitos pontos em comum. Se havia amor à primeira vista, era o que tinha acontecido com eles. Confessou que estava apaixonado por Valéria e sabia ser correspondido. Contou que era amigo de Heitor, que morava e estudava em Belo Horizonte, e os seus pais já haviam consentido no casamento deles.

— Estou aqui para pedir a mão de Valéria em casamento — finalizou ele. — Pretendo levá-la comigo para Belo Horizonte, onde nos casaremos.

— Valéria, por que não nos disse nada? — Alfredo lançou um olhar zangado à filha.

— Porque eu não queria me iludir, papai. Achei que ele não fosse voltar, mas ele voltou. Eu o amo mais do que tudo e já aceitei me casar com ele — ela tomou as mãos do pai e beijou-as. Iria se ajoelhar aos pés dele se fosse necessário. — Por favor, papai, diga que permite! É minha felicidade que está em jogo!

— Mas você vai nos abandonar, minha querida? — perguntou Serena com tristeza. Apesar do jeito ganancioso de Valéria, ela amava a menina.

— Meu coração vai ficar em frangalhos, mamãe, mas eu preciso seguir com a minha vida. Eu sempre disse que não moraria aqui para sempre. Esta é a oportunidade que Deus está me dando.

— Você está indo embora porque ele é rico — despejou Nestor, irritado. — Você sempre detestou a pobreza. Você até pode gostar dele, mas gosta muito mais do dinheiro dele.

— Não é verdade, meu irmão! — ela chorava, mesmo sentindo vontade de dar um pontapé em Nestor. — Você namora Maria Cecília há tanto tempo. Deveria saber disso melhor do que eu. O amor não enxerga nada e atropela quem estiver na sua frente.

— E você vai atropelar a família que a criou, não é?

— Basta, Nestor! — Alfredo passou a mão pelos cabelos. Tentava parecer durão e impassível, mas seu coração estava arrasado. Sempre soubera que um dia Valéria iria partir, mas não esperava que fosse tão cedo. Ela tinha apenas dezoito anos, era quase uma criança ainda. Agora teria sua própria vida ao lado de um homem bem mais velho do que ela. Mas, por outro lado, ele sabia que seria inútil tentar impedi-la. — Valéria, você sabe que eu só quero vê-la feliz.

— Eu sei, papai — as lágrimas pingavam dos olhos dela.

— Quem sou eu para segurá-la aqui. Você tem sua própria vida agora. É uma mulher e pode fazer o que quiser. Quanto a você, mocinho — ele olhou para Felipe, que aguardava em respeitoso silêncio —, nem pense em fazer minha filha sofrer, está me ouvindo?

— Jamais, senhor. Nós vamos ficar juntos até morrermos, quando estivermos bem velhinhos.

Alfredo olhou para Serena, que apenas assentiu em silêncio. Era um momento triste e emocionante. Queria o melhor para Valéria, e Felipe parecia ser a pessoa ideal para ela.

— Sendo assim, só me resta concordar — aprovou Alfredo. — Que sejam muito felizes!

Valéria encheu os pais de beijos. Nestor olhou para aquela cena com raiva e inveja. Não queria que Valéria levasse a melhor, não depois de ter sido tão exibida e arrogante. Achava que era justo que ela vivesse pobre até o fim dos seus dias.

Ele se recusou a cumprimentá-la, mas Valéria não se importou. Tudo o que queria era dar início à nova fase de sua vida. Finalmente ela sairia da pobreza e se tornaria uma mulher rica, como sempre sonhara.

———

Os preparativos para o casamento ficaram por conta de Felipe. Ele percorria o trajeto entre Belo Horizonte e aquela cidadezinha do interior duas vezes por semana. Felipe também decidiu oferecer um jantar, em elegante salão de festas, num bairro nobre da capital mineira. Seria a oportunidade de Mauro e Minerva Falcão, os pais de Felipe, conhecerem Valéria.

Ele lhe comprou lindos vestidos e sapatos. Queria deixar sua noiva ainda mais bela e elegante para os seus pais e amigos.

Era a primeira vez que Valéria viajava. Seguiu com Felipe em seu elegante automóvel. Tudo para ela era parte de uma magia fascinante, um sonho encantado, um mundo fabuloso e belo. Quando chegaram à capital, ele a deixou em um hotel de luxo. Valéria parecia hipnotizada com o que via. Tudo era muito mais lindo do que ela imaginara.

Ela colocou um vestido rosa-claro para a comemoração. Prendera os cabelos num elegante coque no alto da cabeça. No pescoço, usava uma gargantilha de prata que Felipe lhe dera naquela manhã. Ele queria que ela causasse impacto em quem a fitasse e seus pais a aprovassem de imediato. Mostraria que não estava se casando com uma caipira ignorante e sim com uma dama à sua altura.

E foi o que aconteceu. No salão ricamente decorado, Valéria era o centro das atenções. Sorria para os convidados e cumprimentava-os como se fosse uma princesa em seu castelo. Em nenhum momento ela ficou tímida ou sem jeito. Era como se sempre tivesse pertencido àquele meio social.

Mauro e Minerva imediatamente simpatizaram com ela. A futura nora era muito mais bonita do que tinham imaginado, o que justificava Felipe ter se apaixonado por ela. A moça era educada, gentil, risonha, graciosa, com dois imensos olhos azuis e um rosto angelical. Muitos diriam que ela era filha de gente rica. E o mais impressionante era que ela tinha a postura adequada para aquela situação. Caminhava com desenvoltura e altivez impressionantes.

Valéria sorria para si mesma, pois sabia que estava despertando a inveja em muita gente. Não vira outra mulher com uma beleza que se comparasse à dela. E Felipe mal cabia em si de contentamento. Considerava-se um homem sortudo por tê-la encontrado.

O casamento aconteceu uma semana depois. Foi um evento luxuoso e bastante comentado na alta sociedade de Belo Horizonte. Felipe levou a família de Valéria para o casamento, menos Nestor, que se recusou a ir. Márcio e Mirela levaram a pequena Leocádia. Alfredo e Serena ficaram deslumbrados com o lugar, mas ficaram encolhidinhos como dois pombinhos doentes. Felipe comprara roupas para todos, mas eles não tinham o porte aristocrático de Valéria. Por outro lado, reconheciam que ela seria feliz, afinal aquilo era o que sempre desejara.

Felipe deixou que Valéria se decidisse sobre o destino da lua de mel. De imediato, ela pensou em Paris. Queria conhecer os mesmos lugares que seu irmão e sua cunhada haviam visitado. Mas agora estava bem de vida. Podia ir além. Escolheu conhecer as principais cidades europeias. Queria um mês de viagem, comendo, dormindo e comprando nos melhores lugares.

Eles haviam se casado em comunhão de bens, o que foi uma festa para Valéria. Agora tinha o sobrenome Falcão. Ela faria altos voos, fazendo jus ao novo sobrenome. E como se os céus estivessem do seu lado, Mauro, o pai de Felipe, o presenteou com uma magnífica residência no bairro Cidade Jardim, um dos mais nobres da cidade. Além disso, depositou uma quantia numa conta bancária, dizendo que seria um adiantamento para os gastos deles com a viagem e com os primeiros anos após o casamento. A quantia, segundo Valéria descobriu, era suficiente para sustentar mais duas gerações.

A viagem para a Europa foi idílica, magnífica, fantástica. Visitaram cidades como Roma, Lisboa, Madri, Paris, Nice e Veneza. Um lugar era mais lindo do que o outro. E, quando voltavam para o hotel, entregavam-se à sedução da paixão. Para Felipe, a primeira vez com Valéria tinha sido melhor do que poderia prever.

Ficaram um mês e meio fora do Brasil e, quando finalmente retornaram, estavam bem-dispostos e felizes. Valéria jamais mencionava os pais ou os irmãos. Felipe não sabia, mas ela tinha jurado para si mesma que nunca mais colocaria os pés em sua cidade. Sua vida agora era outra e nela não havia espaço para sua família. Os ricos e os pobres não deveriam se misturar. Seu caso com Felipe fora uma exceção porque ela o forçara, ela o seduzira de tal forma que ele não conseguiu mais se ver livre dela.

Foi então que os primeiros sintomas de uma gravidez se fizeram anunciar. Era bom que Felipe tivesse um herdeiro, assim Valéria estaria garantida pelo resto dos seus dias. Ele a paparicava como todo bom marido e jurava que nasceria um menino. Ela apenas sorria feliz. O sexo da criança não lhe importava em nada, e sim a fortuna que tinha agora. Nascesse menino ou menina, o importante era que o bebê dormiria em berço de ouro. A vida dela estava garantida para sempre.

Ou assim pensava Valéria.

capítulo 4

Na opinião de Valéria, que era mãe de primeira viagem, sua gestação fora tranquila. Ela se consultava em uma das melhores maternidades de Belo Horizonte, e o médico que acompanhava sua gravidez garantia que estava tudo bem com o bebê. Conforme a barriga ia ficando maior, tudo se tornava mais incômodo para ela, e Felipe debochava sempre que a via em dificuldades. Ele repetia todos os dias o quanto a amava e Valéria, sem desapontá-lo, devolvia as promessas de amor.

Felipe jamais desconfiou que a esposa não o amava de verdade. Para ele, Valéria era uma linda e inocente criatura, que se casara com o primeiro amor de sua vida. Nunca lhe passou pela cabeça a ideia de que Valéria fosse gananciosa e mesquinha, que se relacionara com ele apenas por causa do dinheiro e da chance de melhorar de vida.

E ele estava certo quanto ao sexo do bebê. O menino nasceu gordo e corado. Saíra a cara do pai. Tinha fartos cabelos pretos e olhos igualmente escuros. Era uma criança bonita, que cativou os pais de Felipe. Por sugestão de Valéria, recebeu o nome de Ícaro.

A maternidade foi bem-aceita por Valéria. Em poucos meses ela conseguira voltar às suas medidas naturais. Odiara o período em que ficara gorda, mas, por outro lado, nada descrevia a incrível sensação de ter uma vida brotando dentro de si.

Pela primeira vez na vida ela amava alguém que não ela mesma. Não tirava Ícaro dos braços e adorava observá-lo dormir. Felipe contratara uma babá para auxiliá-la nos cuidados com o filho, mas Valéria quase sempre fazia tudo sozinha. Quando Felipe saía para a faculdade, ela conversava com o bebê como se ele fosse um adulto. E o assunto era quase sempre o mesmo:

— A mamãe ama você mais do que tudo, sabia? Quando você crescer, será um dos homens mais ricos desta cidade. Desde já aprenda que você tem direito a tudo de melhor e mais caro.

Ao ouvir a conversa, a babá resolveu opinar:

— Desculpe me intrometer, dona Valéria, mas minha mãe sempre dizia que não é bom mimarmos muito uma criança, principalmente quando ela tem boas condições financeiras. Quando ele ficar mais velho, pode se tornar um menino exigente e metido.

— Não me lembro de ter pedido a sua opinião — retrucou Valéria, ninando Ícaro no colo. — Se a sua mãe fosse entendida em criação de filho, hoje você seria uma mulher bem de vida como eu e não precisaria trabalhar como empregada.

A babá, humilhada e indignada, foi reclamar com Felipe quando ele retornou. Após ouvi-la, ele apenas sorriu, paciente e tranquilo.

— Desculpe, Lilian, mas Valéria é mãe pela primeira vez. É natural que ela se comporte assim. Nunca ouviu dizer que toda mãe vira uma onça para proteger seus filhos?

Vendo que não teria apoio, Lilian pediu as contas. Outras babás foram contratadas depois dela, mas nenhuma durou mais de uma semana no emprego. Valéria era ríspida e mal-educada. Gostava de humilhá-las e deixá-las por baixo. Além disso, sempre reclamava quando uma delas pegava Ícaro nos braços.

— Você não sabe nem segurar uma criança — criticava. — Meu filho não é um saco de batatas. Se você trabalhava em uma feira livre, é melhor voltar para lá.

As reclamações sempre recaíam sobre Felipe, mas ele acobertava Valéria, com o pretexto de que ela era uma jovem insegura e infantil. E, quando conversava com Valéria sobre suas atitudes, ela se punha a chorar.

— Vai dar ouvido a essas mulheres que mal conhecemos, meu amor? A sua esposa sou eu. Apenas faço o que acho ser melhor para o nosso bebê.

Mas o melhor, em sua opinião, era tudo o que tinha grife ou custava um valor absurdo. Só comprava roupas para ela e para Ícaro em lojas famosas de shoppings. Felipe achava graça na atitude da mulher. Ela sempre fora privada das coisas luxuosas, então era natural que agora quisesse tirar o atraso. Valéria estava deslumbrada com aquele novo mundo e um dia sua ânsia por peças caras iria acabar.

Ícaro crescia feliz e extrovertido. Quando aprendeu a engatinhar, deslizava pela casa toda e, logo que se sentiu seguro, ele arriscou os primeiros passos. Era uma criança esperta e bonita e sempre arrancava risos das pessoas à sua volta.

Quando ele estava com dois anos, Valéria o tinha levado para brincar em um playground de um shopping quando um fato inusitado aconteceu. Eles estavam tomando sorvete e já seguiam de volta para o estacionamento. Felipe contratara um motorista para ficar à disposição da esposa e do filho. De repente, Ícaro viu um menino um pouco mais velho do que ele do lado de fora do estacionamento. O menino estava acompanhado de uma menina que parecia ser sua irmã. Ambos estavam sujos e maltrapilhos. Talvez fossem crianças de rua. Ícaro estendeu seu sorvete na direção do menino e gritou:

— É dele! É dele!

— Este sorvete é seu, meu amor — Valéria olhou de revés para as crianças malvestidas. — Eles são mendigos e vão nos assaltar se formos até lá.

— Meu sorvete é dele! — repetiu Ícaro, quase em desespero. — Dá pra ele!

— Fofinho, eu já falei que pessoas bonitas não se misturam com pessoas feias. Eles são pobres e nós somos ricos, entendeu? Rico é quem tem dinheiro e eles não têm.

— Dá dinheiro pra eles — retrucou Ícaro, apontando o menino com o sorvete.

Para não prolongar a conversa, Valéria o pegou no colo e acelerou os passos até o carro. Assim que entraram no veículo, ela notou que o motorista estava guardando um pacote de bolachas no porta-luvas do carro. Olhou para ele com frieza:

— Você estava comendo dentro do carro?

— Não, senhora. Na verdade... só peguei duas bolachinhas.

— Que isso não se repita! Não quero encontrar farelos de alimentos aqui dentro, a não ser que eu ou meu filho sujemos o piso. Ficou claro?

— Sim, senhora — respondeu o motorista, cujo rosto estava pálido.

— E agora siga direto para minha casa. E você, filhinho, pare de ficar olhando para aqueles dois imundos lá fora.

De repente, Valéria sentiu o estômago embrulhar. Parecia uma onda violenta de enjoo. Carlos, o motorista, viu pelo retrovisor que a patroa não estava se sentindo bem e resolver arriscar:

— A senhora está passando mal, dona Valéria? Quer que a leve a um hospital?

— Eu disse minha casa, não disse? Cumpra minhas ordens e não faça perguntas idiotas — assim que acabou de falar, seu estômago se contraiu ainda mais e ela quase vomitou.

— Talvez a senhora tenha comido algo que não lhe caiu bem — continuou Carlos, aumentando a velocidade.

— Vai monitorar o que eu como agora? Seu trabalho é dirigir e não cuidar da minha vida.

Carlos se calou. Se não precisasse tanto daquele trabalho, tão bem remunerado, já teria mandado aquela mulher às favas. Tão jovem e tão esnobe! Destratava todo mundo como se fosse melhor do que os outros.

Nenhum empregado sabia da origem de Valéria. Todos a julgavam rica desde sempre. Os únicos que sabiam da verdade eram Felipe e seus pais. Para Valéria, seu passado estava morto e enterrado.

Ao chegar à mansão, Valéria correu para o banheiro e vomitou tudo o que tinha no estômago. Quando Felipe a viu naquele estado, imediatamente levou-a para o hospital. E lá, após alguns exames de praxe, veio a confirmação de que ela estava novamente grávida.

Desta vez ela não ficou tão empolgada como da primeira vez. Estava com vinte e um anos e queria desfrutar do sabor da juventude sem ter outros filhos. Mas Felipe ficou extasiado de emoção e ela teve que dissimular seus sentimentos. Não podia deixar que ele percebesse o que ela realmente pensava.

O segundo menino foi chamado de Michel e, ao contrário do irmão, herdara as características físicas da mãe. Tinha os mesmos olhos azuis de Valéria e os cabelos loiros e encaracolados. Porém, conforme se notou mais tarde, ele era calado, chorão e retraído. Parecia o irmão de Valéria, Nestor, quando criança. Talvez tivesse saído ao tio.

Ícaro tinha uma mania que desagradava Valéria. Ele sempre queria oferecer seus pertences às pessoas mais desfavorecidas que encontrava pela rua. Acenava para os mendigos de dentro do carro e sempre pedia que a mãe desse algum dinheiro aos pobres, o que nunca acontecia.

— Mas por que não, mamãe? — indagava ele, inconformado. — Nós não temos muito dinheiro?

— Temos, mas não é para dar aos outros. Se eu sair por aí distribuindo dinheiro, logo vou ficar tão pobre quanto eles.

— Mas pelo menos vamos ajudar outras pessoas — ele parecia a miniatura de um adulto e não uma criança de quatro anos. — Eles podem estar com fome.

— Não estão, não. Pobres sempre têm o que comer — pelo menos ela sempre tivera enquanto viveu na casa dos pais. — Eu fico infeliz quando o vejo com essa mania de querer ajudar os outros. Eu sempre lhe falei sobre a riqueza, mas parece que é a pobreza que lhe interessa.

Michel apenas ouvia. Ainda era muito novinho para entender certos assuntos, mas tinha a impressão de que o irmão tinha mais razão do que a mãe.

Valéria sempre era requisitada para participar de jantares, festas e eventos, em que só se apresentava a nata da sociedade belo-horizontina. Ela sempre deixava os filhos em casa, embora o dilema com as babás ainda continuasse, principalmente agora que havia duas crianças sob a responsabilidade delas. Quando possível, Felipe a acompanhava a esses luxuosos encontros. Os amigos fitavam, embasbacados, a esposa deslumbrante que ele tinha. Cada dia mais ela lembrava uma princesa de contos de fadas.

E foi justamente em uma dessas festas elegantes que ela passou mal. Teve que seguir em disparada para o toalete, acompanhada de uma amiga. Sentiu certo horror, pois na última vez em que sentira algo parecido estava grávida de Michel.

Confirmada a terceira gravidez, o humor de Valéria escorreu para o ralo. Felipe adorava cada gestação, enchia a esposa de mimos e paparicos. Mas ela não queria passar o resto da vida tendo filhos como uma coelha. Acabaria ficando com o corpo disforme e essa ideia não lhe agradava.

Desejou que, ao menos, viesse uma menina desta vez. Mas, para variar, nasceu outro menino. Este era também loiro, bastante parecido com Valéria e Michel. Em comum acordo, Felipe e Valéria o chamaram de Kennedy. Como os outros irmãos, ele era uma belezinha.

Houve uma ocasião, após um jantar na casa dos pais de Felipe, em que Minerva chamou a nora discretamente em um canto. As duas estavam ricamente vestidas, como se quisessem competir no quesito luxo e elegância.

— Querida, eu gostaria que você fosse sincera e me respondesse: quantos filhos você e Felipe pretendem ter? — para Minerva, três crianças já estava de bom tamanho.

— Na realidade, Michel e Kennedy não foram planejados — Valéria sorriu cortesmente, quando, na verdade, estava furiosa pela intromissão da sogra. — Se Deus quiser, vamos parar por aqui.

— Meus netos são uns amores. Um é mais lindo do que o outro — uma centelha de orgulho e devoção cruzou os olhos escuros de Minerva. — Mas Mauro e eu achamos que já basta.

"Por que não cuida da sua vida, velha enxerida?", pensou Valéria, forçando um sorriso. Porém, respondeu:

— Eu até tento evitar, mas não me dou bem com anticoncepcionais... Além disso, Felipe é tão saliente...

As bochechas de Minerva ficaram rubras, enquanto Valéria ria por dentro.

— Se a senhora me der licença, eu gostaria de voltar para casa. O jantar estava delicioso.

— Claro. De qualquer forma, faça o possível para evitar mais filhos. Nós, pessoas de alta estirpe, normalmente não temos tantos filhos como aquelas pessoas que moram em barracos e lotam as casas de crianças. Se você continuar assim, logo ficará malfalada em nossa sociedade.

— Não sei o que seria de mim sem os seus conselhos, dona Minerva — retrucou Valéria, sarcástica. Em seguida, as duas trocaram beijinhos no ar e se despediram.

———

Embora não tivesse gostado da forma como Minerva falara com ela, quase como se impusesse uma ordem, Valéria concordava que já era hora de parar de ter filhos. Os três meninos ocupavam todo o seu tempo e o da babá da vez. Felipe havia algum tempo se formara engenheiro e agora trabalhava em uma construtora no centro de Belo Horizonte. Ele era muito bem pago pelo seu trabalho, embora não precisasse dele para viver bem. Valéria sabia que era mais um hobby para Felipe, porque na família Falcão ninguém precisava trabalhar para ter dinheiro.

O tempo seguia seu curso e a cada dia Valéria se tornava mais intransigente e grosseira no trato com os empregados. Parecia sentir prazer em jogar na cara das pessoas o quanto ela era rica e o quanto os outros eram pobres. Aqueles que trabalhavam para ela eram considerados seres inferiores. Mas, como os salários que Felipe pagava estavam acima do valor de mercado, muitos tentavam se aguentar no emprego. Como Valéria sabia disso, usava e abusava dos empregados. E, quando eles reclamavam para Felipe e este tentava falar com Valéria, ela chorava e se fazia de vítima. Felipe então desistia e tudo ficava bem para ela.

Em quase sete anos de casamento, Valéria havia conhecido o mundo. Fazia questão de viajar ao menos três vezes por ano e sempre exigia que a viagem fosse para o exterior. Dizia que no Brasil não havia nada de interessante que agradasse aos seus olhos. Felipe, disposto a agradar a ela e aos três meninos, comprava as passagens e reservava hotéis no país que Valéria desejasse, por quanto tempo ela quisesse ficar. Michel e Kennedy adoravam passear, mas Ícaro vivia repetindo que as crianças pobres não tinham dinheiro para fazer o que eles faziam. Valéria odiava esse jeito do seu filho mais velho. Apesar de só contar seis anos, ele demonstrava tal preocupação com as pessoas de baixa renda que deixava a mãe uma pilha de nervos.

E mais nervosa ainda ela ficou diante da quarta gravidez. Pela primeira vez considerou a hipótese de tirar a criança. Algumas amigas com quem mantinha contato tinham lhe falado sobre clínicas que resolviam aquele tipo de problema com perfeição. Valéria conseguiu o telefone de uma dessas clínicas e, como ainda estava nas primeiras semanas de gestação e Felipe não sabia de nada, agendou uma consulta. Insensível, em nenhum momento pensou que estava tirando a vida de um inocente.

A clínica ficava bem distante, em outra cidade, próxima do Aeroporto Internacional de Confins. Para não levantar suspeitas, Valéria foi de táxi. Ao chegar, constatou que a clínica não ficava em um local agradável e não parecia ser das mais limpas. Cobrariam uma pequena fortuna para livrá-la daquele "empecilho", mas o importante era que desse certo.

O homem que se intitulava "doutor" era um sujeito baixinho e atarracado, plantado em cima de pernas curtas e envergadas. Tinha a maior boca que Valéria já vira e olhos estalados na face. O conjunto deixou Valéria receosa e assustada.

— O pagamento é adiantado, madame — e pelas joias que Valéria usava, ele se arrependeu por não ter cobrado mais caro. — E já aviso que não tem direito a retorno.

— E se algo der errado?

— A responsabilidade é totalmente sua.

Mesmo nervosa, Valéria pagou. Ele a conduziu a uma sala pequena onde havia uma espécie de maca. Era a cena mais primitiva que ela já tinha visto. Não havia aparelhagem moderna nem enfermeiros de prontidão. Só havia aquele homem estranho, com sua boca enorme e medonha.

— Dispa-se — ele ordenou friamente.

— Como é que é?

— Eu mandei tirar toda a roupa.

Ele era seco e inexpressivo. Valéria obedeceu, torcendo para que aquilo terminasse logo.

Mas, quando ele a tocou, Valéria enrijeceu. Algo apertou o seu coração com mão de ferro. E se estivesse fazendo a coisa errada? E se ficasse arrependida depois? E se doesse muito ou ela tivesse sangramentos nos dias seguintes? Felipe acabaria descobrindo e a situação ficaria pior.

A sogra que fosse para o inferno. Quem já tivera três filhos podia muito bem ter o quarto. Esse seria seu último bebê, nem que para isso fizesse uma cirurgia depois. Era melhor ter aquela criança do que ficar entregue àquele barbeiro de pernas tortas.

Ela pulou da maca e nem se importou de ficar nua diante do desconhecido. Começou a se vestir rapidamente.

— Aonde pensa que vai? — ele rugiu para Valéria.

— Vou embora. Desisti da cirurgia. Meu bebê vai ficar onde está.

— Isso é problema seu — ele cruzou os braços, contemplando-a enquanto ela calçava os sapatos.

— Agora devolva o meu dinheiro e tudo ficará em paz — esforçando-se para sorrir, Valéria estendeu a mão aberta.

— Você deve estar brincando comigo.

— Como assim?

— Se você desistiu, eu não tenho nada a ver com isso. O dinheiro eu não devolvo.

— Mas isso é um absurdo! — esbravejou Valéria. — Se não me devolver o que lhe paguei, chamo a polícia.

— Então chame — ele pegou uma tesoura de lâminas imensas e afiadas. — Se você ainda tiver língua para isso.

Valéria empalideceu. Seu coração pareceu ter subido para a garganta. Aquele homem iria matá-la ali mesmo. Nascera na pobreza e morreria na imundície.

— Moço, guarde essa tesoura, pelo amor de Deus! — as lágrimas lhe vieram aos olhos, e ela continuou: — Eu estava brincando. Pode ficar com o dinheiro. É claro que não vou contar nada para a polícia. Se eu mudar de ideia outra vez, virei procurá-lo.

— Dê o fora da minha clínica, sua idiota! E, se eu for incomodado pelos tiras, vou até o inferno para encontrá-la. Uma dondoca como você chamada — ele olhou para o papel em que agendara a cirurgia dela — Valéria Falcão deve ser bastante fácil de localizar.

Ofegante e lívida, Valéria não conseguiu emitir nenhum som. Parecia que tinham cortado suas cordas vocais. Tudo o que pôde fazer foi assentir com a cabeça e sair em desabalada carreira até a rua, onde o mesmo taxista a aguardava. Ele notou que ela estava afogueada, mas Valéria se adiantou:

— Leve-me de volta para casa e não me faça nenhuma pergunta!

———

Felipe não desconfiou de nada. Para ele, Valéria continuava a mesma mulher que demonstrara uma paixão ingênua e pura na festa de aniversário de sua cidade. Com o tempo, tornou-se uma mãe prestimosa e carinhosa com os filhos, que às vezes saía dos limites com os empregados, mas nada que não fosse compreensível. Ele a amava mais a cada dia e ficou imensamente feliz com a notícia de que seria pai pela quarta vez.

Procurar uma clínica de abortos foi a maior besteira que Valéria já fizera em sua vida. Cada vez que se lembrava de ter sido ameaçada com uma tesoura, o pânico invadia seu ser. Além do medo que passara, ainda perdera uma grande quantia em dinheiro. Como pudera ter sido tão burra?

Seus sogros não ficaram felizes com a chegada do quarto neto. Achavam que Felipe e Valéria estavam exagerando com tantas crianças. Tinham condições financeiras para sustentar dezenas de crianças se quisessem, mas mulheres ricas com muitos filhos sempre se tornavam alvo de fofoca.

Como se o bebê estivesse lhe dando o troco por ter tentado tirá-lo, essa foi a pior gestação de Valéria. Ela sentia enjoos e dores frequentes. A criança chutava muito e as costas de Valéria doíam como se ela estivesse sendo açoitada. O parto foi ainda mais difícil. Foi preciso o uso de fórceps para desvirar o bebê que estava atravessado. Ela sentiu dores atrozes, mas julgava que poderia ter sido pior se tivesse abortado naquela clínica medíocre.

Até Felipe torcia por uma menina desta vez, mas Valéria não demonstrou surpresa nenhuma ao ver que se tratava de mais um menino. Talvez só pudesse dar à luz garotos. De qualquer forma ela nunca saberia, pois faria uma cirurgia de laqueadura para não gerar mais criança nenhuma.

Deram ao bebê o nome de Sidnei. Era moreno como o pai. Felipe parecia uma criança. Estava chegando aos quarenta anos, mas tinha atitudes infantis quando o assunto eram os filhos. Cada menino que nascia era uma novidade primorosa para ele.

Valéria bateu o pé dizendo que desejava fazer a cirurgia para não ter mais filhos. No começo Felipe foi contra, mas, como sempre acontecia, acabou se deixando levar pelas palavras convincentes da esposa. Ele fazia o possível para agradá-la, e saber que de certa forma mandava no marido só aumentava a arrogância e a prepotência de Valéria.

Pelos cálculos de Valéria, eles estavam contratando a enésima babá para ajudá-la a cuidar dos meninos. Às vezes Felipe achava que era bobagem contratar babás, já que nenhuma se mantinha no emprego por mais de seis meses. Foram raras as que suportaram Valéria por quase um ano. Pediam as contas para não perder a cabeça e dar uns tabefes na patroa esnobe e insolente.

A mulher que contrataram dessa vez chamava-se Teresa. Era bem mais velha que as anteriores. Os meninos simpatizaram com ela, que por sua vez adorou cada um deles. Valéria, como sempre, a tratava com desprezo e soberba, mas isso não parecia abalá-la. Assim, Teresa foi ficando e Valéria, que acabou se acostumando com a presença dela, aos poucos foi moderando o tratamento com ela.

A cirurgia de laqueadura foi feita e, como Valéria esperava, Sidnei foi seu último filho. Agora, tudo o que ela precisava fazer era zelar pela educação dos meninos. Queria que eles fossem perfeitos e distintos, como achava que os filhos dos ricos deveriam ser. Tinha dinheiro para comprar tudo o que quisesse, e seu maior sonho era ver os filhos felizes, encaminhados na vida. Quando isso acontecesse, seu trabalho como mãe estaria completo.

capítulo 5

Teresa riscou o antepenúltimo dia do mês de abril no calendário que ficava colado na parede do seu quarto. O ano era 2012 e parecia estar correndo tão rápido quanto os anteriores. Às vezes ela parava para analisar como o tempo passara tão depressa.

Parecia que fora trabalhar naquela casa havia poucas semanas. Quando lá chegara, Ícaro tinha apenas oito anos e agora o garoto já completara vinte e seis. Sim, o tempo avançara, as pessoas envelheceram, algumas coisas tinham mudado e outras continuavam exatamente como antes.

Ela gostava de trabalhar para a família Falcão. No início, estranhara o comportamento genioso e altivo de Valéria, mas com o passar do tempo acabou se acostumando. Espiritualizada, Teresa aprendera a não se deixar afetar pelas energias nocivas emanadas pelos outros e assim, por mais que Valéria tentasse agredi-la com palavras, ela permanecia inabalável.

Essa foi uma das principais razões que a fizeram manter-se no emprego por quase vinte anos. Aprendera a amar cada um dos filhos dos patrões como se ela os tivesse gerado. Viraos crescer, atravessar a turbulenta fase da adolescência até se tornarem rapazes educados e respeitáveis. Por incrível que parecesse, nenhum deles herdara da mãe a ganância e a cobiça. Todos demonstravam estar satisfeitos com a vida que levavam e achavam que as coisas estavam boas daquela forma.

Teresa consultou o relógio. Eram quase onze da noite. Afofou o travesseiro na cama e sentou-se nela para fazer sua oração de todas as noites. Gostava de pedir proteção espiritual para si mesma e para todos os que a cercavam.

Pareceu ter ouvido um ruído na porta, e então houve uma nova batidinha, quase inaudível. Às vezes um dos meninos ia até o seu quarto para conversar. Sabia que Valéria nunca lhes dera a devida atenção e, quando os meninos queriam desabafar, era sempre ela que eles procuravam.

— Entre — autorizou.

A porta se abriu de leve e Ícaro espreitou. Ao ver Teresa sentada, ele sorriu e entrou.

— Bati de leve porque achei que estivesse dormindo.

— Eu não durmo cedo — sorrindo, ela indicou uma cadeira em frente à cama. — Sente-se aí para conversarmos.

Ícaro puxou a cadeira e se sentou enquanto Teresa o observava. O mais velho dos irmãos havia se tornado um rapaz bonito e atraente. Era bastante parecido com Felipe, quando mais novo. Tinha os cabelos escuros e ondulados, penteados para trás. Os olhos eram grandes e penetrantes, tão negros quanto seus cabelos. Ele tinha a testa larga e o mesmo queixo fino do pai. Também possuía alguns traços de Valéria, mas eram quase imperceptíveis.

— Nunca imaginei que ser noivo de alguém desse tanto trabalho — confessou ele, sorridente. Possuía dentes brancos e bem enfileirados. Certamente seu sorriso fora um dos quesitos que conquistaram Isabel, sua noiva. — Eu não posso me esquecer de nada que ela já começa a me cobrar.

— É assim mesmo. Talvez, quando vocês se casarem, ela não fique tanto no seu pé.

— Provavelmente vai piorar — ele girou a aliança dourada no dedo. — Isabel não é uma pessoa fácil de lidar, além de ser amicíssima da minha mãe... o que não ajuda em nada.

— Mas o amor supera tudo — ao dizer isso, Teresa cravou o olhar no jovem rapaz porque queria ver sua reação.

— É... pode ser.

— Espero que não fique chateado com o que vou lhe perguntar, querido, mas você realmente ama essa moça?

— Eu adoro Isabel. Estamos juntos há mais de quatro anos. Esse casamento está mais do que atrasado. Ela me diz isso todos os dias. Agora, faltam apenas duas semanas.

— Não foi isso que lhe perguntei. Adorar uma pessoa é completamente diferente de amar. Seja sincero com você mesmo ao responder a essa pergunta. Você ama Isabel?

Uma sombra cobriu o olhar de Ícaro. Ele baixou o rosto e respondeu:

— O que eu sinto por ela deve ser amor. Rola uma química entre a gente, entende?

— Ícaro, eu tenho mais de sessenta anos. Poderia ser sua mãe, ou mesmo sua avó — Teresa esticou as mãos e segurou delicadamente as dele. — Para mim você não precisa mentir. Você está acostumado com esse namoro, que virou noivado, mas não a ama realmente. Muitas vezes eu tive a impressão de que você se entristece com a presença dela, ou com a forma como ela se comporta. Infelizmente Isabel é tão orgulhosa quanto sua mãe. Acho que isso o incomoda.

— Você acha?

— Tenho certeza. E, se não existe amor nessa relação, não pode haver casamento. Não somos mais obrigados a nos casar com outra pessoa por imposição dos pais. Não quero vê-lo sofrendo depois. Acho que é melhor reagir enquanto é tempo.

— Você está sugerindo que eu termine o noivado? — ele balançou a cabeça negativamente. — Minha mãe me mata! Ela está sonhando com esse casamento, o primeiro filho a casar, já que nenhum dos meus irmãos namora. Não posso decepcioná-la.

— Mas pode decepcionar a si mesmo? — com brandura na voz, Teresa prosseguiu: — Estamos falando de sentimentos, vidas estão em jogo. Não podemos viver para agradar aqueles que nos cercam. Temos que ter amor-próprio. A responsabilidade pela conquista da felicidade é de cada um e ela surge aqui — ela pôs a mão sobre o peito dele.

— Ah, Teresa, para você que é solteira e nunca teve filhos, falar isso é fácil — Ícaro a encarou por alguns segundos e murmurou: — Desculpe, eu não queria magoá-la.

— Eu não me magoo fácil. A mágoa só retarda nossas oportunidades de progresso. Quem se magoa por qualquer motivo leva uma vida infeliz e vazia, sempre esperando ser decepcionado por alguém. Eu prefiro afastar as ideias ruins, substituindo-as por pensamentos mais agradáveis. Quanto a você, só posso sugerir que reflita sobre sua situação enquanto é tempo. Existem muitos casais que vivem na ilusão de que são felizes, quando na verdade não são. Não quero isso para você.

— Eu poderia tentar adiar o casamento outra vez, mas Isabel não vai concordar...

— Adiar o problema só prorroga o momento de resolvê-lo. É melhor você conversar com sua mãe e com sua noiva e expor os fatos. Mas antes converse com seu coração. Pense no amanhã e se a sua vida seria plena e satisfatória estando casado com Isabel.

— Não sei o que eu faria sem a sua sabedoria, Teresa — ele ergueu as mãos dela e beijou-as com carinho. — Mas na verdade estou aqui por outro motivo.

— Se eu puder ajudá-lo...

— Amanhã é domingo e, você sabe, é o almoço que minha mãe organizou para algumas amigas, Isabel e os pais dela e alguns amigos do papai e dos meus irmãos. Acho que virão umas vinte pessoas. Ela disse que quer que a família esteja reunida porque tem uma coisa muito importante para nos dizer. Não sei o que ela vai inventar desta vez.

— Não fique divagando. Aguarde os acontecimentos. Provavelmente ela vai falar algo sobre seu casamento.

— Tomara que seja isso mesmo. Você sabe, ela tem cada ideia...

— Confie em Deus e tranquilize-se. Agora é melhor ir se deitar. Sua noiva não vai gostar de saber que você se encontra com uma velha, no quarto dela, à noite.

Ícaro soltou uma risada descontraída.

— Isso daria um bom motivo para o rompimento do noivado. Você ainda dá um bom caldo, viu?

— Ora, mas que menino atrevido! — brincou Teresa, brandindo o punho, enquanto Ícaro saía correndo do quarto.

Depois que ele se foi, ela fez uma prece, pedindo proteção espiritual para todos que residiam na casa. Pediu ainda que o almoço do dia seguinte transcorresse agradável e Valéria não fizesse nada que pudesse prejudicar alguém, principalmente os seus próprios filhos.

———

Várias mesas foram colocadas juntas no esplendoroso jardim da mansão, a fim de que virassem uma única mesa, capaz de acomodar todos os convidados que estavam por chegar. Os criados moviam-se com rapidez. Sabiam que a menor falha seria motivo de bronca e repreensão por parte de Valéria. Tudo para ela tinha que ser perfeito e organizado. Notava os menores detalhes e sempre acabava encontrando um motivo para brigar com alguém.

Vasos de sempre-vivas coloridas estavam espalhados sobre o comprimento da imensa mesa. Haviam colocado toalhas em tons de branco e bordô, as taças francesas em seus lugares, assim como os talheres e os guardanapos importados. Uma das empregadas estava parada, observando a arrumação da mesa, quando ouviu uma voz cortante soar atrás de si:

— Madalena, o que faz aí parada feito um tronco de árvore? Vai ficar olhando os outros trabalhar?

Madalena girou o corpo rapidamente e deparou com Valéria Falcão. Trabalhava na casa havia oito meses e só Deus sabia como ela estava aguentando. Sua patroa era insuportável, porém beleza e elegância não faltavam nela. Julgava que Valéria estivesse com mais de quarenta anos, embora não aparentasse. Naquele momento, ela usava os cabelos loiros e cacheados presos num elegante penteado atrás da cabeça. Trajava um vaporoso vestido verde-oliva, com sapatos pretos de salto agulha. Brincos de pérola adornavam suas orelhas, combinando com a pedra solitária do pingente que ela usava como colar. Pedra que custara mais do que cinco salários de Madalena.

— Desculpe, dona Valéria, só parei para descansar um pouco.

— Descansar? Eu não pago o seu salário para que você fique repousando quando tem serviço. E isso vale para os outros — ela elevou o tom de voz para ser ouvida.

— Sim, senhora.

— E agora saia da minha frente! Olhar para sua cara fere as minhas vistas.

Lágrimas provocadas pela ofensa e pela exposição diante dos outros empregados fizeram Madalena sair quase correndo, tentando ocultar o rosto. Valéria, que mal lhe dirigiu o olhar, parou para contemplar a mesa. Estava quase tudo pronto e os convidados estavam para chegar. Mal podia ver a cara que eles fariam quando ela desse a notícia.

Pensando nisso, ela sorriu. Olhou ao redor, desde a piscina azul-turquesa, tão grande quanto uma piscina olímpica, passando pelo caramanchão do lado direito do jardim, repleto de flores, para se deter na imponente estrutura da casa. A casa que seus sogros deram de presente para Felipe quando ele se casou com ela.

Muitos anos haviam se passado. Ela estava com quarenta e cinco anos, e Felipe, com sessenta. Ela se admirava que seu casamento com ele durasse tanto. Casara-se por ambição e jamais o amara, embora Felipe, aparentemente, nunca tivesse percebido isso. Ela achava que passaria pouco tempo com ele, apenas o período suficiente para enriquecer e partir para outra. E, no entanto, lá estava ela, ligada ao mesmo homem havia quase trinta anos.

Não tinha motivos para se arrepender. Vivia a vida com que sonhara na infância. Tinha conhecido o mundo, aprendera a se comunicar em três idiomas, frequentava os eventos sociais mais importantes de Belo Horizonte e do seu entorno, tinha quatro filhos bonitos e bem-criados e um marido que sempre fizera tudo por ela. Agora Ícaro se casaria com Isabel, filha de empresários tão ricos quanto Valéria, e a fortuna das famílias aumentaria. Havia tanto dinheiro em jogo que viveria despreocupada até a velhice.

Felipe ainda trabalhava. Amava sua profissão e era um dos engenheiros mais bem pagos da cidade. Gostava da família que tinha. Era louco pelos filhos e idolatrava a esposa. Com o decorrer do tempo, seus cabelos tinham embranquecido, e sua barriga, estufado. Porém, os anos não pareciam ter afetado Valéria, que ainda lembrava a garotinha que ele tirara daquela cidadezinha interiorana. Ela amadurecera e se tornara uma grande dama, mas para Felipe ela ainda conservava aquele ar doce e ingênuo do passado.

Ela sorriu ao pensar no marido. No início, vivera um jogo de interesse com ele que nunca fora descoberto. Todavia, conforme seus filhos cresciam, ela ia simpatizando com Felipe. Gostava dele, embora jamais o tivesse amado. Ele era companheiro e, como acatava os pedidos dela, Valéria o achava o marido perfeito.

Havia três anos ele sofrera com a morte da mãe. Minerva tinha se queixado de fortes dores de cabeça na véspera de sua morte. Posteriormente, foi constatado que ela tivera um aneurisma cerebral. Felipe e Mauro sofreram horrores. Valéria apenas ficou condoída. No início, a sogra dava muitos palpites no seu casamento, como quando sugerira que Valéria não tivesse mais filhos. Mas, com o passar do tempo, ela foi assentando a língua, principalmente ao notar que a nora jamais fazia o que lhe era proposto. Valéria era dona de suas próprias vontades e jamais tolerara receber ordens de alguém.

Ela não pensava nos pais ou nos irmãos. Jamais se recordava daqueles com que fora criada. Para ela, nomes como Alfredo, Serena, Márcio e Nestor faziam parte de um passado nebuloso e longínquo, no qual ela não estava interessada. Era como se sempre tivesse sido rica. Não sentia falta deles e disse com convicção a Felipe que não voltaria lá para vê-los, quando o marido sugeriu-lhe visitar sua cidade natal. Odiava a pobreza e aqueles que viviam nela.

Passos suaves atrás dela a tiraram de seus devaneios. Ela virou o rosto e sorriu para Sidnei. Seu filho caçula, com vinte anos, era bastante parecido com Ícaro, já que os outros dois eram loiros. Os cabelos pretos pareciam estar sempre molhados por causa do gel que usava. Ele ficara bastante musculoso após dois anos de malhação intensiva em uma academia. Ao contrário de Ícaro, que se "amarrara" em Isabel, ele gostava de curtir as meninas por pouco tempo. Muitas vezes, ele se afastava delas logo após trocarem alguns beijos. Achava mais divertido variar.

Valéria amava aquele menino. Ele era lindo e inteligente. Sempre dizia para si mesma que teria se arrependido para toda a vida se o tivesse abortado como quase chegara a fazer. A lembrança do episódio ainda lhe causava calafrios e jamais o contou para alguém.

— Que horas sai o rango, mãe? — ele alisou a barriga. — Tô varado de fome.

— Daqui a pouco. Por acaso, você não tomou café da manhã?

— Não, mãe. Eu acordei às onze, afinal é domingo. Vou comer e vazar para a academia. Ah, marquei encontro com uma gatinha no final da tarde. Não tenho hora para voltar.

— Você sabe o quanto esses seus encontros me desgostam, não sabe? Ao menos suas namoradas são de boa família?

— Elas não são minhas namoradas. São apenas momentos de curtição. E eu não pergunto nada sobre as famílias delas. Tô interessado nas minas e não nas famílias.

— Por que a juventude de hoje gosta tanto de usar gírias? — Valéria revirou os olhos enquanto dialogava consigo mesma. — Sendo assim, divirta-se. E leve preservativos. Não vou perdoar se você engravidar uma pobretona, que vai pedir pensão depois.

— Pobres não frequentam os mesmos lugares que eu, dona Valéria — rindo, Sidnei se aproximou e estalou um beijo no rosto da mãe. — Ali, só dá mina montada na grana.

— Tomara que você esteja certo — ela olhou para o relógio de platina em seu pulso. — Vá se trocar porque creio que o pessoal deve estar chegando.

— O que, afinal, você vai nos dizer, mãe?

— Aguarde — Valéria abriu um sorriso enigmático. — Daqui a pouco você vai saber.

capítulo 6

Os convidados de Valéria finalmente chegaram. Todos estavam tão bem-vestidos, que pareciam estar trajados para um desfile. Havia algumas mulheres que Valéria considerava suas amigas. Seus esposos, em sua maioria, eram colegas de trabalho de Felipe.

Isabel chegou acompanhada dos pais. Era uma linda moça de vinte e dois anos. Os cabelos eram curtos, cor de chocolate, com pontas repicadas. Tinha os olhos verdes como as folhas de uma planta bem tratada. Ao contrário de Isabel, que tinha um corpo perfeito, seus pais eram gordos e barrigudos. Ambos dirigiram-se rapidamente para a mesa.

Felipe logo se uniu aos amigos e colegas, e pouco depois todos estavam dando gargalhadas, enquanto sentavam-se à grande mesa. Valéria assumiu sua posição na cabeceira enquanto dois criados serviam a comida e outros dois ofereciam champanhe, vinho, cerveja e suco. As pessoas se mostravam bem-humoradas e, quando Valéria contava algo divertido, todos riam para acompanhá-la, mesmo que não tivessem achado a menor graça.

Ela olhou de soslaio para os filhos. Ícaro estava sentado entre o pai e Isabel. Sidnei, do outro lado da mesa, comia rapidamente como se passasse fome. Já Kennedy, tão loiro quanto a mãe, comentava algo engraçado com um dos amigos do pai, enquanto virava o segundo copo de cerveja. Por fim, havia Michel, o mais tímido dos filhos. Ele só falava quando alguém puxava assunto e parecia visivelmente incomodado por estar entre tantas pessoas. O único com quem ele conversava era Isaac, filho de um dos colegas do pai.

Os meninos, embora irmãos, tinham personalidades bastante diferentes entre si, com temperamentos distintos. Ícaro era gentil e educado, caseiro e esforçado. Estava no terceiro semestre do curso de Administração e de casamento marcado para dentro de quinze dias. Michel era calado, delicado e sensível. Ao contrário do irmão, nunca namorara ninguém, pelo menos que a mãe soubesse. Quando não estava na faculdade, onde cursava Moda, ficava trancado em seu quarto, lendo ou ouvindo música. Não costumava se entrosar e tinha pouquíssimos amigos.

Valéria já ouvira comentários maldosos sobre Michel. As más-línguas diziam que ele tinha trejeitos meio afeminados, embora o timbre de sua voz fosse grosso e firme. Algumas meninas, filhas de amigos dos pais, tentaram se aproximar dele em festas e jantares, mas ele escapava delas sempre com uma desculpa na ponta da língua. E ficava claramente nervoso quando a mãe o pressionava para namorar. Dizia que ele, aos vinte e quatro anos, já deveria ter encontrado a moça ideal para se casar. Michel desconversava e se fazia de desentendido.

O curso que ele escolhera fazer rendera certa polêmica no início. Para Valéria, cursar Moda não era o caminho adequado para um homem. Kennedy e Sidnei não faziam faculdade por decisão própria, mas ambos malhavam e praticavam esportes. Michel sempre odiara futebol e brincadeiras de meninos. Preferia ouvir músicas românticas na quietude do seu quarto. E, embora a mãe não soubesse, ele tinha se encontrado na área que estava cursando e não pretendia abandoná-la só porque ela queria.

Quanto a Kennedy, com vinte e dois anos, era o típico fanfarrão. Não queria saber de nada. Tinha horror à palavra estudo e rechaçava a ideia de trabalhar como o pai. Dizia que viviam muito bem para depender de emprego. Enquanto Sidnei ia para a academia ou saía para encontrar garotas, Kennedy preferia curtir baladas com amigos ou festas agitadas em barzinhos.

Sempre fora chegado a bebidas alcoólicas. Qualquer líquido mais "quente" era bem-vindo para ele. Por isso, nem tinha notado que estava tomando o terceiro copo de cerveja em menos de dois minutos. Como sempre tomava cuidado para não chegar em casa embriagado, os pais nunca diziam nada.

— E então, Valéria? — perguntou um senhor de cabeça branca, colega de Felipe. — Qual é o mistério? O povo quer saber.

Ouviram-se algumas risadinhas. Valéria, muito animada, ergueu sua taça de champanhe e propôs um brinde:

— À felicidade de todos nós!

As taças tilintaram umas ao encontro de outras. Ela serviu-se de um gole da bebida dourada e prosseguiu:

— Como todos sabem, o meu filho mais velho vai se casar no sábado, dia 12 de maio. Ainda temos quase duas semanas, mas o tempo passa depressa. E acho que não é preciso dizer que esperamos todos vocês lá.

O sorriso de Ícaro esfriou um pouco. Discretamente ele procurou Teresa com os olhos. Ela era a única empregada que Valéria consentia que se sentasse à mesa com os patrões. A simpática senhora apenas assentiu com a cabeça, num gesto de que tudo ficaria sob controle.

— Mal posso esperar por esse momento — Isabel sorria de orelha a orelha. — Ainda não me decidi se quero passar a lua de mel no Egito ou em Hong Kong. Sempre achei esses lugares lindos e exóticos. O que acha, meu amor?

— Para mim, qualquer um deles está ótimo.

— Estando na companhia da minha filha, qualquer lugar se torna lindo — opinou a mãe de Isabel, soltando uma gargalhada em seguida que fez sua papada estremecer.

— É verdade — foi tudo o que Ícaro encontrou para responder.

— Com Ícaro encaminhado — continuou Valéria —, acredito que o próximo a arrumar uma noiva será Michel. Já está na hora, meu querido!

— Parece até que tem medo de mulher, rapaz — brincou um dos amigos de Felipe.

Todo o sangue de Michel concentrou-se em seu rosto, enquanto gargalhadas espocavam ao redor. Os únicos que permaneceram sérios foram Teresa e Isaac, como uma forma de consolar o amigo. Michel odiou a mãe por fazer aquilo com ele perante os convidados.

— Garotas não mordem, Michel — interveio o pai de Isabel —, a não ser que você peça.

Novo coro de risos. Os olhos dele marejaram de lágrimas, enquanto seu apetite desaparecia. Antes que passasse mais vergonha, ele jogou o guardanapo sobre a mesa e se levantou. Assim que ele saiu, Isaac pediu licença e foi atrás dele. Valéria ainda gritou:

— Michel, que coisa feia, deixar a mesa antes dos demais! Volte já aqui!

— Meu filho é o único que tem paciência com ele — comentou o pai de Isaac, sorridente. — Acho que ele foi ensinar Michel como se conquista uma mulher.

— O que mais você ia nos dizer, meu amor? — perguntou Felipe, alisando a mão da esposa sobre a mesa.

— Alguns de vocês me conhecem há muitos anos. Sabem que vivemos bem e que o dinheiro nunca foi um problema para mim — não até ela conhecer Felipe. — Eu posso ter o que eu quiser, viajar para onde desejar, fazer com que as coisas aconteçam do meu modo.

O silêncio era total; todos prestavam atenção nas palavras dela.

— Eu sempre disse que tinha um sonho. Um sonho que nasceu junto com Sidnei. Algo que eu sempre esperei para os meus filhos, mas ainda não pude realizar. Porém, meu sonho está bem perto de ser concretizado.

— Qual é esse sonho, Valéria? — tornou Tomásia, a mãe de Isabel.

— O meu sonho, assim como o de todas as mães, é ver os meus filhos felizes. E, em minha opinião, eles só serão felizes quando estiverem prontos para encarar o mundo, formando suas próprias famílias, abrindo as asas para seus voos solos. Ver a independência dos meus filhos, em meio a muito amor e sucesso, é o meu maior sonho. Falta pouco agora para dar certo. Não cheguei até aqui para abrir mão da felicidade deles — ela tornou a erguer a taça. — Um brinde a Ícaro, Michel, Kennedy e Sidnei!

Novos brindes se fizeram. Teresa olhou para a expressão tensa de Ícaro e, mesmo sabendo que levaria uma bronca, decidiu que aquele era o momento apropriado para intervir.

— Desculpe a inconveniência, dona Valéria, mas a senhora já parou para pensar que aquilo que a seu ver é bom pode não ser para os seus filhos? Seus ideais de uma vida feliz podem não ser exatamente aquilo que eles desejam para si.

Novamente fez-se silêncio. Os olhares se descolaram de Teresa para fixar-se em Valéria.

— É por isso que eu não costumo deixar que os criados sentem-se à mesa conosco. Pensam que são ricos e que podem opinar em nossas conversas quando bem entendem.

Teresa sentiu a face arder, como se tivesse levado um tapa. No entanto, resistiu:

— Dona Valéria, só acho que a senhora precisaria rever alguns conceitos.

— Eu não peço nem aceito palpites de empregados, Teresa. Você está comigo tempo suficiente para saber disso. É melhor ficar calada para não ouvir palavras que vão desagradá-la.

— Você é boazinha demais, Val — atalhou a mãe de Isabel. — Na minha casa, os criados só trabalham. Jamais se sentam junto de nós. As classes sociais não devem se misturar.

Teresa murmurou um pedido de desculpas, pediu licença, sabendo que aquilo contrariaria Valéria, e saiu da mesa, tal como Michel e Isaac tinham feito. Ícaro ficou furioso.

— Mãe, precisava falar daquele jeito com ela? — ele relanceou o olhar para a futura sogra. — Quanto à senhora, dona Tomásia, poderia ser mais humana no trato com os empregados. São seres humanos como qualquer um de nós.

— Ai, Ícaro, essa sua mania de defender os pobres me cansa! — opinou Isabel.

— Foi o que eu sempre disse a ele — ajuntou Valéria.

— Você sabe que eu não aceito que as diferenças sociais sejam motivo para desprezarmos quem não tem dinheiro — retrucou Ícaro para Isabel. — Você sempre soube que eu era assim e, no entanto, quis ficar noiva. Se algo do que eu penso ou faço não a estiver agradando, é melhor que reveja o nosso relacionamento, não?

Aquela era a brecha que Ícaro precisava para chegar aonde desejava. Ouvindo as palavras de Isabel e de sua mãe, ele chegou à conclusão de que realmente estava se enganando.

Não a amava e não queria se casar com ela. Isabel era mais fútil do que ele imaginava.

Notando que o clima estava ficando pesado, Valéria resolveu mudar de tática. Um filho já tinha saído da mesa e outro estava prestes a fazê-lo. Não ficaria bem, diante de seus amigos, arranjar encrencas familiares.

— Você está certo, meu amor — disse ela, sendo gentil. — Não precisa ficar nervoso com Isabel. Confesso que me excedi. Mais tarde vou procurar Teresa e me desculpar com ela — mentiu.

— Era isso que eu ia dizer — Felipe depositou os talheres no canto do prato. — Teresa é uma boa mulher. Não merecia ouvir o que você disse a ela.

— Eu sei. Admito que fui grosseira. Mas não quero mais falar nisso — ela sorriu para os amigos. — Na verdade, eu ainda tenho uma coisinha para dizer. Quero que todos saibam que Kennedy ficará fora do Brasil pelos próximos doze meses.

Kennedy pulou ao ouvir aquilo. Estava tomando seu quinto copo de cerveja, que já havia intercalado com duas taças de champanhe. Olhou para a mãe achando que ela tivesse enlouquecido.

— Que história é essa, mãe?

— É isso mesmo. Era para ser uma surpresa, não é, querido? — ela piscou para Felipe, que sorriu. — Mas resolvi antecipar a novidade. Seu pai e eu conseguimos uma bolsa de estudos para você estudar nos Estados Unidos. Se nunca prestou um vestibular, é porque as universidades brasileiras não estão à sua altura. Já está tudo arranjado. Você viaja logo depois do casamento do seu irmão.

— Mas eu não pedi curso nenhum.

— Eu sei, mas esse é um presente dos seus queridos pais. Você pode optar pelos cursos que eles tiverem disponíveis. Já reservamos um hotel, até que você se mude para uma república de estudantes.

— E se eu não quiser ir? — perguntou Kennedy, sentindo-se aniquilado. Se os seus pais haviam tomado aquela decisão por ele, não havia mais nada que pudesse fazer para não ir. Valéria jamais aceitara ser contrariada em alguma coisa.

— Deixe disso, querido. A mamãe sabe o que é melhor para o seu futuro.

Por fim, Valéria apresentou seus planos para Sidnei. Assim como Michel, ela queria vê-lo namorando sério com alguém em vez de ficar pulando de galho e em galho. Kennedy protestou:

— Por que você não me deu a chance de escolher entre namorar e estudar no exterior?

— Porque eu sei que você não vai se arrepender, fofinho! Um ano passa rápido. E, quando você voltar, o sonho da mamãe estará realizado.

Houve uma animada salva de palmas. Os convidados agradeceriam pelo lauto almoço oferecido a eles, mas perceberam que Valéria não queria dizer nada de importante. Na verdade, ela pensara naquele encontro apenas para expor diante de todos os seus planos para os filhos. Ela adorava se exibir e não perderia essa oportunidade.

Quando ela deu o almoço por encerrado, as pessoas se levantaram da mesa e foram sentar-se à beira da piscina enquanto degustavam as sobremesas servidas pelos criados, fumavam seus cigarros e punham as fofocas em dia. Valéria era o centro das atenções, e o assunto das mulheres era a esposa de um senador que fora vista aos beijos com o amante. Valéria estava de ótimo humor, sem desconfiar do quanto estava ferindo o coração dos filhos com suas imposições, afastando-os de perto de si mais e mais.

———

Teresa estava polindo uma peça de prata quando viu Kennedy aproximar-se. Seus olhos estavam arregalados, e sua face, vermelha como tomate.

Quando os meninos cresceram, não precisavam mais dos serviços de uma babá. Felipe, por consideração aos anos em que Teresa estava com eles, decidiu promovê-la à governanta da casa. Ela ficara encantada com a promoção e muito agradecida. Desde então, fazia pequenos serviços e supervisionava o trabalho dos empregados, sempre sob orientação de Valéria.

Era folga de Teresa, mas, para não pensar nas palavras ásperas que ouvira da patroa no almoço, resolveu trabalhar um pouco.

— Kennedy, está tudo bem com você?

— Está péssimo. Minha mãe pirou de vez.

Ele exalava forte odor de álcool, mas Teresa pareceu não se importar.

— O que ela fez?

— Quer me despachar para os Estados Unidos por um ano. Nem perguntou se eu queria ir. E meu pai sabia de tudo e nem me disse nada. Isso foi uma traição da parte deles.

— Procure ficar calmo. Você está nervoso e a raiva não nos deixa raciocinar direito.

— Eu não preciso raciocinar, Teresa. Está tudo tão limpo quanto essas peças de prata que você está polindo. Eles querem se ver livres de mim. É isso. Só agora estou entendendo.

— Não tire conclusões precipitadas. Não é certo julgar. Independentemente de estarem certos ou não, seus pais só pensaram no melhor para você. É para o seu bem.

— Será que me jogar em um país desconhecido é para o meu bem? Eu estou bem aqui, não quero sair do Brasil, muito menos para morar. E por que só eu? Ícaro e Michel estudam aqui, mas Sidnei não faz nada e podia ir comigo. É injusto. Como não pensar que eles querem me ver bem longe de casa?

— Procure ver o lado bom disso tudo. Você vai aprender coisas novas, conhecerá pessoas diferentes. E é muito bom para o currículo ter uma formação no exterior.

— Que currículo, Teresa? Nós não precisamos trabalhar. Meus pais têm dinheiro para forrar essa sala, de cima a baixo. E se o vovô morrer, meu pai vai herdar tudo e nossa fortuna triplicará.

Desde que Minerva morrera, Mauro adoecera. E, em janeiro, descobrira que estava com câncer no pâncreas. Infelizmente a doença tinha se alastrado rapidamente e não estava respondendo ao tratamento com quimioterapia.

— Minha mãe nunca trabalhou na vida. Sempre foi rica — evidentemente, nenhum dos filhos de Valéria sabia a verdade sobre seu passado humilde. Aquele era um segredo guardado entre ela e Felipe. — Em vez de pensar em como gastar tanto dinheiro, ela fica dando palpites na vida dos filhos. Que saco!

— Para quando ela organizou sua viagem?

— Para depois do casamento de Ícaro, ou seja, só tenho mais duas malditas semanas — Kennedy praguejou, resmungando alguns palavrões.

De repente, como quem tem uma ideia mirabolante, ele concluiu:

— Mas acho que existe uma solução!

— Sempre existe uma solução, meu querido. No que está pensando?

— Eu não vou! É isso, eu vou ficar aqui. Sou maior de idade e eles não podem me obrigar a entrar em um avião. Eu não vou e pronto!

— Então é melhor comunicar a eles sua decisão. Vá sem medo, afinal eles são os seus pais.

— Não vou avisar nada — ele apontou um dedo para Teresa. — E você fique de bico fechado!

— Não se preocupe comigo. Sei guardar segredos.

— Ótimo, porque, quando chegar o momento, vou mostrar ao meu pai e, principalmente, à minha mãe que eles não mandam na minha vida.

Dizendo isso, Kennedy se afastou a passos largos.

capítulo 7

Quando Michel entrou no quarto, bateu a porta, jogou-se sobre a cama e deu livre curso às lágrimas. Não era a primeira vez que ele se tornava motivo de chacota perante os amigos da mãe. Parecia que ela sentia prazer em desdenhar dele. E seu pai nunca intervinha a seu favor. Por que tinha que ser daquela forma?

Ele também não entendia a pressão que era feita para que arranjasse uma namorada. Será que não percebiam que ele vivia bem sozinho? Não queria relações superficiais como as de Sidnei nem se unir a uma pessoa chata como Isabel. E não sentia o menor prazer em mergulhar em bebidas alcoólicas como Kennedy fazia. Tudo o que ele queria era paz para viver sua vida.

Michel ignorou as batidas na porta. Após um pouco de insistência, ele ouviu o rangido da porta sendo aberta e lamentou não tê-la trancado. Deitado de bruços na cama, ele nem se interessou em virar a cabeça para ver quem tinha vindo atrás dele.

— Não precisa chorar.

Era a voz de Isaac. Eles eram amigos desde que Michel tinha seis anos, e Isaac, três. Sempre se deram muito bem. Isaac era calmo e amável. Parecia ser a única pessoa, além de Teresa, que o compreendia e respeitava. Michel não confiava nem mesmo nos irmãos. Sidnei e Kennedy eram imaturos demais e Ícaro tinha suas próprias preocupações, principalmente agora com a proximidade do casamento.

Isaac aparentava bem menos do que os seus vinte e um anos. Parecia um adolescente. Tinha os cabelos castanhos e rebeldes, olhos escuros, que brilhavam por trás dos óculos que usava. Era a típica imagem do nerd, que raramente se socializa e prefere mergulhar nos livros e no estudo. Magro, pele claríssima, com o rosto marcado por algumas espinhas. Ao sorrir, mostrou o brilho do aparelho dentário que usava.

— Todo mundo ficou rindo de mim. Eu sou um palhaço mesmo — murmurou Michel, com o rosto afundado no travesseiro.

— Deixe que eles riam. Você não precisa dar ouvido ao que eles disseram.

— Eu não vou namorar só porque eles querem. Só quero estudar e ter paz. É pedir muito?

— Não, não é. Eu concordo com você. Meu pai também acha que eu devo ser um namorador de carteirinha. Quando ele me vê lendo, estudando ou fazendo pesquisas, diz que eu vou enlouquecer se continuar agindo assim. Que eu tenho que me divertir, o que, para ele, é o mesmo que namorar.

— Não vivemos mais no século 19. Não somos obrigados a nada. Mas nossos pais fantasiam os seus desejos em nós. Minha mãe sempre controlou nossas vidas. Estou de saco cheio.

— Eu sou seu amigo, não sou? — Isaac viu Michel assentir. — Então pare de chorar e olhe para mim.

Relutante, Michel esfregou o rosto e contemplou o amigo. Seus olhos azuis estavam vermelhos e levemente inchados e fios de cabelos loiros lhe caíram pela face. Isaac tornou a falar, dessa vez com a voz levemente modificada.

— Quero ver você bem. Faça-se de surdo diante dos comentários desagradáveis. Se você reagir e responder, vai acabar arrumando briga. Sua mãe é uma mulher cheia de caprichos, então o melhor é contornar as ordens dela em vez de bater de frente.

— Mas eu tento fazer isso. E ela continua implicando comigo. Até hoje ela não aceita que eu faça Moda. Qual o problema se eu quero me tornar um estilista?

— Não tem problema nenhum. Nós temos que fazer aquilo que queremos. Antes de tentar agradar aos outros, precisamos agradar a nós mesmos. Se vivemos uma vida sem graça, que não nos dá motivação, é hora de revermos o que está errado e partirmos para outra. Quem fica parado é pedra. Nós, seres humanos, precisamos estar em constante movimento, sempre buscando coisas prazerosas que nos façam nos sentir melhor.

— Como pode? — Michel se esforçou para sorrir. — Você é três anos mais novo do que eu, mas tão sábio quanto um monge de cem anos.

Isaac soltou uma risada descontraída.

— Se você estiver bem consigo mesmo, vai passar a ver o mundo com outros olhos. Quem só enxerga maldade e preconceito no nosso planeta não vive uma vida plenamente feliz, em harmonia. Quem só procura enxergar o lado negativo ainda não tem o preparo adequado para perceber que a vida é rica, repleta de grandes oportunidades. Deus quer nos ver bem. Se temos tantos pontos a nosso favor, por que ainda insistimos em sofrer?

— Enquanto minha mãe continuar mandando na minha vida, eu não vou ser feliz.

— E desde quando a felicidade depende dos outros? Somos nós que governamos os nossos sentimentos. É tarefa nossa cuidarmos de nós mesmos. Você diz que está sofrendo porque a dona Valéria quer impor as vontades dela em sua vida. Mas o que você faz para impedir que isso aconteça? Se aceita tudo com resignação, vai ser difícil conseguir alguma mudança.

Michel olhou para Isaac com curiosidade. Nunca ouvira o amigo falar daquela forma. Até parecia Teresa falando.

— Mas se eu contrariar minha mãe vai haver discussões, brigas. Você mesmo disse para eu evitar que isso aconteça.

— Se você for confrontá-la, é isso que vai acontecer. Não precisa chegar tão longe. Mesmo porque ela é sua mãe, é a pessoa que colaborou com seu regresso ao mundo. Você não deve desrespeitá-la, mas tentar fazer com que ela entenda que é você mesmo que vai tomar seu caminho. A vida lhe deu duas pernas. É com elas que você vai seguir pela estrada do progresso.

— O que você quer dizer com meu regresso ao mundo?

— Nunca ouviu falar em reencarnação?

— Já. É um assunto muito debatido nos dias de hoje. É quando um espírito renasce em outro corpo, não é?

— Exato. E isso não acontece esporadicamente. A reencarnação acontece todos os dias, em todos os lugares do mundo. Assim como muitas pessoas deixam a vestimenta terrena, outras tantas voltam à Terra para mais um ciclo de experiências e aprendizado.

— Nossa, Isaac, você nunca me disse que era espírita!

— Você que nunca me perguntou — ele esticou o braço e segurou a mão de Michel. — Comece a refletir sobre suas próximas ações. Quanto a dona Valéria, só nos resta orar para que ela mude sua maneira de agir enquanto há tempo. Ela ainda vai aprender a importância da paciência, da compreensão e do verdadeiro amor. A própria vida vai lhe mostrar que os caminhos do mundo material são passageiros, ilusórios. A verdadeira riqueza está guardada no coração de cada um de nós.

Ao dizer isso, Isaac abaixou a cabeça, como se fosse meditar sobre as próximas palavras. De repente, estremeceu levemente e soltou a mão de Michel. Por fim, encarou o amigo com um sorriso.

— Tudo bem agora?

— Tudo. Nossa, você ficou diferente, falou palavras tão lindas...

— Na verdade, eu fui apenas um instrumento para o amigo espiritual que estava presente e quis lhe dizer essas palavras — Isaac deu de ombros, sempre sorrindo. — Eu sou médium.

— Médio nada. Você até que é bem alto.

Isaac soltou uma gostosa gargalhada.

— Eu disse médium e não médio. Trata-se do nosso grau de sensibilidade, que nos permite ver, ouvir, falar, ou ser um instrumento dos espíritos. Todos nós somos médiuns, com diferentes níveis de sensibilidade. É um dom divino e abençoado e não um castigo, como muitos interpretam. Desde pequeno os espíritos costumam falar através de mim. É o que acontecia com o nosso querido Chico Xavier, de quem você já deve ter ouvido falar.

— Só ouvi falar, porque minha mãe abomina assuntos que envolvam religião, principalmente sobre espíritos. Ela nunca frequentou uma igreja — suspirando, Michel continuou: — Mas isso é interessante. Como eu vou saber quando é você mesmo que está falando ou é um espírito usando o seu corpo para se comunicar? Vai ficar difícil!

— Vai nada. Eles só intervêm quando é necessário. Espero que tenha compreendido bem o recado que lhe foi transmitido. Vai precisar de cada uma dessas palavras no futuro, começando desde já.

Michel assentiu com a cabeça. Por fim, Isaac apontou para a porta:

— Agora eu preciso voltar antes que meu pai venha me procurar aqui e faça mais piadas com você. A gente vai se falando.

— Obrigado, Isaac. Muito obrigado por ser meu amigo.

Isaac abriu os braços e abraçou Michel com força. Ao sentir os braços do amigo envolvendo-o, algo estranho e diferente invadiu o íntimo de seu ser. Ele apenas se deixou ficar ali, entregue ao abraço, sentindo o agradável perfume emanado por Isaac.

De repente, ele se assustou e recuou. Isaac sorriu, espantado com aquela reação.

— O que foi?

— Nada — por uma fração de segundo, seus olhos se encontraram com os de Isaac. Uma mensagem silenciosa, ainda que incompreensível, foi trocada naquele instante. Meio assustado, Michel falou num fio de voz: — Tenha uma ótima semana.

— Obrigado — Isaac caminhou na direção da porta. — Você também.

———

Ícaro e Isabel caminhavam de mãos dadas ao lado da piscina. A tarde estava clara e ensolarada e alguns dos convidados haviam ousado pular na água. O casal sentou-se sob um guarda-sol preto e branco. Isabel esticou-se na cadeira reclinável e tirou os óculos escuros.

— Sabe, amor, eu mal posso esperar pelo dia do nosso casamento. Já posso me ver dentro daquele vestido maravilhoso que sua mãe e eu compramos. Mas não posso dar detalhes de como ele é, ouviu bem?

Ícaro quase respondeu dizendo que não estava nem um pouco interessado em saber.

— A igreja vai estar lotada. Quero ser a noiva mais fotografada da cidade nos últimos dez anos — os olhos verdes de Isabel dançaram de alegria e empolgação. — E depois vamos direto para a nossa lua de mel. Egito ou Hong Kong? Oh, dúvida cruel!

— Meus pais, quando se casaram, passaram mais de um mês na Europa. O que acha?

— Europa? É tão sem graça. Todo mundo vai para lá porque fica logo ali na frente. Quero ir para lugares distantes, românticos e misteriosos. Eu até aceito conhecer aquele país chamado Bora Bora que fica para os lados do oceano Índico.

— Bora Bora é uma ilha e fica no Pacífico. Nota zero em geografia para você — Ícaro sorriu. A inteligência nunca fora um ponto forte em sua noiva.

— Que seja! Acho que nenhuma de minhas amigas já viajou para lá. Quero ir para um local inédito para deixar minhas amigas babando de inveja — ela se ajeitou melhor na cadeira. — E vamos ter que levar muito dinheiro, porque quero comprar tudo o que me agradar. E você sabe como sou gastona — completou, com uma risada.

— Sei, sim.

— Você está muito calado, Ícaro. Nem parece que está animado com o nosso casamento. Afinal, faltam apenas duas semanas, que vão passar num estalar de dedos.

— Claro que eu estou animado. Mas é que você e minha mãe estão cuidando dos preparativos. Assim, eu nem preciso esquentar minha cabeça com essas coisas. Só preciso ir lá e me casar.

— Ir lá aonde?

— À igreja, Isabel, não é disso que estamos falando?

— Claro. Quanto a você, também vai ficar lindinho de terno. Nós vamos arrasar, meu amor.

— Tenho certeza que sim — ele deteve o olhar por alguns instantes nas pessoas que brincavam na piscina. — Agora, se você não se importa, vou entrar. Tenho uma prova na terça-feira e não estudei nada até agora.

— Não sei por que você se mata de estudar. Nunca vai se tornar um assalariado em alguma empresa, porque não precisa disso.

— Você está falando como a minha mãe. Quero estudar para me tornar um homem com mais conhecimento, com nível superior.

— Hum... Sendo assim, vou ajudá-lo nos estudos — propôs Isabel, levantando-se quando Ícaro fez o mesmo.

— Você? E desde quando entende de administração de empresas?

— Sou uma mulher com muito conhecimento.

— Ah, é? Então me responda: quem é considerado o pai da administração moderna?

— Pai? Nem sabia que administração tinha pai!

———

Naquele fim de tarde dominical, Sidnei malhou como um desesperado na academia. Fez levantamento de peso e cinquenta flexões. Queria suar até parecer estar molhado. Quem sabe assim poderia se esquecer das palavras que ouvira da mãe. Querer que ele arrumasse uma namorada séria? Logo ele, que enjoava da menina quinze minutos depois de se conhecerem? Ele queria era se divertir. Gostava de sentir o sabor de várias bocas diferentes, como um homem que frequenta vários restaurantes à procura da melhor refeição.

Quando terminou a última flexão, Sidnei se dirigiu a uma das bicicletas ergométricas que estavam livres. Final de domingo era um dos horários mais concorridos naquela academia, talvez por ser o momento em que as pessoas tinham mais tempo antes de enfrentarem a semana seguinte.

Ele respirava fundo, enquanto aumentava a velocidade de suas pedaladas. Sabia que não era o único a estar revoltado. Seus irmãos, cada um pelos seus motivos, estavam igualmente furiosos com as decisões tomadas pela mãe. Até quando ela pretendia guiar suas vidas? Será que nunca compreenderia que eles não eram mais as crianças que chupavam dedo e tomavam leite na mamadeira?

Estava tão concentrado em seus pensamentos que mal percebeu quando uma mulher montou na bicicleta ao lado da sua. Ela arriscou algumas pedaladas, mas parou em seguida.

— Menino, desculpe a ignorância, mas como se liga essa bicicleta?

Passaram alguns segundos antes que Sidnei percebesse que a pergunta estava sendo dirigida a ele. Voltou o rosto na direção da mulher e susteve a respiração por alguns instantes. Jamais tinha visto uma mulher exalar tanta sensualidade e luxúria como aquela, embora talvez essa nem fosse a sua intenção.

Ela usava uma roupa preta própria para ginástica, colada em seu corpo esculpido. A barriga estava à mostra e era lisa como uma tábua. Os seios, firmes e avantajados, sobressaíam-se, ousados, pelo amplo decote. Os cabelos negros e ondulados estavam presos de qualquer jeito no alto da cabeça, como se ela os tivesse prendido às pressas. Usava um batom na cor magenta, que valorizava ainda mais seus lábios carnudos e sensuais. E os olhos que encaravam Sidnei eram pretos como azeviche e profundamente cativantes.

O mais impressionante naquela bela mulher é que ela não era uma mocinha. Embora Sidnei não pudesse adivinhar, julgou que ela não teria menos de quarenta anos. Apesar da idade, deixava qualquer uma das moças com quem ele ficara até agora no chinelo. Tinha o corpo de uma atleta, com braços firmes e coxas grossas. Era a figura mais atraente que ele já vira na vida.

— É só apertar esse botão — reagiu Sidnei, ligando ele mesmo a bicicleta para ela. — Você é nova por aqui, não?

— Sou sim. Nova na cidade e nova no ramo de ginástica. Eu ia pedir para o instrutor ligar essa coisa, mas ele está tão atarefado.

— Me perdoe a franqueza, mas você tem o corpo de uma mulher que sempre malhou.

Ela abriu um sorriso tão lindo que deixou Sidnei hipnotizado.

— É que eu faço lipoaspiração sempre que necessário. E também já extraí duas costelas para afinar a cintura. Mas malhar é a primeira vez — ousada, ela deslizou a mão pelo braço de Sidnei. — Já você, com esse braço durinho, deve malhar há muito tempo.

— Eu frequento esta academia há dois anos. Malho quase todos os dias, durante várias horas — ele segurou na mão

que corria pelo seu braço e um calor desconhecido o invadiu.
— Qual é o seu nome?

— Samara — ela recolheu a mão, devagar. — E o seu?

— Sidnei. Você pretende vir aqui todos os domingos nesse horário?

— Ainda não sei. Na realidade eu vim de São Paulo. Terminei de arrumar as minhas coisas no novo apartamento hoje cedo.

— E por que você se mudou? — de repente, Sidnei queria saber tudo sobre ela.

— Porque a empresa na qual trabalho abriu uma sede aqui em Belo Horizonte. Lá eu era gerente geral e vou desempenhar a mesma função aqui. Trata-se de uma empresa de distribuição de produtos alimentícios. Eu gerencio a equipe de vendas, interna e externa. Em São Paulo eu supervisionava noventa funcionários. Aqui eu ainda não sei quantos serão, pois só começarei a trabalhar na quarta-feira, depois do feriado prolongado.

Sidnei estava impressionado, tentando imaginar aquela mulher, que nem sabia ligar uma bicicleta ergométrica, coordenando quase cem pessoas. Tentou imaginar também como ela ficaria vestida numa roupa social.

— E você, trabalha em quê?

— Eu não trabalho — sorriu Sidnei.

— Mas está estudando, né?

— Também não. Não pense que eu sou um vagabundo, é que, graças a Deus, a minha família é bem de vida e não preciso trabalhar. Levo a vida na maciota.

— Entendo. Mas você não devia ficar parado, mesmo tendo boas condições financeiras. O trabalho dignifica o ser humano. Eu ficaria doente se parasse de trabalhar.

— Ah, eu tô de boa.

— Procure uma ocupação, além de uma academia. Mesmo que não precise de dinheiro, encontre algo para fazer que renda bons frutos. Em qualquer tipo de trabalho, nós sempre colhemos algum conhecimento.

— Pode ser — Sidnei, que sempre fora direto na investida com as garotas, não reagiu diferente dessa vez e questionou: — Seu marido e seus filhos gostaram daqui?

— Não tenho nem um nem outro — ela sorriu outra vez, fazendo o coração do jovem se derreter. — Meu trabalho ocupa todo o meu tempo. Vivo bem assim, solteira.

— Mas você ainda é tão jovem. Deveria se divertir com alguém interessante — a pergunta tinha exatamente a intenção de sondar a idade dela.

E a resposta o surpreendeu:

— Não sou mais nenhuma mocinha. Estou com cinquenta e três anos.

Ele abriu a boca e tornou a fechá-la, completamente pasmado. Ela passaria tranquilamente por uma mulher de quarenta anos, talvez menos. Samara estava muito mais conservada do que sua mãe, que era mais nova que ela.

— Puxa vida, nunca imaginei que você tivesse tanta idade — ele fez uma pausa, corando em seguida. — Eu não estou chamando você de velha, viu?

— Eu nem pensei nisso. E eu me sinto vinte anos mais jovem. Veja — ela tocou o próprio rosto —, nem sinal de rugas ou marcas da idade. A natureza tem sido bastante generosa comigo. Mas e você, quantos anos tem?

— Vinte.

— Então nós dois sabemos disfarçar bem nossa idade. Apesar do seu rosto de novinho, eu poderia jurar que você tivesse, ao menos, uns vinte e cinco.

Sidnei assentiu em silêncio. Samara sorriu, aprumou-se na bicicleta e se concentrou no exercício. Por alguns minutos, os dois pedalaram em silêncio, observando-se discretamente pelos cantos dos olhos. Ele, por mais que tentasse evitar, não conseguia desgrudar os olhos dela. A mulher o deixara fascinado, mais do que qualquer mocinha da idade dele. Experiente como deveria ser, ela poderia ensiná-lo muitas coisas que ele ainda não sabia.

— Eu seria muito atrevido se pedisse o número do seu telefone celular? — ele perguntou sem encará-la, pois temia a resposta.

— De forma nenhuma. Você é o primeiro amigo que faço na cidade. Talvez seja o meu guia de turismo. Eu adoraria fazer um *tour* pela cidade com calma, mas, como não conheço nada nem ninguém, quase não saí de casa. É péssimo se mudar para um local desconhecido.

— Quem sabe não combinamos e eu levo você para conhecer os pontos turísticos da cidade.

— Seria ótimo!

— Você gosta de queijo? Minas é a terra do queijo.

— Eu adoraria conhecer e experimentar o queijo daqui. Bem, anote o meu número e me passe o seu — eles continuaram conversando e Samara contou que estava morando no centro da cidade. — Se puder, vá ao meu apartamento qualquer noite dessas. Assim, poderemos nos conhecer melhor.

Sidnei poderia jurar que havia segundas intenções naquele convite e era exatamente isso que ele queria.

Despediram-se pouco depois com beijos no rosto. Ela tomou um táxi e Sidnei foi para casa a pé, tamanha a emoção que o acometia. Aquela mulher era um verdadeiro espetáculo, que revolvera todo o seu ser e, ainda por cima, o ajudaria. Afinal, sua mãe não queria que ele arrumasse uma namorada? Pois ele arranjaria uma que deixaria Valéria bastante surpresa.

capítulo 8

Na terça-feira, 1º de maio, era feriado, dia do Trabalho. E na quarta, logo na parte da manhã, Ícaro pegou seu carro para ir fazer algumas pesquisas para o curso que fazia. À noite teria uma avaliação bastante complexa e antes queria fazer algumas perguntas para conhecidos dos pais sobre os principais índices da Bolsa de Valores naquele período.

Após obter algumas informações, ele partiu para o Mercado Distrital do Cruzeiro, um imenso complexo onde se vendiam desde frutas e legumes até peças de artesanato e utensílios domésticos. Ali, alguns colegas da faculdade administravam os boxes de hortifrutigranjeiros e as pequenas lojas de utilidades diversas.

Deixou o carro no estacionamento e entrou tranquilamente no local. Vários feirantes deslizavam de uma ponta a outra com seus imensos carrinhos e caixotes de madeira contendo frutas e verduras de todos os tipos. O mercado estava lotado, numa cacofonia de vozes, chamados, anúncios e diálogos. Ícaro só havia estado ali uma vez, alguns anos atrás.

Enquanto procurava pelos boxes dos colegas de sala, notou vozes alteradas que vinham de um setor mais a frente. Curioso, ele foi se aproximando. Viu algumas pessoas observando uma mulher que gesticulava furiosamente diante de um homem gordo e suado. Ele não retrucava as ofensas que ouvia, enquanto a moça xingava-o de tudo quanto era nome.

Por fim, como se cansasse daquela situação, ele deu-lhe as costas e foi caminhando. Mas a moça, cuja pele mulata parecia ser tão sedosa quanto a seda, apanhou uma mexerica de sua banca e atirou nas costas dele. O gorducho ficou furioso e, na intenção de demonstrar valentia diante das pessoas que acompanhavam a cena, aproximou-se da bela morena e deu-lhe uma bofetada no rosto.

Foi o ponto de partida para a confusão se tornar ainda maior. Revoltada, a mulher reagiu com um tapa que balançou as bochechas flácidas do homem. Como se fosse pouco, ela saltou sobre ele e pôs-se a arranhá-lo como uma gata enlouquecida.

Alguém gritou pelos seguranças e, enquanto ninguém aparecia, Ícaro cruzou a barreira de curiosos e entrou no ringue da luta. Segurou a mulher pelo braço enquanto espalmava a mão aberta no peito do homem. Por pouco, não levou um chute na coxa disparado pela mulata. Ela parecia não estar vendo-o parado ali, enquanto tentava, a todo custo, ferir o homem que lhe estapeara.

— Eu não sou minha mãe, seu salafrário! — ela gritou. — Ouse encostar suas patas asquerosas em mim outra vez e eu vou castrá-lo com a faca que guardo na minha banca. Seu verme nojento, pulha desgraçado!

— Você é louca, Laysla! Tão doente e debilitada quanto a bêbada da sua mãe.

— Porque você a deixou desse jeito. Mas vai pagar por isso, ah, se vai! — ela fez uma pausa e olhou para Ícaro, fulminando-o com os olhos, como se só agora o visse parado ali. — E você? É amigo dele? Por que se intromete em nossa conversa?

— Chama isso de conversa? — devolveu Ícaro, mantendo uma distância segura daquela fera.

Alguém avisou que os seguranças estavam a caminho. O homem gordo, como se não quisesse confrontos, tornou a dar as costas e dessa vez partiu rapidamente em direção à porta de saída. Laysla, ainda furiosa, voltou-se para as pessoas que a encaravam.

— E vocês? Perderam alguma coisa aqui? Por acaso estou em exposição para todo mundo ficar me olhando?

Entre resmungos de "mal-educada e ignorante", as pessoas foram se dispersando. Menos Ícaro. Ele permaneceu ali e, quando três seguranças chegaram, se adiantou:

— A discussão já foi controlada. Essa moça se exaltou um pouco, mas já está tudo bem.

— E quem está pedindo sua ajuda? — ela ergueu as mãos em garras, mas tornou a baixá-las. Virou-se para os guardas. — Eu causei o tumulto, e daí? Vão me prender?

Eles iam responder alguma coisa quando Ícaro se aproximou deles e murmurou algo em voz tão baixa que Laysla não pôde ouvir. Por fim, eles assentiram e se foram.

— O que você disse a eles? — a desconfiança transbordava dos olhos de Laysla. E que olhos! Olhos cor de mel que brilhavam como ouro, fazendo um contraste maravilhoso com a cor de sua pele. Os cabelos escuros e volumosos, levemente queimados nas pontas, caíam em cachos sobre seus ombros. Não aparentava ser mais velha do que Ícaro. — O que está acontecendo aqui?

— Fique calma, por favor. O homem que lhe agrediu já foi embora. Não fique tão alterada.

— Qual é? Vai mandar na minha vida agora?

Ela estava à beira de uma nova explosão de fúria. Ícaro não se lembrava de ter conhecido uma moça tão brava... e tão linda quanto aquela morena.

— O que acha de um copo d'água? Só para acalmar os ânimos.

— Mas quem você pensa que é para dar palpites no que eu devo fazer? — ela colocou as mãos na cintura e o encarou por alguns instantes. Viu-o esboçando um sorriso para ela, o que a deixou automaticamente desarmada. — Qual é a graça agora?

— Mulher, você é braba, hein? Coitado do seu namorado.

Laysla não respondeu. Retornou para sua banca de frutas e legumes e sentou-se em um banquinho de madeira. Ícaro achou que ela fosse chorar, mas ela permaneceu fitando o chão.

— Se eu me aproximar, você não vai me atacar com a faca com que ameaçou castrar aquele homem? É que eu não queria que acontecesse o mesmo comigo.

Ela ergueu os olhos para ele e finalmente sorriu. Era o princípio de um relaxamento.

— Diga logo o que quer. As bananas estão fresquinhas e...

— Só se você prometer guardar a faca.

— Tá vendo alguma faca em minhas mãos?

— Um homem nunca sabe os segredos de uma bela mulher.

O elogio escapou sem querer, o que quase o fez enrubescer. Mas Laysla, aparentemente, nem o ouviu.

— Deve ter sido uma cena patética. Esse cara é um panaca.

— Posso perguntar quem é ele?

— É o idiota do meu padrasto. Seu nome é Zacarias — ela tornou a encarar Ícaro. — Por que eu estou te contando isso? Como posso saber que vocês não são amigos?

— Porque você nunca me viu antes e está lendo a verdade nos meus olhos. Sabe que estou sendo totalmente sincero com você, Laysla. Seu nome, aliás, é lindo.

— Como sabe o meu nome?

— Eu o ouvi chamá-la assim. O meu é Ícaro Falcão — ele estendeu a mão para ela. Laysla o cumprimentou com uma firmeza surpreendente para uma mulher.

— E o que quer comigo?

— Nada, na verdade. Eu vim falar com uns colegas da faculdade que administram alguns desses boxes. Fui atraído pela gritaria e vim para cá. Não suportei ver aquele homem a agredindo, apesar de que você soube muito bem se defender.

— Não é a primeira vez que isso acontece. E agora, que tudo já se acalmou, pode ir embora. Não tenho tempo para conversar com desconhecidos.

— Uma vez apresentados, não somos mais desconhecidos.

— Tá de gozação comigo?

— Lógico que não... Eu ainda não me esqueci daquela faca — num gesto brincalhão, Ícaro cobriu as partes íntimas com ambas as mãos.

Laysla foi obrigada a dar uma risada, como ele queria. Os dentes dela eram branquíssimos e nenhum deles parecia fora do lugar. Os olhos dela como que se acenderam, destacando ainda mais a sua cor.

— Você é engraçadinho. Veste-se bem — ela o percorreu com o olhar. — Tem jeito de ser filhinho de papai. Não é dessas paragens, com certeza.

— Posso convidá-la para tomar um suco? Não agora, porque você está trabalhando em sua banca. Mas pode ser no final do expediente, a não ser que você tenha outros compromissos com seu namorado.

— Mas que tanto você fala em namorados. Tá tentando arranjar um para mim?

— Você é solteira então?

— Já você não é — esperta, Laysla apontou para a aliança na mão dele. — Eu sei muito bem que isso significa compromisso com alguém.

A imagem de Isabel preencheu a mente de Ícaro, mas ela parecia tão distante quanto as estrelas. Ele balançou a cabeça, na tentativa de se esquecer dela.

— Eu estou noivo — admitiu ele, sentindo o peso daquelas palavras. — Casamento marcado para o próximo dia 13.

— E mesmo assim está me convidando para tomar um suco? Seu mulherengo de uma figa. Homem não presta mesmo. Você não deve ser muito diferente do meu padrasto.

Dando a conversa por encerrada, Laysla levantou-se e fez um gesto vago com a mão, dispensando-o. Ícaro, entretanto, não se deu por vencido:

— Espere aí. Eu só a convidei para um suco. Não a pedi em casamento. Homens comprometidos não podem ter amigas?

— Dependendo do grau de ciúme da sua noiva, não mesmo.

— Só me diga qual o horário em que você sai. Prometo não incomodá-la depois.

— Tudo bem. Saio às cinco. O que mais você quer? O número da minha identidade?

Ele sorriu, vitorioso. Se pudesse, voltaria para encontrá-la naquele horário, mas tinha a bendita prova da faculdade mais à noite. Todavia, pretendia retornar no dia seguinte. Laysla parecia ser uma mulher muito especial, apesar de ser uma pilha de nervos.

Ícaro despediu-se dela relutantemente. No carro, a caminho de casa, lembrou-se das palavras que Teresa lhe dissera noites antes. Não podia haver casamento sem amor e a responsabilidade pela conquista da felicidade era dele.

Enquanto dirigia, Ícaro concluiu que, se realmente quisesse descobrir o amor, Isabel não poderia estar em seus planos para o futuro.

———

Valéria estava confortavelmente sentada na poltrona de tecido italiano, no centro de sua imensa sala de visitas, lendo uma revista sobre moda oriental quando o telefone tocou. Ela mesma atendeu e sorriu ao ouvir a voz de Tomásia, a mãe de Isabel, ao telefone.

— Valéria, querida, como está?

— Linda e maravilhosa — as duas riram. — E você?

— Eu estou ótima. Preciso te contar uma fofoca que fiquei sabendo hoje. Se você não estiver sentada, vai cair no chão.

— Estou em minha poltrona italiana — rindo novamente, Valéria suspirou: — Mas diga lá. Qual é a novidade da vez?

— Sabe a Greice, a esposa do dono daquela loja de móveis, no centro?

— Sei, sim. O que aconteceu? Ela já descobriu os chifres que o marido coloca em sua cabeça?

Mais gargalhadas maldosas. Tomásia, ao se conter, respondeu:

— Acho que não. Ia ser bem feito para ela quando isso acontecesse. O marido sai com tudo quanto é mulher e a tonta finge que não vê. Sim, porque é impossível não desconfiar de nada.

— Quem manda ser sonsa? Mas o que ela aprontou dessa vez?

— Ela me disse que viu o seu filho mais novo saindo da academia no domingo à noite.

— E o que tem isso? Sidnei tinha me avisado que iria para lá.

— Mas ele saiu acompanhado de uma mulher que, segundo Greice, tinha o corpo de uma deusa grega. E detalhe: a mulher não era nenhuma menininha. Eles trocaram até beijos no rosto antes de se separarem.

— Ah, Sidnei é um danadinho — rindo, Valéria bateu com a revista na própria perna. — Você está lembrada de que, no almoço do domingo, eu pedi que ele arrumasse uma namorada fixa? Pois ele já está fazendo isso. Certamente essa mulher é a mãe de uma de suas pretendentes. Nada como convencer os filhos a um namoro sólido, não?

— Você acha mesmo?

— Claro, Tomásia, o que mais poderia ser? Essa mulher deve ser a futura sogra dele.

— Hum... — um balde de água fria esfriou o ânimo de Tomásia. Mas ela ainda tinha outro assunto. — Mas além dessa história, Greice me contou outra coisa também, que envolve outro dos seus filhos.

— Em vez de cuidar dos relacionamentos extraconjugais do marido, Greice fica cuidando da vida da minha família — Valéria cruzou as pernas de forma elegante. — O que mais ela viu?

— Viu aquele seu filho loirinho, o terceiro...

— Kennedy?

— Ele mesmo. Ela tinha ido comemorar o aniversário de uma amiga em um barzinho quando o viu enchendo a cara com alguns amigos. Disse que ele estava tonto como um morcego à luz do sol. Mal terminava de esvaziar um copo, já mandava que enchessem outra vez.

— É bom que ele aproveite, porque está com os dias contados aqui no Brasil.

— Mas quando ele estiver morando nos Estados Unidos vai ser pior. Lá, longe das suas vistas, ele vai poder tomar todas, até a bebida vazar pelas orelhas.

— Tomásia, querida, está chamando meu filho de irresponsável? Kennedy sabe o que faz. E, além disso, ele é filho de quem?

Novas risadas soaram pelo telefone.

— Valéria, você é o máximo. Só avisei para que você o coloque nos trilhos antes que ele viaje. Um menino tão novo não pode se tornar um alcoólatra.

— Não exagere. Ele só estava se divertindo. Vamos deixá-lo em paz. Quando ele estiver estudando no exterior, vai notar que a vida não se resume a bares e bebidas. Ele vai ficar consciente de suas obrigações, porque no fundo todos eles querem agradar a mamãe.

— Quanto a agradar, o casamento dos nossos filhos será magnífico. Isabel e Ícaro formam um casal tão lindo. Foram feitos um para o outro.

— Isso é verdade. Pode não parecer, mas Ícaro está superempolgado com o casamento. De todos os meus filhos, ele é o mais responsável, talvez por ser o mais velho. Ama a noiva mais do que a ele mesmo.

— Só podemos desejar que dê tudo certo para eles.

— E o que poderia sair errado, Tomásia? Estamos a duas semanas do casório, com os pombinhos apaixonados, planejando o destino da lua de mel. Os convites já foram enviados, o salão de festas, alugado, os preparativos organizados. Nada pode sair errado. Eles se amam.

— Você está certa como sempre, Val. Mal posso esperar o dia 13 chegar. Estou tão emocionada que parece que sou eu mesma que vou entrar na igreja usando um vestido de noiva.

Valéria imaginou Tomásia, com sua silhueta de barril, usando um vestido branco. Fez um esforço imenso para não dar uma gargalhada. Em voz alta, ela redarguiu:

— Sei como é. Também estou muito ansiosa. Vamos aguardar os acontecimentos. Quanto a Greice, quando falar com ela, diga que venha contar as fofocas sobre os meus filhos diretamente para mim. Não gosto de saber que andam falando dos meus meninos por aí, principalmente ela que leva chifres com a mesma velocidade em que respira.

As duas trocaram mais algumas palavras e desligaram. Valéria recostou-se na poltrona e tornou a pegar a revista de moda. Pensou no que Tomásia dissera sobre Kennedy. Seu filho não era um alcoólatra, pois nem sequer fora visto bêbado em algum lugar. Os outros falavam de sua família porque tinham inveja e tentavam apresentar uma visão distorcida dos fatos. Sim, era isso. A inveja podia ser letal, mas nada afetaria Valéria Falcão. Absolutamente nada.

capítulo 9

Teresa estava em seu quarto arrumando a parte superior do seu guarda-roupa quando bateram à porta. Ela autorizou a entrada e sorriu quando viu Ícaro entrar.

— Você e sua mania de me procurar em meu quarto. Isabel ainda vai saber disso.

Ele riu e fechou a porta por dentro.

— Quer ajuda? — perguntou, olhando para as portas abertas do guarda-roupa.

— Não, depois eu arrumo isso. Quero saber quais preocupações o trouxeram aqui desta vez.

Ícaro sorriu e sentou-se na beirada da cama.

— Acho que pela primeira vez eu fui mal em uma prova.

— Por quê? Estava muito difícil ou você não tinha estudado?

— Na verdade eu não consegui me concentrar. Estava com os pensamentos em outro lugar.

— Pensando em Isabel e em seu casamento?

— Também. Pensando em uma maneira de terminar tudo com ela.

Teresa sentou-se ao lado dele na cama e o fez virar o rosto para ela.

— Sabe que pode ser sincero comigo. O que está havendo?

— Nós já tínhamos conversado sobre meu noivado com Isabel, lembra? Você me falou sobre o amor e sobre a responsabilidade de cada um para ser feliz. Eu já andava um pouco descontente com isso. Eu gosto muito dela. Isabel me faz rir, é alegre e extrovertida, embora tenha muitos defeitos, como ser exibida e esnobe.

— E qual de nós não tem defeitos?

— Eu sei. Mas eu achava que tinha que me casar com ela por obrigação, como forma de honrar os quatro anos de namoro. Ainda mais levando em conta as imposições da minha mãe e da mãe dela.

— E o que o fez mudar de ideia?

— Uma moça que eu conheci hoje no Mercado do Cruzeiro. Ela tem um boxe de frutas e verduras. O nome dela é Laysla.

Os olhos escuros de Ícaro brilharam de emoção ao se recordar dela, o que fez Teresa sorrir.

— Eu fiquei pensando nela o dia inteiro. Por causa dela, eu não me concentrei na prova. Trata-se de uma mulata de olhos cor de mel. É a mulher mais linda que eu já vi.

— Será que você não está só deslumbrado com a beleza dela?

— Não. É algo totalmente diferente. Nem mesmo por Isabel eu senti algo assim. Laysla é uma fera — ele sorriu, as lembranças voltadas para a cena do mercado. — Estava brigando com o padrasto quando eu cheguei. Há algo nela que me cativou, sabe? Talvez ela não tenha tido a mesma sensação, mas para mim é como se eu a conhecesse...

— Há muito tempo? — completou Teresa, de bom humor.

— Isso mesmo. Como você sabe?

— Porque certamente vocês estiveram juntos em outras vidas.

— Bom, eu já ouvi falar muito nesse assunto. Eu tenho uma professora na universidade que é espírita. Mas acho muito fantasioso. Não consigo acreditar que já vivemos antes, em outros lugares, com outros nomes.

— Ah, não? E como você me explica a impressão de que já a conhecia? Acho até que você teve a impressão de que não estava vendo aquele olhar pela primeira vez.

— É verdade. Havia algo de familiar nela. Como pode ser?

— Eu acabei de explicar — Teresa afagou as mãos dele com carinho. — Seus espíritos possivelmente já viveram juntos em outras épocas. E, se um sentimento novo e arrebatador o envolveu, é até provável que vocês tenham tido alguma relação antes.

— Não sei se posso acreditar nisso, Teresa. E o amor à primeira vista?

— Existe uma diferença aí. Às vezes ficamos encantados por uma pessoa quando a vemos pela primeira vez. Só pensamos nela a todo instante, queremos falar com ela, saber tudo a seu respeito. Mas, como eu disse, é apenas um deslumbramento e não amor. O amor à primeira vista normalmente está ligado a espíritos que já estiveram juntos em vidas anteriores. Pode haver exceções, é claro, mas eu poderia dizer que, no seu caso, a vida o colocou diante da mulher que o faria conhecer o real sentido do amor.

— Eu continuo achando meio improvável esse assunto de vidas passadas.

— Em um mundo tão maravilhoso como o nosso, governado por uma força motriz de energia, bondade e pureza, acha mesmo que desfrutaríamos desse privilégio apenas uma vez? Nunca ouviu dizer que na natureza nada se perde, mas tudo se transforma? A vida é um ciclo. Ao morrermos, deixamos o corpo de carne e alçamos voos para outros lugares, no plano espiritual. Mas Deus sempre nos concede uma nova chance de aprendizado a fim de modificarmos as nossas atitudes e conquistarmos novas experiências e conhecimentos. Então retornamos à Terra para começarmos tudo de novo, em um esforço contínuo de renovação interior.

— Então a reencarnação é algo bom?

— É o maior presente de Deus. É a única forma de nos reajustarmos com outras pessoas, com nossa própria consciência, numa conquista incessante de progresso e melhoria íntima. Só precisamos estar cientes de que tudo o que fazemos gera uma consequência. É o que chamamos de Lei de Causa e Efeito. Se alguém, na encarnação atual, está passando por dificuldades é porque lá atrás, em outros tempos, causou algum incidente que agora precisa ser revisto. E se o que fizermos vai retornar para nós mesmos, é melhor que procuremos o caminho da luz, do bem e do amor, não acha?

— Pensando assim... Isso explicaria os abismos sociais e financeiros que vemos hoje em dia. Sempre, desde pequeno, eu gostava de ajudar os menos favorecidos, ainda que minha mãe fosse contra.

— Você é uma alma boa e nobre. Sempre notei isso. Quanto às diferenças sociais, certamente são explicadas pela reencarnação, assim como muitos outros questionamentos que fazemos. Esteja certo, Ícaro, de que tudo o que temos hoje é o melhor para nós considerando nossas ações em outras vidas. Basta agradecermos a Deus pela oportunidade de estarmos aqui, mostrando que podemos ficar mais maduros em relação ao que fomos antes. Afinal, o aperfeiçoamento moral é o que todos nós estamos buscando.

— Na hipótese de que eu realmente tenha conhecido Laysla em outras vidas, isso significa que eu tenho que romper meu noivado com Isabel para ficar com ela?

— Em matéria de coração, cada um deve encontrar suas respostas. Basta você considerar o que o faria mais feliz. Não é uma tarefa difícil porque, no fundo, você já sabe o que fazer.

— É... — com olhos sonhadores, parecia estar longe. — Só não sei como falar com ela.

— Faça o que achar ser o certo. Só não faça nenhuma das duas sofrer, principalmente Isabel, que o conhece há tantos anos e confia em você. Além disso, pelo que está me contando, você não sabe praticamente nada sobre a moça do mercado. Tente agir com calma.

— Não posso agir com calma. Meu casamento está chegando.

— A paciência também é uma dádiva. Só não vá abandonar Isabel no altar da igreja como vemos acontecer nas novelas.

Ícaro sorriu, inclinou o corpo e beijou Teresa no rosto.

— Eu posso não conhecer Laysla a fundo, mas é ela que eu quero. Se o que estou sentindo é amor, então é algo tão colorido e explosivo como fogos de artifício.

Teresa riu e pouco depois eles se despediram. Ícaro agora não tinha mais nenhuma dúvida. Falaria com Isabel assim que fosse possível e terminaria tudo. Quanto a Laysla, ele queria tornar a vê-la o quanto antes e compartilhar com ela os sentimentos que invadiram o seu coração.

———

Sidnei virou o rosto e contemplou, embevecido, o corpo nu de Samara deitada ao seu lado, na larga e espaçosa cama de casal, no quarto dela. Ele tinha telefonado para ela no final daquela tarde, e ela reforçara o convite para que ele fosse conhecer o apartamento dela.

Ao chegar lá, ele ficou bastante surpreso. Primeiro porque viu Samara usando um terninho preto sobre uma camisa branca de mangas compridas. Os cabelos negros e fartos estavam presos em um coque. Era uma imagem bem diferente da que ele vira na academia, três dias antes. Porém, o jeito sensual e atraente de Samara, o desenho provocante dos lábios, o brilho intenso no olhar, tudo era igual, o que deixava Sidnei completamente maluco.

O apartamento tinha dois dormitórios, sendo que um deles ela estava adaptando como estúdio. Ainda havia muitas caixas e móveis fora do lugar. Samara explicou que mudança é algo extremamente trabalhoso para uma pessoa sozinha dar conta. A sala, a cozinha, o banheiro e a lavanderia eram cômodos grandes e espaçosos. Ela estaria muito bem servida morando ali.

Samara ofereceu a ele um drinque enquanto conversavam. Ela contou que aquele tinha sido o seu primeiro dia na nova filial da empresa. Como antes, haveria dezenas de vendedores que trabalhariam sob a supervisão dela. Ela estava bastante animada com os novos companheiros de trabalho.

Sidnei, por sua vez, falou sobre os irmãos e os pais. Disse que Valéria era uma mulher de personalidade forte, mas não comentou sobre as ordens que ela dava aos filhos. Explicou que a família Falcão era uma das mais ricas da cidade, o que não pareceu despertar o interesse de Samara. Por fim, falou sobre seus namoros, que nunca se fixara a nenhum e que agora estava procurando uma mulher para manter um romance duradouro.

Após o drinque, Samara colocou um CD no aparelho de som e o convidou para uma dança. Bem-disposto, Sidnei aceitou de imediato. Mas assim que a envolveu com os braços e sentiu o delicioso perfume feminino emanado dela, percebeu que estava ficando excitado. E tudo piorou quando ela colou o corpo ao dele, comprimindo-se de tal forma que Sidnei quase ofegou.

— O que foi? — ela perguntou com um sorriso, ao perceber que ele estava ficando alterado.

— Não sou muito bom em danças — disfarçou ele, sem conseguir tirar as mãos dela.

— Eu também não. Só estamos matando o tempo e fortalecendo a nossa amizade.

Quando ela disse isso, olhou fixamente para o rosto dele. Seus lábios ficaram a dois centímetros de distância. Sidnei, agarrado ao corpo dela, contemplando aquela boca carnuda tão próxima à dele, não resistiu mais. Avançou sobre ela e deu o melhor beijo de sua vida.

Estava acostumado a beijar as meninas, mas experimentar os lábios de uma mulher trinta e três anos mais velha do que ele era algo novo, excitante e misterioso. E ele gostou da experiência. Samara parecia saber o que fazer para aumentar a onda violenta de desejo que se apoderara dele. Logo, o beijo não foi mais suficiente.

Terminaram na cama. Como ele já tinha notado, Samara tinha um corpo escultural, quente e flexível. Jamais aceitaria que ela tivesse aquela idade. Era jovial, com uma vitalidade a toda prova. Quando terminaram, horas depois, Sidnei estava tão suado quanto se tivesse passado horas na academia. Já Samara, continuava tranquila e fresca como uma flor ao amanhecer.

— Você deve estar me achando uma tarada, não? — perguntou ela, percorrendo o peito dele com sua unha vermelha e afiada. — Levei um garotinho de vinte anos para a cama.

— Você não me chamou de garotinho alguns minutos atrás — tornou ele, sorrindo.

— Isso foi perfeito, mas infelizmente não tem futuro.

— Como assim? — ele apoiou o cotovelo no travesseiro e a cabeça sobre a mão para analisá-la melhor. — Você quer dizer que não vamos repetir?

— Não. Até pode acontecer outras vezes, mas não vai dar em nada, querido.

— Ainda não estou entendendo.

— Não podemos ter um romance. Sou muito mais velha do que você. Acha que os seus pais concordariam? Talvez até eles sejam mais novos do que eu.

— Minha mãe é mais nova, mas isso não muda nada. Hoje em dia, o que mais vemos são casais com diferenças de idade gritantes. Namorar uma pessoa bem mais velha ou bem mais nova não afeta o relacionamento.

— Eu sei disso. O último namorado que eu tive tinha a mesma idade que eu. Nunca beijei um homem tão novo quanto você. Para mim também está sendo uma grande novidade. Adorei cada momento que passamos aqui hoje.

— Samara, eu não estou gostando da forma como está falando — ele beijou-a nos lábios, repetidas vezes. — Eu estou amarradão em você. Isso significa que eu te amo.

— Ama nada. Nós nos conhecemos no domingo e hoje é quarta-feira. É impossível ter brotado amor aqui.

— Acha que nós dois viemos para a cama apenas pelo prazer do sexo? — era a primeira vez que Sidnei se comportava como um verdadeiro adulto e sentiu orgulho disso. — Você pode não se importar, mas eu amo você. E sabe como eu sei disso? Porque as meninas sempre foram passatempo para mim, desde os meus treze anos. Mas com você é diferente, Samara. Você é uma mulher "com M maiúsculo". É tudo o que eu sempre esperei de uma namorada. Por mim, você pode ter oitenta anos, que vai continuar sendo uma gata gostosa.

— Não esteja tão certo disso — murmurou Samara, soltando uma gargalhada alta.

— Você não tem interesse em continuar comigo? Se a resposta for não, eu quero saber o motivo.

— Eu já vivi muito mais do que você, querido, e sei que as coisas não são tão fáceis assim. Da minha parte, estou livre e desimpedida. Não tenho filhos nem família que possam fazer cobranças. Mas com você é diferente. Seus pais vão querer me ver a quilômetros de distância de você. Escute o que estou dizendo. Você tem vinte anos e eu cinquenta e três. Que chance nós temos?

— Todas e eu vou te provar isso — decidido, Sidnei desfechou: — Vou apresentá-la para os meus pais como minha namorada. E vai ser amanhã mesmo. Vou buscá-la no seu serviço e seguimos diretamente para a minha casa. Vou mandar prepararem um jantar especial.

— Você faria tudo isso por mim? — desta vez foi ela quem o beijou.

— Tudo e mais um pouco. Você é a mulher que espero desde que nasci. Não vou perdê-la agora por causa dessa frescura de idade. Minha mãe vai concordar e podemos ficar juntos.

Samara ficou maravilhada com a promessa dele e o envolveu em beijos e carícias ousadas. Logo, eles estavam esquecidos de tudo que não fosse seu próprio mundo.

———

Michel separou alguns folhetos sobre os últimos lançamentos da área têxtil e de confecção. A cada dia se apaixonava mais pelo curso que fazia. O mercado da moda vinha se desenvolvendo rapidamente e necessitava de novos profissionais com criatividade para a produção e apresentação de coleções. Ele já esboçara vários desenhos de roupas que criaria quando fosse possível. Os professores do curso não cansavam de elogiar a originalidade de seus desenhos.

O telefone celular começou a tocar. Michel esticou o braço e atendeu. Logo sorriu ao ouvir a voz de Isaac:

— Estava dormindo e sonhando com o dia do seu desfile?

— Que nada! Estava separando um material que achei interessante. Estou fazendo uma pesquisa sobre a história da moda.

— Você acredita que estou sem internet? Deu problema na conexão do meu bairro inteiro.

— Às vezes acontece isso aqui também.

— E o pior é que eu também preciso fazer umas pesquisas acadêmicas para entregar amanhã. Ninguém mandou deixar tudo para a última hora!... E está muito tarde para eu achar uma lan house ou um cyber café aberto.

— Por que não usa a internet aqui de casa? Ou está tarde demais para você vir?

Isaac pensou um pouco e respondeu:

— Eu não tenho outra opção. Nem deram previsão para o retorno da internet. E amanhã eu preciso estar com tudo isso pronto.

— Então venha para cá. Pode usar minha impressora, se precisar.

— Ok, muito obrigado. Só vou avisar o meu pai e pego um táxi. Daqui a pouco estou chegando.

Michel desligou e tomou um susto ao notar uma sombra atrás de si. Deparou com Valéria. A mãe estava pronta para dormir e ainda assim estava maquiada e de salto alto.

— Mãe, que susto! Não ouvi você bater.

— Ora, e por que eu preciso bater? Você não tem nada a esconder, não é mesmo?

Havia certa ironia naquela pergunta que deixou Michel um pouco desconfortável. Valéria correu o olhar sobre os materiais que o filho estava estudando.

— Até quando você vai lidar com esse negócio de desenhar roupas e vestidos?

— Até eu me formar. É a profissão que eu escolhi para mim.

— Não conheço nenhum outro homem que se formou nisso. E os que conheço, bem...

— O que têm eles, mãe?

— Só são homens na certidão de nascimento, se é que me entende.

Michel empalideceu. Tentando não demonstrar nervosismo, ele ponderou:

— Eu não tenho nada a ver com os outros e não gosto de comparações.

— Tudo bem. Não precisa ficar nervoso — Valéria permitiu-se sentar sobre a cama dele. — Com quem você estava falando agora?

— Com Isaac.

— Eu tive a impressão de que o ouvi convidando-o para vir para cá neste horário — ela consultou as horas. — São quase onze horas. Não acha que está um pouco tarde para receber seus amiguinhos?

— Isaac está sem internet e precisa fazer uma pesquisa urgente. É isso que ele está vindo fazer. De qualquer forma, ele não vai atrapalhar ninguém.

— Você poderia aproveitar a companhia desse menino, que, aliás, parece ser o seu único amigo, para saírem juntos. Assim, vocês poderiam curtir a agitação noturna, frequentar barzinhos e danceterias da moda. Em questão de dias vocês arrumariam uma namorada. Se você não sair para caçar, não vai achar ninguém.

— Eu não sou nenhum chacal para sair à caça. E estou bem assim. Não gosto quando ficam me pressionando a namorar. Parece que a vida dos outros depende do futuro da minha.

Valéria não respondeu, porém não arredou o pé do quarto. Ficou lá até a chegada de Isaac.

O amigo não bateu à porta e foi logo dizendo:

— Vim de mala e cuia. Falei com meu pai e ele me deixou dormir aqui...

A voz morreu na garganta de Isaac quando percebeu a presença de Valéria. Ele segurava uma pequena bolsa em uma mão e a pasta com seu material de estudo na outra.

Era fácil perceber que tanto Michel quanto Isaac estavam incomodados com Valéria. Ela perscrutava o rosto de um e de outro, com seus olhos azuis penetrantes. E foi então que notou algo que a deixou chocada. Ela percebeu uma troca de olhares entre os dois meninos. Não era um olhar fraternal, de amizade ou cumplicidade. Aquilo era outra coisa, muito mais perigosa.

Ela se ergueu da cama como um raio, resmungou um boa-noite e seguiu rapidamente para seu quarto. Precisava colocar Felipe a par daquela situação. O que antes era apenas uma desconfiança havia se concretizado. E algo precisava ser feito imediatamente.

capítulo 10

Valéria entrou em seu quarto com largas passadas. Seguiu até a cama onde o marido ressonava tranquilamente. Ela se debruçou sobre ele e o agarrou pelo braço com a força de alguém que quer triturar um osso. Por fim, pôs-se a sacolejá-lo com violência.

— Ande, Felipe, acorde! Aconteceu uma desgraça em nossa casa.

Ele abriu os olhos, assustado, e sentou-se com tudo, tentando concatenar os pensamentos. Havia uma expressão de fúria mesclada com frieza no belo rosto de Valéria.

— O que foi, querida? A casa está pegando fogo?

— Quase isso. Acabo de fazer uma descoberta.

— Do que você está falando? — ele meneou a cabeça para afugentar o sono.

— Sobre Michel e aquele amiguinho dele, o Isaac.

— Está tudo bem com eles? — a sombra do medo fez Felipe estremecer.

— Mais do que deveria — andando como uma leoa enjaulada, Valéria atravessou o quarto de um canto a outro. — A menos que eu esteja muito enganada.

— Não estou conseguindo entender.

— Isaac acabou de chegar. Veio dormir aqui porque Michel o convidou. Não acha isso tremendamente estranho?

— Qual o problema? Eles são amigos.

— Amigos íntimos, me parece. Confesso que estou assustada. Michel sempre foi estranho e agora não desgruda daqueles papéis sobre moda. Nunca se interessou por meninas, mas está sempre grudado naquele garoto.

— O que você está querendo insinuar com isso, Valéria?

— Nós vamos romper essa amizade entre eles. Não quero mais que esse menino venha aqui.

— Você está louca? Ele é filho do Rebouças. Com que cara vou olhar para o meu amigo?

— Ele pode ser filho do presidente da República. Isso não me interessa. Quero esses dois separados. Se você não fizer alguma coisa, eu mesma farei. Do meu modo.

— Valéria, pare de procurar pelo em ovo e venha se deitar. Por que fica implicando com os meninos? — cansado, Felipe tornou a deitar. — Você nem tem provas do que está dizendo.

Valéria, apesar de irada, não discutiu mais. Percebeu que o marido não a ajudaria em nada. Ela mesma teria que dar um jeito no filho e naquele tal Isaac. E já sabia exatamente como proceder.

———

Logo após a saída inesperada de Valéria do quarto, Michel apontou o computador para Isaac. Assim que ele se sentou, considerou:

— Sua mãe não ficou feliz em me ver.

— Ela não fica feliz com nada, a não ser com dinheiro. Esquece ela.

Isaac deu de ombros e se concentrou no seu trabalho. Enquanto ele digitava rapidamente, Michel o olhava de vez em quando. Sempre admirou a companhia do amigo. Os dois se davam muito bem e nunca haviam brigado em todos aqueles anos de amizade.

Porém, algo estava diferente. Algo tinha mudado e Michel não sabia dizer quando a mudança começara, embora soubesse exatamente a que ela se referia. Aquilo era tão novo quanto aprender outro idioma. Perguntou-se se Isaac já tinha desconfiado de algo. Esperava que não.

Algum tempo depois, enquanto a impressora cuspia as folhas, Isaac flexionou os braços para cima e jogou as costas contra o encosto da cadeira. Voltou-se para Michel com um sorriso nos lábios.

— Consegui terminar tudo. Se não fosse você, eu estaria perdido.

— Os amigos servem para isso — respondeu Michel em voz baixa, enquanto recolhia os papéis de cima da cama.

— Onde eu vou dormir?

Quando eram menores, costumavam dormir um na casa do outro, mas quando entraram na adolescência deixaram esse costume de lado.

— Tem o quarto de hóspedes, que está vazio. Mas fica em frente ao quarto da minha mãe.

— Ah, não! — rindo, Isaac balançou a cabeça negativamente. — Vai que ela tenta me matar durante a noite.

Os dois riram, animados. Era mais de uma hora da manhã, mas nenhum deles tinha sono.

— Michel, eu posso tomar um banho no seu banheiro? Na pressa de vir para cá, me esqueci disso. Se você quiser dormir, prometo que não faço barulho.

— Não estou com sono. Fique à vontade. Você trouxe toalha? Se não, eu tenho várias aqui.

Isaac apanhou uma toalha limpa e entrou no banheiro.
Enquanto ouvia o barulho do chuveiro, Michel desligou o computador e a impressora. Arrumou a cama. Lembrou-se de que tinha um colchão sob a cama. Se Isaac quisesse, poderia dormir nele.

Ele ouviu o amigo murmurar alguma coisa do banheiro. Parou diante da porta e pediu que Isaac repetisse, mas ainda assim não conseguiu ouvi-lo.

— Posso entrar? — Michel assomou a cabeça na porta e viu uma cortina de vapor impregnando o banheiro. — Puxa! Você gosta de banho quente, hein?

— Eu perguntei se você tem outro xampu — uma mão molhada surgiu por trás da porta deslizante de vidro do boxe. — O seu acabou de acabar.

— É. Tava mesmo no fim — Michel olhou de esguelha para o contorno do amigo através do boxe e do vapor, mas tudo o que viu foi uma sombra disforme. Abriu um armário e pegou outro frasco de xampu. — Aqui está!

Ele depositou a embalagem na mão de Isaac. O garoto agradeceu e tornou a empurrar a porta do boxe, que não se moveu nem um centímetro.

— Ué, emperrou?

— Ah, essa porta faz isso às vezes. Precisa puxar para trás e empurrar com tudo para a frente.

Solícito, Michel decidiu ele mesmo ajudar o amigo, já que ele conhecia o segredo da porta. Puxou a porta para trás com força, conseguindo abri-la o suficiente para revelar a nudez de Isaac.

Ambos se assustaram. Michel sentiu as bochechas arderem e corarem ao contemplar rapidamente o corpo magro, molhado e bem-feito de Isaac. O susto se transformou em pavor ao perceber que estava ficando excitado. Com medo dos seus sentimentos, ele virou as costas e correu até a porta, murmurando:

— Desculpe, Isaac. Empurre a porta com força para que ela torne a fechar.

Ele saiu do banheiro ofegante. Sentou-se na cama e percebeu que estava tremendo. Tornou a levantar, foi até a janela e respirou o ar fresco da madrugada.

O que estaria acontecendo com ele? Sempre apreciara Isaac como amigo, mas o que tinha acabado de acontecer era outra coisa. Ele não podia negar para si mesmo que tinha ficado sexualmente interessado por Isaac. Naqueles breves segundos, precisou usar toda a sua força para controlar-se e fugir do banheiro, antes que avançasse sobre Isaac e revelasse o que ele realmente sentia.

Desejou fazer algo que de jeito nenhum poderia acontecer. E, naturalmente, se Isaac tivesse percebido alguma coisa, o ofenderia com todas as letras e romperia a amizade. Até onde ele sabia, Isaac sempre falava de mulheres. Não era como ele, não gostava das mesmas coisas que ele.

Uma coruja solitária piou em algum ponto do jardim que se descortinava à sua frente. Michel estava tentando procurá-la por entre os galhos das árvores quando a mão leve e suave de Isaac pousou em seu braço. Ele se virou pálido e nervoso, certo de que seria alvo de gozação.

Porém, por trás das lentes dos óculos, os olhos de Isaac exibiam apenas ternura e compreensão.

Ao baixar os olhos, Michel sentiu uma nova onda de tremor sacudir seu corpo. Isaac estava sem camisa. Não era musculoso como seu irmão Sidnei, mas a visão do seu peito nu provocava emoções conflitantes em Michel.

— Seu chuveiro é uma delícia! — Isaac olhava Michel bem nos olhos. — Eu adoraria poder tomar banho aqui todos os dias.

Michel apenas assentiu, imóvel, com o coração disparado, as mãos frias. Estava prensado entre Isaac e a janela. Não havia para onde fugir e por um breve instante ele desejou que Isaac juntasse seus pertences e partisse.

— Eu preciso te perguntar uma coisa, Michel.

A cor fugiu do rosto de Michel. Será que ele percebera ou sempre desconfiara de algo? Mas como podia ser se nem o próprio Michel estava convicto de sua orientação sexual, pelo menos até aquele momento?

— O que você quer saber?

Era agora. Dependendo do que Isaac perguntasse, aquela amizade de tantos anos poderia ir parar no lixo.

— Você sabia que eu sou gay?

O mundo congelou por alguns segundos enquanto Michel abria a boca, petrificado. Mas o que era aquilo? Do que Isaac estava falando?

— Não entendi a sua pergunta — ele respondeu com um fio de voz.

— Entendeu, sim. Você desconfiava de que eu fosse gay?

Michel balançou a cabeça negativamente. Isaac sorriu, deu de ombros e sentou-se na cabeceira da cama de Michel.

— Eu perguntei isso porque achei que você soubesse e tinha aberto a porta do boxe de propósito.

Michel estava admirado e surpreso com a audácia do amigo em revelar seu segredo de uma forma tão espontânea e natural, e não sabia o que dizer ou fazer. Disse isso a Isaac, que muito se admirou:

— E por que deveria ser diferente? Por que os heterossexuais podem revelar seus sentimentos aos seus pares abertamente e nós devemos fazer tudo às escuras? Só porque a nossa sociedade, que não tem nada de certinha, acha que é errado? Ou porque aprendemos que gays e lésbicas vão para o inferno quando morrem?

— Você acha que isso... quer dizer, gostar de uma pessoa do mesmo sexo, é normal?

— O que não é normal é ser preconceituoso e maldoso. Há pessoas que dizem sentir vontade de atirar quando veem um gay na rua. Para você, isso é normal?

Michel tornou a balançar a cabeça.

— Estamos no século 21, meu querido. Tudo é moderno, rápido — ele apontou para o computador. — Não vê a internet? É uma das maiores tecnologias desenvolvidas nos últimos anos. Se tudo evolui, por que temas como sexo e condição sexual continuam a ser tabu? Confessar aquilo que sentimos e pensamos é proibido porque os outros vão nos olhar torto? Eu não me importo com o que os outros vão dizer. Eu quero é ser feliz.

— Você está certo — falando baixinho, Michel avançou alguns passos. — Suas palavras são motivadoras. Eu acho que posso falar também.

— Falar o quê?

— Sobre isso, ou seja, sobre nós.

— Nós? — Isaac arqueou uma sobrancelha.

— Eu também sou homossexual — sussurrou Michel, como se confessasse ter matado a própria mãe. — Eu sempre tive dúvidas, mas hoje tive a certeza de ser — ele fechou os olhos, sentindo o rosto se inflamando, mas concluiu: — Eu gostei de ver você nu no chuveiro. Gosto de outras coisas em você também. Meus sentimentos estão muito confusos, mas sei o que estou dizendo. Gosto de você e não é só como amigo.

Desta vez foi Isaac quem demonstrou espanto. Por fim, soltou uma gargalhada alta e se esparramou sobre a cama de Michel..

— Vai rir de mim, é? Eu não ri de você.

— Não é isso — Isaac tirou os óculos e secou as lágrimas que desceram de seus olhos. — É que eu também gosto de você de outra forma. O engraçado nesta história é que nós dois sabíamos disso, mas nenhum de nós foi corajoso o suficiente para confessar.

Isaac também notara que Michel o olhava diferente, de uma forma mais intensa do que seus outros irmãos. Havia algo invisível que os atraía, como a força de um ímã.

— Seu pai sabe disso? — perguntou Michel, preocupado. Porque ele seria um homem morto quando Valéria descobrisse ou sequer desconfiasse.

— Sabe, sim. Todo mundo em casa sabe.

— Mas não pode ser. Seu pai vive dizendo que você é um conquistador... de mulheres.

— Ele diz isso porque, ao contrário da sua mãe, ele preserva meus sentimentos e não me expõe. Infelizmente vivemos numa sociedade machista, em que o papel do homem é conquistar várias mulheres até decidir com qual vai se casar.

— Sidnei é assim.

— Pois é. Isso alegra os olhos dos outros. Homem canta de galo e só pode se relacionar com mulheres. Se demonstrar interesse por alguém do mesmo sexo, não é homem e sim uma bicha, um veado ou qualquer outro nome pejorativo.

— Isso nunca vai mudar.

— Ah, vai. As pessoas já estão percebendo que as velhas regras e crenças tradicionais estão caindo por terra. Os tempos são outros. O preconceito vai continuar existindo por muito tempo porque existem pessoas ignorantes e atrasadas, mas todos vão acabar se acostumando. Qual é o problema, por exemplo, em um casal homossexual adotar uma criança?

— As pessoas dizem "coitada da criança".

— Coitada por quê? Por serem do mesmo sexo, os pais adotivos serão uns monstros? Serão piores do que pais héteros? Isso não existe. O que faz as pessoas serem melhores ou piores são os sentimentos, as ações, as emoções jorradas do coração. Ninguém tem que viver para agradar à sociedade, à família, à religião, pois é a felicidade que está em jogo, são os sonhos em comum, as vidas partilhadas.

— Mesmo assim, confessar a condição sexual é uma tarefa árdua e complexa.

— Porque as pessoas esperam desprezo, ofensas e humilhações. Entre se indispor e magoar a família, é melhor calar o segredo dentro do peito e fingir aquilo que não é. Qual o objetivo disso? Onde está o progresso, onde está a aprendizagem? Fingir é tolice, omitir é perder tempo. Precisamos ser transparentes com nós mesmos porque a vida é límpida e clara. Nela, não há falsas verdades. O único caminho existente é o do amor. Os outros são meras ilusões. E pode ter certeza de que, do ponto de vista espiritual, a homossexualidade é algo natural, porque também é uma face do amor.

Michel fez que sim com a cabeça, encantado com as sábias palavras do amigo. Assim que confessara a ele seus sentimentos, um peso de cem quilos foi retirado de cima dos seus ombros. Sentia-se mais leve e feliz.

— Você já fez... — Michel hesitou, mas foi em frente. — Você já fez algo mais íntimo com outro homem?

— Nunca, mas sempre tive vontade — sem pudor, ele completou: — Eu adoraria que você fosse o primeiro.

Um verdadeiro incêndio tomou conta do corpo de Michel. Antes de falar qualquer coisa, Isaac avançou sobre ele e o beijou nos lábios. Foi um beijo longo, que provocou intensas descargas elétricas em ambos.

Na emoção do momento, nenhum deles percebeu quando a porta do quarto abriu-se levemente e um par de olhos contemplou-os por alguns segundos. Em seguida, a porta tornou a se fechar, tão silenciosamente quanto fora aberta.

Os rapazes, tomados pelo desejo e pela ânsia de explorar seus corpos, de descobrir novos prazeres, mergulharam na cama, abraçados, libertando aquilo que estava preso em seus interiores havia algum tempo. Entregaram-se de corpo e alma. Nada ali era assustador ou clandestino; nada era pecaminoso ou constrangedor. Era apenas outra maneira de encontrar a paz e o amor.

Lá fora, ouvia-se apenas o piar da coruja, quebrando o silêncio da noite.

capítulo 11

Quando Isabel entrou sorridente na sala, o semblante de Ícaro ficou triste, pois tinha certeza de que a deixaria de coração partido. Quase se arrependeu do que fora fazer, mas não podia se deter agora.

Ele almoçara em sua própria casa e partira para lá. Não tinha mais nenhuma dúvida de que estava fazendo a coisa certa. Parecia loucura romper o noivado às vésperas do casamento, principalmente por causa de uma moça com quem ele mal trocara algumas palavras. Mas achava que estava agindo corretamente e levaria aquilo até o fim.

— A que devo essa visita surpresa, meu amor?

Ela foi até ele e o beijou nos lábios. Parecia tão feliz que nem percebeu que não foi correspondida.

— Precisamos conversar.

Ele estava tão sério que o sorriso de Isabel foi morrendo aos poucos. Neste instante, Tomásia entrou na sala com seu imenso corpo gordo e abraçou Ícaro de forma exagerada.

— O que traz o meu querido genro aqui? Nem pense em ver o vestido de Isabel, hein? — ela lhe sacudia o dedo tão gordo quanto uma linguiça.

Ícaro sabia que não conseguiria falar com Tomásia presente e foi direto ao ponto:

— A senhora me perdoe, mas preciso conversar com Isabel a sós. Tudo bem?

Ela olhou para Isabel, desconfiada, mas a filha apenas concordou com a cabeça. Dando de ombros, Tomásia saiu no mesmo passo que tinha entrado.

— E então, querido, qual é o mistério? — indagou Isabel, sentando sobre a mesinha de centro.

— Eu quero terminar — informou ele, duro e seco.

Ela piscou aturdida e sorriu:

— Como assim? Terminar o quê?

— O nosso noivado — ele estava se detestando por fazer aquilo, mas não havia outra forma de dar a notícia. — Eu não quero me casar com você, Isabel.

Ao dizer isso, ele tirou a aliança do dedo e a colocou sobre o braço do sofá.

Poderia ser uma brincadeira de mau gosto, pensou Isabel, mas era evidente que não era. Ícaro era muito sério para fazer algo daquele tipo.

Os olhos verdes dela ficaram cheios de lágrimas, mas ela se recusava a chorar enquanto não soubesse o motivo de estar sendo dispensada. O que fizera de errado?

— Do que você está falando? Nosso casamento é semana que vem.

— Não é, porque não vai haver nenhum. Quero romper agora, Isabel, antes que seja tarde demais e nós dois acabemos por sofrer.

— Mas que papo é esse? — ela se levantou e caminhou pela sala, batendo as mãos nas coxas. — Eu não sou nenhuma idiota. Não perdi quatro anos da minha vida para tudo terminar assim, com você dizendo que cansou de me enrolar e que quer partir para outra. Você vai se casar comigo, sim. Eu não aceito romper o noivado, não mesmo!

— Não ponha palavras na minha boca, Isabel.

— A sua mãe já está sabendo? O que ela disse? — gritou Isabel, histérica.

— Ainda não falei com ela.

— Ah, mas então ela vai saber agora — com as mãos trêmulas, ela apanhou o celular da bolsa e começou a discar um número. — Mãe?! Mãe, corre aqui, pelo amor de Deus!

Tomásia reapareceu logo e, ao ver a filha chorando, levou as mãos ao peito, num gesto quase teatral. Inquiriu Ícaro com o olhar enquanto cercava Isabel em um abraço.

— O que houve?

— Esse monstro está terminando tudo comigo, mamãe. A dez dias do casamento, ele vem aqui, com a maior cara de pau, dizer que quer terminar nosso noivado para evitar sofrimento.

Tomásia ficou indignada e, enquanto tentava encontrar palavras para repreender Ícaro, Valéria atendia a ligação do outro lado.

— Valéria, sou eu, Isabel — as lágrimas banhavam sua face. — Ícaro ficou louco. Ele está aqui terminando nosso noivado. Disse que não vai acontecer casamento nenhum.

— Mas o que é isso? Coloque-o na linha. Quero falar com ele.

Isabel estendeu o celular para ele, mas Ícaro moveu a cabeça negativamente.

— Não vou falar com minha mãe por telefone. Estou indo para casa e lá conversamos melhor.

— Você não vai expor a minha filha ao ridículo, seu cretino — rugiu Tomásia, furiosa. — Não agora que está tudo comprado e organizado. Isabel não merece um final desses, está entendendo? Ou você se casa com ela, ou vai ganhar duas inimigas para o resto da sua vida.

— Três, se eu for incluir a minha mãe — mas nenhuma delas o deixava assustado. — Sei que estou errado em decidir isso só agora, mas preciso tocar a minha vida. Eu adoro você, Isabel. Sortudo será o homem que se casar com você.

Ícaro se levantou e não se importou com o tapa que Isabel lhe deu no rosto. Também não reagiu ao levar um segundo tapa, desta vez de Tomásia.

— Saia da minha casa, seu cão imundo! — ordenou Tomásia apontando para a porta de saída. — Você vai se arrepender por ter deixado o coração da minha filha sangrando.

— Eu sinto muito que tudo tenha terminado assim, com brigas e ódio, mas não vou voltar atrás.

Como se nada mais houvesse a ser feito, Ícaro se dirigiu para a porta rapidamente.

Assim que ele se foi, Isabel desabou no sofá, chorando e gritando a plenos pulmões.

— Tente ficar calma, filhinha — Tomásia sentou-se ao lado dela e afagou seus cabelos curtos e marrons. — Não se esqueça de que temos Valéria do nosso lado. Ela não vai permitir que ele faça o que bem entende. Sabe como ela é.

— Eu fui enganada, traída e usada. Ele nunca me amou, mamãe, nunca — balbuciou Isabel. Deu uma olhada na aliança abandonada sobre o braço do sofá e afundou o rosto no colo da mãe.

Tomásia estava tão irritada que teria arranhado o lindo rosto de Ícaro até vê-lo se transformar numa massa de pele e sangue. Ninguém fazia sua única filha sofrer. Ninguém. E se Valéria não fizesse algo para reverter aquele problema, ela mesma daria um jeito nele. Seria a sua forma de justiça e vingança.

———

Foi com raiva e decepção que Valéria desligou o telefone. Como Ícaro se atrevia a desacatar suas ordens, atrapalhar seus objetivos? Ele tinha que se casar com Isabel e fim de papo. Valéria havia determinado aquele futuro para o filho mais velho, e ele não tinha o direito de contestá-la. Até parecia que agia assim para provocá-la.

Sidnei entrou na sala e disfarçou um sorriso quando viu a mãe resmungando. Conhecia-a havia tempo suficiente para perceber que ela estava perigosamente nervosa.

— O que foi, mãe? Está tudo bem?

— Nada está bem, filho, nada — ela virou o pescoço para o lado da cozinha e berrou: — Será que algum empregado desta casa pode vir até aqui perguntar se eu desejo tomar alguma coisa? Vocês ganham para me agradar e não para ficarem enfurnados na cozinha como um bando de esquilos na toca.

Duas criadas vieram correndo ao mesmo tempo, esfregando as mãos nos aventais.

— Eu quero uma água levemente adocicada. Isso vai me acalmar.

— Não seria melhor tomar um chá de camomila, dona Valéria? — sugeriu uma das moças. — A senhora vai ficar mais calma.

— Eu dei uma ordem. Não estou pedindo palpites. Vocês ganham para acatar tudo o que eu mandar. Não são minhas conselheiras — com um gesto de mão, ela apontou para a cozinha. — Agora saiam da minha frente e tragam-me logo a porcaria da água.

Enquanto as duas moças se afastavam de cabeça baixa, Sidnei tornou a perguntar:

— O que aconteceu? Por que está tão nervosa?

— Porque o idiota do seu irmão mais velho me aprontou uma. Rompeu o noivado com Isabel às vésperas do casamento. Veja se ele não é louco.

Sidnei fez um grande esforço para não sorrir. Como ele não simpatizava muito com Isabel, não via grandes problemas naquela informação. "Melhor para Ícaro", pensou.

— E agora? Vai ter que cancelar tudo, né?

— Lógico que não! Ele vai ter que se casar com ela porque eu quero assim. Nenhum filho meu me desobedece. Ele não será o primeiro.

Uma das empregadas retornou trazendo o copo com água. Valéria apanhou o copo e não agradeceu.

— Deseja mais alguma coisa, dona Valéria? — quis saber a jovem.

— Claro. Que você suma da minha frente agora!

— Mãe, por que trata as moças desse jeito? — contestou Sidnei. — Elas também são gente.

— Pois para mim não são. Os criados formam uma manada de incompetentes — gritou, com a intenção de ser ouvida na cozinha.

— Eu tenho uma notícia boa para equilibrar a balança. Enquanto meu irmão terminou um relacionamento, eu comecei outro. Estou namorando, e desta vez é sério.

O rosto de Valéria distendeu-se em um sorriso. Enquanto uns filhos a decepcionavam, outros procuravam agradá-la. Sidnei era mesmo um menino de ouro.

— Greice contou para Tomásia que o viu saindo da academia com uma mulher. Aposto que você está bem adiantado, não?

— Mais do que você pensa, mãe.

— Greice disse que essa mulher era um pouco mais velha. É a mãe da sua namorada?

Quando Sidnei ia abrir a boca para responder, Felipe entrou disparado na sala. Jogou o paletó sobre o sofá enquanto enxugava as lágrimas do rosto. Estava pálido e nervoso.

— Meu amor, o que houve? — adiantou-se Valéria.

— Meu pai... — a voz dele saiu num misto de lástima e tristeza. — Acabaram de telefonar. Ele morreu.

O câncer finalmente tinha vencido a luta contra Mauro. Por mais que ele tivesse feito tratamento no melhor hospital de Belo Horizonte, seu tempo de permanência na Terra tinha terminado.

Valéria abraçou Felipe consolando-o. Nunca gostara muito dos sogros, mas sabia o quanto o marido os estimava. E, de certa forma, foi graças a Mauro que eles tinham aquela casa, pois, na época em que ela se casara com Felipe, Mauro era quem administrava todos os bens da família Falcão.

— E onde ele será velado? Quando vai ser o enterro?

— Eu estou indo para o hospital agora — tenso, Felipe abraçou-a com mais força. — Oh, Deus! Valéria, eu preciso tanto de você comigo.

— Você não vai me obrigar a ir ao hospital e ao cemitério, vai? Sabe o quanto eu detesto essas coisas. Quando sua mãe morreu, eu me senti muito mal no velório.

— Só faça companhia para mim — Felipe chorava como uma criança. — Por favor.

— Querido, leve um dos meninos com você. Eu não serei de grande ajuda. E depois, um de nós tem que estar em boas condições para a leitura do testamento. Faz ideia de quanto ele deixou?

Felipe fixou os olhos azuis de Valéria como se os visse pela primeira vez. Não havia ali nenhum sinal de compaixão ou sofrimento. Tudo o que havia era ambição e ganância. As pupilas de sua esposa pareciam dois cifrões.

Numa fração de segundo, várias imagens cruzaram a mente de Felipe. Viu Valéria ainda jovem, conversando com ele na festa de sua cidade. Lembrou-se da maneira como ela demonstrara interesse por ele assim que o vira tirar dinheiro do bolso. Depois, se recordou da maneira como ela desprezara os pais e os irmãos, logo após o casamento. Seu único desejo era viajar e gastar com roupas caras e joias valiosas.

Vieram à sua mente as infinitas reclamações das babás sobre os maus-tratos de Valéria. Como os criados sempre se queixaram do mau comportamento de sua esposa. Pensou na maneira como ela havia educado seus filhos, sempre tentando transformá-los em pessoas gananciosas e apegadas aos bens materiais como ela mesma era.

Como ele nunca tinha percebido nada daquilo? Ou será que sabia de toda a verdade, mas fingia para si mesmo que não via o que estava acontecendo devido ao amor que sentia por ela? Questionou-se, naquele instante, se Valéria o amara algum dia ou se tudo fora interesse financeiro. Será que ela amava os filhos ou só queria meros fantoches para controlar como bem entendesse?

— O que houve, querido? Você está me olhando de uma forma tão estranha.

— Deixa pra lá — ele desvencilhou-se do abraço e recuou alguns passos. — Não precisa ir comigo. Eu me viro sozinho.

— Obrigada, meu amor. Lamento tanto, mas não sabe como isso é doloroso para mim. Não nasci para enfrentar hospitais e cemitérios. Meus pêsames.

Felipe tornou a pegar o paletó, passou por Sidnei como se mal o visse parado ali e estava saindo quando ouviu Valéria dizer:

— Ícaro rompeu o noivado com Isabel. Nós precisamos fazer alguma coisa, querido.

— Ícaro tem a vida dele — respondeu Felipe friamente. — Ele já é maior de idade e pode muito bem tomar as próprias decisões. Se ele quis assim, paciência.

— Você ainda vai concordar com essa maluquice dele? Ele não...

Mas Felipe já tinha saído. Era a primeira vez, em todos aqueles anos de casamento, que ele a deixava falando sozinha.

Uma leve preocupação tomou conta dela. O que significaria aquilo? Talvez ele estivesse nervoso por causa da morte do pai, mas não parecia ter sido isso. Felipe já vinha aguardando o desenlace de Mauro para qualquer momento. Percebeu que a mágoa de Felipe parecia estar concentrada nela. Ele podia ter ficado chateado porque ela não quisera acompanhá-lo. Sim, era isso mesmo. Estava se assustando à toa.

— Vou com o pai — prontificou-se Sidnei. — Eu gostava do vovô.

— Tudo bem. Mas o que você dizia mesmo sobre sua namorada?

— Eu ia trazê-la para jantar aqui hoje e apresentá-la a você; vou marcar para outro dia. Mas tô de boa. Logo você vai conhecer a minha gata.

Ele deu um beijo leve no rosto da mãe e saiu apressadamente para alcançar o pai.

Valéria permaneceu no mesmo lugar, com mil pensamentos e ideias formulando-se em sua mente.

———

O corpo de Mauro foi velado e depois enterrado ao lado do corpo de Minerva. Os médicos já haviam prevenido Felipe de que a morte de seu pai era iminente. De início o câncer atingira o pâncreas, mas depois se espalhara pelos órgãos vizinhos, o que impossibilitou uma cirurgia. O tratamento consistiu em aplicações de quimioterapia, mas nem isso fez a doença regredir. Além disso, Mauro já estava com mais de oitenta anos, o que só tornava as coisas mais complicadas.

Durante o enterro, Felipe ainda alimentou esperanças de que Valéria comparecesse, mas ela não apareceu. Vieram vários dos seus amigos, assim como muitos conhecidos de Mauro. Ícaro, Michel, Kennedy e Sidnei também estavam presentes, além de Teresa. A ausência de Valéria deixou Felipe ainda mais aborrecido com ela.

Mas para a leitura do testamento feita pelo advogado da família, ocorrida um dia depois, Valéria fora uma das primeiras a chegar. Sorria animadamente e não parecia estar nem um pouco preocupada com o sofrimento do marido ou com a tristeza dos filhos pelo falecimento do avô.

Ela ficou ainda mais feliz ao ouvir o que Mauro havia deixado. Todo o seu império construído ao longo de muitos anos pertencia agora ao filho e, futuramente, aos quatro netos. Sendo Valéria casada em comunhão de bens, toda aquela fortuna milionária lhe pertencia também. Naquele momento, ela se tornava uma das mulheres mais ricas da capital mineira.

Saber que estava ainda mais rico não consolou Felipe. Os rapazes também não pareceram muito empolgados com a notícia. Já tinham mais do que precisavam para viver tranquilamente.

Quando a reunião terminou, Valéria se dirigiu a Ícaro. Com toda a atenção voltada para os preparativos do enterro de Mauro, ela acabara adiando o momento de confrontá-lo. Porém, não tinha se esquecido, mesmo porque Isabel e Tomásia telefonavam-lhe duas vezes por dia cobrando uma posição a respeito de Ícaro. Achavam que era responsabilidade de Valéria fazer alguma coisa para que o filho reatasse o noivado.

Ele parecia estar apressado, como se fosse para algum compromisso urgente. Na verdade, estava seguindo para o Mercado do Cruzeiro a fim de se encontrar com Laysla. Só agora conseguira tempo para ir procurá-la. Uma vez livre dos laços que o prendiam a Isabel, tornava-se um homem livre e desimpedido para conquistar a mulher que lhe arrebatara o coração com a mesma fúria com que ela agredira o padrasto.

— Ícaro, nós precisamos conversar.

Ele ouviu o chamado da mãe quando já estava abrindo a porta do carro. Ao olhar para o lado, viu Valéria se aproximando, lindíssima em um vestido preto que nem de longe representava luto pela morte de Mauro. Arrumara-se para a leitura do testamento como se fosse para uma festa luxuosa.

— Sim, mãe, o que houve? — perguntou Ícaro já sabendo qual era o assunto.

— Quero que me diga agora por que resolveu deixar Isabel a poucos dias do casamento.

— Porque percebi que nós iríamos fazer uma grande besteira. Havia tempos eu andava me questionando sobre a nossa relação, sobre o amor que eu pensava sentir por ela. Compreendi que não havia amor e sim encantamento e afinidade. Isabel é uma grande amiga, mas não é a mulher com quem quero me casar. Antes romper tudo agora do que depois de casado.

— Isso não pode estar acontecendo! Você tem que se casar com ela porque...

— Porque você quer assim — completou Ícaro, balançando as chaves do veículo. — Há vinte e seis anos você vem controlando a minha vida e a vida dos meus irmãos. Controla até mesmo a vida do papai. E tudo para quê? Para satisfazer seus caprichos e gostos esquisitos. Para fazer inveja às mulheres que você acredita serem suas amigas, como Tomásia, Greice e muitas outras.

— Ícaro, o que está dizendo? Como se atreve a falar assim comigo? Sou sua mãe.

— Você me gerou. É diferente. Uma mãe que realmente ama os filhos não se comporta como você. Uma mãe cuida dos filhos antes de cuidar de si mesma. Uma mãe de verdade faz o possível para agradar aqueles que pôs no mundo. O coração de uma mãe se enternece cada vez que vê os filhos sorrirem. Mas você é diferente, dona Valéria. Seu egocentrismo não lhe permite enxergar um palmo à frente do nariz.

— E quem é você para me dar lições de moral? Você não passa de um pivete que só tem a boa vida que leva graças a mim. Sempre foi um mal-agradecido, que dá mais valor aos pobretões do que à própria família.

— Não tenho por que agradecer. Você nunca me deu

nada. Eu fui criado pelo dinheiro e não pelo amor. Você me mimava, mas nunca soube me dar carinho. E sei que não foi diferente com meus irmãos. Pergunte a qualquer um deles. A nossa mãe é apenas um objeto de enfeite.

Furiosa com a ousadia de Ícaro, Valéria lhe deu um tapa violento no rosto. Ele apenas esfregou a face, enquanto o brilho se apagava de seus olhos.

— Isabel e Tomásia também me agrediram quando eu fui lá para terminar o noivado. Pessoas que agem assim, movidas pela raiva, não têm competência de revidar com palavras, então partem para a agressão. Você é desprezível, dona Valéria!

— Se você não se casar com Isabel no dia combinado, eu deserdo você, está me ouvindo? — ela cuspia as palavras. O rosto estava vermelho, e os olhos, arregalados pela ira. — Vai viver na pobreza, na mesma lama que sempre valorizou. Vamos ver se você vai gostar.

— Talvez isso acabe acontecendo mesmo. Eu terminei o noivado com Isabel porque conheci outra mulher. Ela é mulata, feirante e, certamente, pobre. Estou apaixonado por ela. Neste momento estou indo procurá-la — não era assim que Ícaro pretendia dar a notícia para Valéria, mas as circunstâncias o levaram a isso.

A coloração avermelhada do rosto de Valéria deu lugar a uma palidez cadavérica. Aquele não podia ser seu filho. Ícaro não era louco àquele ponto.

— Você está me dizendo que pretende namorar uma miserável, alguém que não é do nosso nível social? Isso eu jamais vou permitir, está me ouvindo? Jamais!

— E o que você vai fazer? — desafiou Ícaro. — Mandar me matar ou matar minha futura namorada?

— Antes que eu chegue a isso, você se casa com Isabel, nem que eu tenha que obrigá-lo. Você não sabe do que eu sou capaz, querido.

— Então estamos empatados — Ícaro encostou levemente a porta do carro e apoiou-se nela, duelando com Valéria através do olhar. — Você também não sabe do que eu sou capaz, principalmente quando estou cansado de ser uma marionete em suas mãos bem cuidadas.

— Você pretende me humilhar perante minhas amigas, não é? Acha que isso vai macular a minha imagem em nosso meio social?

— Que meio social? Você é uma iludida. Você quer destaque e para isso tenta arrastar outras pessoas junto porque não tem capacidade suficiente para brilhar sozinha.

Ela tornou a erguer a mão, mas a deteve no meio do caminho.

— Vai me bater de novo? Então bata. Mostre outra vez o quanto é fria e vazia. Quem não percebeu que você só faltou beijar o advogado quando ele disse que todo o dinheiro do vovô agora é nosso? Nem sequer foi ao enterro dele porque é egoísta demais para isso. Sua preocupação é com a riqueza e não com os sentimentos.

— Já vi que essa tal feirante virou sua cabeça. Quem é ela? Traga-a até mim. Quero lhe dizer umas verdades. Vou colocar essa mendiga em seu devido lugar.

— Essa discussão já me cansou. Estou indo embora. Quanto a me deserdar, se isso for me deixar livre de você, procure o nosso advogado agora, enquanto ele ainda está aqui em casa — e sem dizer mais nada, ele tornou a abrir a porta do carro, acomodou-se no assento e bateu a porta, deixando a mãe esbravejando do lado de fora.

— Seu atrevido! Insolente! Vamos ver quem vai sair ganhando. Eu não nasci para perder, está me ouvindo?

Ele arrancou com o carro e saiu em disparada. Ela o acompanhou com o olhar até vê-lo cruzar os portões da residência.

Valéria jamais sentira tanto ódio. Era preciso descontar aqueles ímpetos de fúria em alguém. Poderia começar pelos empregados, mas decidiu que tinha um alvo melhor: Michel. Ela só queria ver o que o seu filho esquisito diria quando ela o fizesse cortar relações com o amiguinho Isaac.

Quanto a Kennedy, já vinha pensando em proibi-lo de sair de casa até o dia de sua viagem. Não queria mais ouvir comentários de que ele andava bebendo pelos bares da região. Ícaro já lhe causara um desgosto suficientemente grande e não queria que Kennedy também a decepcionasse.

O único que se salvava era Sidnei. O caçula era o único com a cabeça no lugar e lhe apresentaria a menina com quem estava namorando, exatamente como ela ordenara. Também, era impossível sofrer frustrações de todos os filhos. Ao menos um deles seria motivo de orgulho para ela, e esse alguém seria Sidnei.

capítulo 12

Para Michel, saber que se tornara mais rico do que já era não mudava nada. Toda a fortuna do seu avô agora era da responsabilidade dos seus pais e um dia seria dele e dos irmãos. Sua única meta era montar uma empresa dedicada à moda, na qual pudesse desenhar e confeccionar todos os tipos de roupa para apresentar em desfiles. Sonhava com o dia em que veria modelos deslizando na passarela usando trajes criados por ele.

Pensando nisso, com um sorriso no canto da boca, ele entrou em seu quarto. De repente, braços ansiosos o envolveram e o fizeram virar o corpo. Ele só pôde ter um vislumbre do rosto de Isaac antes de o amigo grudar os lábios nos dele. Permaneceram unidos pelo beijo por um longo tempo até que Isaac o soltou, devagar.

— O que significa isso? — perguntou Michel, recuperando o fôlego.

— O nome é beijo. Começa com a letra B.

— Muito engraçado. Quero saber o que você está fazendo aqui.

— Aproveitei que estava desocupado em casa, morrendo de saudades de você e resolvi dar uma passadinha aqui. É mais fácil eu vir para cá do que você ir a minha casa, já que sua mãe o observa com olhos de águia — ele acrescentou que Teresa o recebera e pedira que ele aguardasse, pois a família estava reunida para a leitura do testamento na biblioteca da casa. — Então eu vim para o melhor cômodo desta casa: seu quarto, quer dizer, nosso quarto.

— Seu danadinho! — retrucou Michel sorridente. — Você acredita que...

Mas Isaac não queria ouvi-lo, pelo menos não agora. Num rompante de paixão, puxou o namorado pela mão e o arrastou para a cama. Abraçaram-se e trocaram outro beijo arrebatador. Michel fechou os olhos, sentindo o prazer invadi-lo e, quando tornou a abri-los, deparou com Valéria parada ao lado da cama. O que ele viu nos olhos dela esmagou seu coração.

— Então é isso que vocês fazem quando estão juntos? — berrou Valéria, o rosto branco como uma vela. — Eu já desconfiava, seus nojentos pederastas!

Os dois rapazes afastaram-se rapidamente, mas Valéria agarrou Isaac pelo braço e passou as unhas afiadas pelo pescoço dele, fazendo arranhões nos quais logo o sangue começou a brotar.

Ainda chocada com o que acabara de ver, com os olhos tomados pelas lágrimas de raiva, ela contornou a cama e voou para cima de Michel. Atacou-o com murros e pontapés, ofendendo-o com palavrões e nomes vulgares.

Isaac foi por trás de Valéria tentando separá-la de Michel antes que ela o matasse de pancadas, mas ela revidou com uma cotovelada que atingiu em cheio seu estômago, deixando-o sem ar. Michel aproveitou a breve distração, pulou por cima da cama e saiu pelo outro lado, onde deu de cara com o rosto enfurecido de Valéria.

— Por Deus, mãe, eu posso explicar tudo...

— Não preciso de explicação. Nada justifica a safadeza que acabei de ver aqui. Então era isso? Você nunca quis menina nenhuma porque é uma bicha maldita e desgraçada — ela virou-se para Isaac: — E você? Eu sempre o acolhi aqui por ser amigo dele, quando na verdade é outro veadinho. Desde quando vocês estão fazendo isso? Vamos, eu exijo que falem.

— Mãe, por favor, vamos conversar com calma — Michel queria que ela tentasse ao menos compreender o que estava se passando e como tudo tinha começado. No momento pareciam estar num pesadelo, mas ele precisava mostrar à mãe que as coisas não eram tão ruins assim. Quem sabe ela pudesse aceitar, ainda que levasse algum tempo... — Eu imploro...

— Que nojo! Estou sentindo asco de vocês — ela cuspiu sobre a cama. Isaac ainda estava sentindo pontadas de dor no estômago e chorava baixinho. — Um filho meu... homossexual? Deus do céu, que vergonha, que decepção! O filho que eu criei com tanto amor tornou-se um gay safado?

— Não é nada disso. Nós pretendíamos lhe contar...

— Não quero ouvir nem mais uma palavra — ela secou as lágrimas do rosto rapidamente. — Não vale a pena chorar por você, Michel. Seu porco! Quero que os dois morram, estão me entendendo?

Michel tremia dos pés à cabeça, sem saber o que fazer para acalmar a mãe. Mas a explosão de fúria de Valéria ainda não tinha terminado.

— Fora! Eu quero os dois fora desta casa, fora da minha vida. Você — ela apontou o dedo para Michel e não se sensibilizou ao ver que os hematomas que ela provocara no rosto dele estavam começando a inchar — deixou de ser meu filho. Não quero ver nenhum dos dois na minha frente, nunca mais. Seus boiolas, frutinhas enrustidas.

— Dona Valéria — interveio Isaac, com voz fraca e assustada —, sei que a senhora está nervosa...

— Não fale comigo, infeliz! — ela revidou com um soco que logo fez o nariz dele sangrar. Queria esmagar os lindos rostos daqueles dois até vê-los destruídos. — Michel, junte todas as suas coisas e saia daqui hoje, agora! Não vai receber um único centavo para se sustentar, está me ouvindo? Se você não tiver algum dinheiro guardado, vai passar fome. E nem adianta procurar socorro nos braços do seu pai, porque vou proibi-lo de me desautorizar. E nunca mais se aproximem da minha família. Você destruiu os meus sonhos, Michel.

Com passos trôpegos, Valéria saiu do quarto. Seguiu direto para os seus aposentos, onde se jogou sobre a cama. Chorava. Suas lágrimas eram produzidas pela força do rancor e da cólera que se avolumavam em seu peito. Ícaro lhe dera motivos de sobra para se zangar, mas o que Michel fizera era muito pior. Era imperdoável, inaceitável.

O que estava acontecendo com sua família? Por que parecia que, de uma hora para outra, todos estavam se rebelando contra ela, atacando-a em seus pontos fracos? Era como se algo invisível estivesse contaminando seus filhos, um a um, fazendo com que eles se voltassem contra ela, a agredissem com gestos e palavras.

Felipe tinha que saber daquilo. O incompetente do seu marido precisava fazer alguma coisa. Ela apanhou o telefone e ele logo atendeu:

— O que há?

— Você está em casa?

— Estou indo para a empresa. Por causa da morte do meu pai, adiei várias reuniões sobre a construção de um...

— Michel é gay. Eu acabei de vê-lo beijando o maricas do amiguinho dele — a cena veio à mente dela deixando-a de estômago embrulhado. — Estavam deitados na cama, se beijando. Foi a coisa mais nojenta que vi em toda a minha vida.

Houve um silêncio tão grande do outro lado que Valéria achou que a ligação tivesse caído.

— Alô? Felipe, por que não responde?

— Eu já sabia — a voz dele saiu num sussurro e Valéria quase não pôde ouvir.

— Você o quê? — ela estava pasmada. Que nova loucura era aquela?

— Já sabia de Isaac e Michel. Eu os vi juntos na cama, há algumas noites.

Na noite em que Valéria o acordara para falar de suas desconfianças sobre Michel, depois que ela dormiu, Felipe se levantou e foi ao quarto do filho. Queria conversar com ele sobre as insinuações de Valéria. Mas, ao se aproximar da porta, ouviu o burburinho que vinha de dentro. Virou a maçaneta e entreabriu a porta levemente. Viu os dois se beijando como qualquer casal.

Aquilo o pegara de surpresa no início, causando espanto e choque, mas em momento algum ele pensara em invadir o quarto e encher os garotos de pancadas. Retornara ao quarto e deitara-se na cama, recordando-se do que vira. Valéria estava certa: Michel e Isaac eram homossexuais.

Mas o que mais surpreendia Felipe era que nada tinha mudado para ele. Michel continuava sendo seu filho e Isaac continuaria a ser estimado por ele. Os dois não estavam matando, roubando ou cometendo atrocidades fora de casa. Estavam ali fazendo algo que obviamente os deixava felizes. E a felicidade de um filho não era a razão de um pai também ser feliz?

Ele procurara Rebouças, seu amigo e pai de Isaac, para contar o que tinha visto e se surpreendera ao notar que o outro sabia das preferências sexuais do filho. Rebouças acrescentara que Isaac era um menino puro e bondoso, gentil e inteligente, caridoso e honesto. Por que o fato de ser gay teria que anular todas as suas qualidades? Namorar outro rapaz apenas chamava um pouco mais a atenção do que namorar uma moça. E Rebouças, com um sorriso feliz, ainda brincara dizendo que Felipe e ele seriam da mesma família se os filhos ficassem juntos.

Ele contou tudo isso para Valéria, num breve resumo. A forma como Rebouças compreendera e aceitara tudo o tornava digno de admiração e Felipe iria fazer o mesmo. Sabia que ela não iria aceitar como ele aceitara, mas não esperava ouvi-la dizer que tinha expulsado Michel de casa.

— No olho da rua — ela bradava ao telefone. — É para onde eu o mandei junto com o namoradinho dele. Michel não é mais meu filho... ou deveria dizer filha? Como nós não tivemos uma menina, acho que ele pretende fazer esse papel.

— Você não vai colocá-lo na rua, Valéria.

— Já fiz isso. Ele deve estar fazendo as malas, depois da surra que levou de mim. E também não vou lhe dar dinheiro. Se ele e a outra bichinha não tiverem, vão morrer de fome.

Felipe não respondeu. Não iria enfrentar Valéria, mas tomaria uma providência. Conseguiria um apartamento para Michel morar até que a poeira assentasse. Falaria com Rebouças e, caso o amigo concordasse, mandaria Isaac fazer companhia a Michel.

— E você, Felipe, é tão canalha quanto eles! Sabia de tudo e escondeu de mim. Como pôde consentir com essa safadeza sob o nosso teto?

— Porque eu e você temos diferentes pontos de vista. Ouça, eu estou entrando em uma reunião agora. Depois nos falamos.

— E Ícaro? Ele me disse que está namorando uma feirante que...

Mas Felipe já tinha desligado, o que a fez morder os lábios de revolta. Aquilo parecia um complô. Todos contra ela, como se quisessem enlouquecê-la. Se Felipe consentisse com a pouca-vergonha de Michel, era problema dele. Ela jamais aceitaria. Michel estava morto e enterrado. Nunca mais dirigiria a palavra a ele.

Valéria estava soltando fogo pelas ventas quando ouviu batidinhas na porta e gritou:

— Vá para o inferno! Eu quero ficar sozinha.

Apesar da ordem, Teresa entrou nos aposentos da patroa trazendo uma bandeja com café fumegante. Aproximou-se da cama e mostrou um sorriso gentil.

— A senhora está nervosa; tome este café, vai lhe fazer bem. Eu mesma passei.

— Não me lembro de ter pedido alguma coisa para você.

— E não pediu. Tome, está do jeitinho que a senhora gosta — insistiu Teresa.

Valéria saltou da cama, apanhou a xícara e sorveu um gole da bebida quente. Olhou para Teresa, que lhe sorria amavelmente.

— Como sabe que eu estou nervosa?

— Não quero que a senhora pense que eu ou outro empregado ficamos ouvindo suas conversas, mas pudemos ouvi-la... discutindo com Michel no quarto dele — Teresa não quis lhe dizer que os gritos foram alto o suficiente para expor o segredo do rapaz diante de todos os empregados.

— As pessoas aqui cuidam demais da minha vida e deixam as obrigações de lado — ela tomou mais um gole de café.

— É porque nos preocupamos com a senhora, dona Valéria.

— Vocês querem puxar o meu saco porque sou eu que lhes pago o salário. Acham que, se não me agradarem, vão para a rua. E estão certos por pensarem assim.

— Não fale do que a senhora não sabe — Teresa falava num tom tão macio e apaziguador que a raiva de Valéria foi diminuindo aos poucos. — Não pense que as pessoas só se aproximam da senhora pelo seu dinheiro. Eu valorizo muito o meu emprego, é verdade, mas também gosto da senhora. Desculpe falar isso, mas eu a vejo como uma grande amiga.

Valéria deu uma risada nervosa.

— Não seja ridícula, Teresa! Você e os outros devem me odiar. Até os meus filhos passaram a me odiar.

— Todas as noites, antes de dormir, quando faço minhas orações, sempre peço proteção para a senhora. Quero que Deus ilumine sua vida e guie todos os seus passos. Peço que a senhora sempre tenha muita saúde para continuar administrando essa casa.

— E acha que eu acredito? Não preciso das suas rezas. Oração não traz comida na mesa e não garante emprego. A linguagem universal do mundo é o dinheiro.

— Aí é que a senhora se engana. O dinheiro é apenas um meio de sobrevivência para aqueles que têm menos e uma forma de ajudar os outros para aqueles que têm mais.

— Ou seja, toda essa ladainha para me pedir dinheiro? Você quer um adiantamento?

— Não. Só gostaria que a senhora começasse a refletir sobre as atitudes que vem tomando e as consequências que elas estão gerando — mesmo sabendo que poderia levar uma bronca a qualquer momento, Teresa foi mais além: — Pense se algo que a senhora fez ou tem feito não está ocasionando essas reações em seus filhos agora.

— Você deve ter ouvido sobre Michel. Também já sabia sobre ele?

— Não, mas eu desconfiava. Para mim, namorando uma menina, um menino, ou ninguém, ele continuará sendo um jovem especial e abençoado. Deus não abandona seus filhos, independentemente da orientação sexual de cada um.

— Deus é contra o homossexualismo. É pecaminoso, é vexatório, é horrível. Aposto que você não gostaria de ter um filho gay. Ninguém gostaria.

— Tudo o que eu pediria é que o meu filho ainda estivesse vivo — uma sombra de tristeza foi notada nos olhos de Teresa, mas logo se dispersou. — Mas, como as coisas nem sempre acontecem como queremos, eu apenas quero ver os filhos dos outros bem e felizes.

Valéria a encarou por alguns instantes. Não sabia que ela tivera um filho. Em todos aqueles anos trabalhando em sua casa, Teresa nunca fizera qualquer comentário sobre sua vida particular. Dizia apenas que era sozinha no mundo e contava com a proteção da espiritualidade. Como ouvir falar em espíritos era algo que Valéria abominava, logo tratou de cortar aquele tipo de assunto.

— Se a senhora realmente ama Michel, como eu acredito que ama, vai compreendê-lo e aceitá-lo porque nada tem mais força do que o amor.

— Nunca vou aceitar isso. Odeio safadezas e falta de escrúpulos.

— As coisas só acontecem no momento certo. Tudo o que eu peço é que a senhora procure olhar dentro de si mesma, fazendo uma reflexão sobre como tem agido e como poderia se modificar para melhorar. Qualquer um de nós pode mudar o comportamento, basta querer.

— Eu faço tudo direito. Meus filhos são bonitos e ricos, mas não estão contentes. O que mais eu posso fazer? Qualquer pessoa daria tudo para ter a vida que eles têm.

— Uma pessoa iludida, sim. Uma pessoa apegada ao mundo material, que só valoriza o que é caro e valioso, sim. Uma pessoa que pensa que só o dinheiro pode trazer a felicidade, sim. Mas uma pessoa que já percebeu que a verdadeira riqueza é invisível, que sabe que estamos aqui de passagem, não vai se importar. Ser pobre não significa ser infeliz, dona Valéria. Enquanto a senhora está aí, chorando sobre essa cama, existem muitas outras pessoas desprovidas de dinheiro que estão sorrindo, beijando seus filhos com carinho, felizes com o que possuem. Para que mais, não é mesmo? Para que o luxo se não há amor?

— Já chega, Teresa. Nem sei por que estou te dando tanta confiança — ela devolveu a xícara vazia. — O dinheiro compra uma vida boa, sim senhora. Eu posso ter tudo o que quero. Eu sou uma mulher realizada, então eu sou feliz. E agora, saia do meu quarto.

Teresa assentiu. Estava saindo quando ouviu Valéria acrescentar:

— E não me inclua em suas orações. Seu Deus não pode me dar nada que eu já não tenha.

Quando a governanta saiu, Valéria continuou jogada na cama. Seus pensamentos eram um turbilhão, mas ela tentava relaxar. Pensar em Ícaro a irritava, pensar em Michel a deixava possessa, então era melhor esquecer-se deles por enquanto.

— Eu sou feliz — disse em voz alta, para si mesma. — Eu sou absolutamente feliz. Tenho uma vida que muitos queriam ter e não podem. É claro que eu sou feliz.

Valéria não percebia que estava tentando convencer a si mesma de algo que ela estava longe de acreditar... e ser.

capítulo 13

Ícaro alegrou-se ao avistar Laysla em sua banca, colocando algumas frutas em uma sacola para uma freguesa. A mulher sorriu, pagou e partiu.

Ele pensou em lhe fazer uma surpresa, vendando os olhos dela, mas mudou de ideia. Laysla poderia não gostar e ele não queria criar confusão.

Ela o encarou fixamente quando o viu se aproximar. Não retribuiu o sorriso dele. Apenas o fitou seriamente, como se nem o estivesse reconhecendo.

— Lembra de mim, Laysla?

— Você é o almofadinha que prometeu me pagar um suco na terça-feira e nunca mais voltou.

— Meu nome é Ícaro, esqueceu? Melhor do que ser chamado de almofadinha.

Laysla deu de ombros.

— E o que quer agora?

Ele mostrou a mão direita para ela.

— Vê alguma coisa de diferente?

Era óbvio que a aliança dourada não estava ali. Ela não entendeu muito bem o que Ícaro estava pretendendo com aquilo.

— Suas unhas são perfeitas.

— Além das unhas — ele sorriu com simpatia —, não viu nada mesmo?

— Perdeu a aliança?

— Não. Na verdade eu conversei com Isabel, minha ex-noiva. Nós terminamos.

Laysla continuou encarando-o, impassível.

— Havia algum tempo já que eu não estava satisfeito com meu relacionamento com ela. Íamos nos casar semana que vem. Nem sei como seria a minha vida se isso acontecesse! — como ela permanecia em silêncio, ele acrescentou: — Agora posso convidá-la para tomar o suco sem peso na consciência.

— Coitada da sua noiva. Deve ter sido duro para ela ouvir você terminar tudo de uma hora para outra. Eu não gostaria que isso acontecesse comigo.

— E quem seria louco de terminar um namoro com você?

Ela sorriu, os lindos olhos cor de mel transbordando de emoção. Ícaro pegou uma das mãos dela com doçura e acariciou-a com carinho.

— Laysla, talvez você pense que isso é uma paquera qualquer, coisa de homem mulherengo, mas eu terminei com Isabel porque não consegui parar de pensar em você. Não precisa acreditar em mim, mas é verdade. Eu até briguei com a minha mãe, pois ela não aceita a ideia de que não haverá casamento.

Não havia como pensar que ele estivesse mentindo porque seus olhos diziam muito mais do que as palavras suaves emanadas de sua boca.

— Pelo jeito você é romântico.

— Se é o meu futuro que está em jogo, eu sou qualquer coisa.

Ela tornou a sorrir. Também pensara bastante em Ícaro. Estava acostumada a conviver com homens rudes e grosseiros e estranhava quando via alguém com comportamento tão refinado quanto o dele. Nada a impedia de iniciar um namoro, principalmente com um homem que se dizia apaixonado por ela.

— Eu aceito seu convite para o suco no fim do dia, quando eu fechar minha banca. Aí a gente pode se conhecer melhor. Você não sabe nada de mim. Nem sequer sabe se eu vou querer alguma coisa com você. Quem sabe não se precipitou terminando seu noivado.

— Não estou arrependido do que fiz — ele consultou o relógio. — Já passa de uma hora. Posso ficar aqui com você?

— Aqui, me ajudando a vender frutas? Um almofadinha como você? — ela soltou uma gargalhada que ecoou como música para os ouvidos de Ícaro. — Essa eu quero ver.

— Tenho alta experiência nesse ramo — mentiu Ícaro só para diverti-la.

E ele realmente ficou lá a tarde toda. Laysla o orientou rapidamente sobre os preços das verduras e frutas, o uso da balança e como deveria tratar os fregueses. Mas, mesmo assim, Ícaro confundiu alface com rúcula, trocou banana-maçã por banana-nanica e entregou batatas para uma mulher que tinha pedido mandioquinha.

— Meu ajudante é novo aqui — desculpou-se Laysla com um sorriso. — Um dia ele aprende... nem que seja nos próximos vinte anos.

A freguesa sorriu e acenou para Ícaro. Laysla voltou-se para ele, entre nervosa e divertida.

— Você vai me levar à falência desse jeito.

— Os fregueses têm paciência comigo. Quando eu erro, eles me corrigem e dá tudo certo.

A verdade era que Ícaro estava adorando aquela experiência. Era tudo tão diferente do que ele já fizera. Quando, em sua vida, imaginou que um dia fosse trabalhar como feirante? Pensou no que a sua mãe diria se o visse cortando a coroa de um abacaxi com um facão.

Enquanto trabalhavam, Ícaro percebeu que Laysla não era tão brava quanto pensara no dia em que a vira brigando com o padrasto. Ele puxou assunto e ela contou um pouco mais da própria vida. Disse que morava na periferia com o irmão mais novo e a mãe. Explicou que a mãe sempre fora uma mulher trabalhadeira. Foi só depois que Edilene conheceu Zacarias e começaram as decepções com ele que ela abandonou sua vida digna para mergulhar na bebida. E como se não bastasse, Zacarias batia nela por qualquer motivo.

O pai de Laysla fora caminhoneiro e morrera em um acidente na estrada, quando o irmão dela ainda era um bebê. Desde então Edilene dedicou-se a criar os dois filhos da melhor maneira que podia. Laysla contou que sua mãe era uma grande mulher: corajosa, alegre, batalhadora, bondosa. Mas, quando trouxe aquele homem para dentro de casa, tudo foi se acabando. Zacarias usava o dinheiro dela para os seus próprios luxos e a espancava diante dos filhos.

Aquilo vinha acontecendo havia cinco anos, até o dia em que Zacarias percebeu que Laysla estava deixando de ser menina e se tornando uma bela mulher. Ele olhava para as suas pernas com luxúria e deixava a menina constrangida quando encarava seu traseiro. Laysla queixou-se com a mãe, que foi tirar satisfações com o amante. Ele deu uma surra nela que a deixou com o rosto inchado e, naquela mesma noite, procurou Laysla em seu quarto.

Foi horrível. Laysla acordou com a mão áspera dele se insinuando por entre suas coxas. Ela acordou aos gritos o irmão, na época com quatorze anos, que avançou sobre o padrasto para defendê-la. Zacarias bateu no menino, desistindo por ora de seu intento com a enteada. Porém, retornou três noites depois. E dessa vez Laysla o aguardava com uma navalha.

Ela o atingiu em vários pontos do braço e do peito. Não sentiu pena quando viu o sangue brotando dos ferimentos enquanto Zacarias a xingava de nomes obscenos. Porém, mais uma vez ele não concluíra o que pretendia, descontando sua ira na pobre Edilene que, alcoolizada, nem pôde se defender.

Zacarias nunca mais tentou abusar de Laysla e, desde então, os dois tornaram-se inimigos mortais. Laysla estava agora com vinte e um anos, e seu irmão Helder com dezesseis. Edilene expulsara Zacarias de casa no início daquele ano, mas ele sempre retornava, batia nela e ameaçava os dois enteados. Era exatamente isso que tinha ido fazer no dia em que Ícaro a conhecera.

— Ele me odeia porque eu sempre frustrei os seus planos — ela explicou, concluindo: — Seu maior desejo é que eu me entregue para ele, o que nunca vai acontecer. Ele destruiu a vida da minha mãe, mas não vou permitir que ele faça o mesmo comigo ou com meu irmão, embora, de certa forma, nossa vida também não seja grande coisa. Helder e eu sofremos muito quando vemos no que a nossa mãe se transformou.

Ícaro estava horrorizado. Se tivesse sabido antes daquela história, teria ele mesmo avançado em Zacarias quando o vira pela primeira vez.

Laysla contou também que o seu maior sonho era cursar Moda e Ícaro lhe disse que um dos seus irmãos fazia exatamente aquele curso.

— Mas é um sonho impossível para mim. Já andei pesquisando e as mensalidades não são nada baratas. Eu assumi a banca depois que minha mãe não teve mais condições de trabalhar. Meu irmão trabalha como office boy em uma loja de motos. O que ele e eu ganhamos dá apenas para nos sustentar. Moramos em casa própria, mas temos muitos gastos. E ainda precisamos esconder nosso dinheiro, porque, se minha mãe acha, ela gasta com pinga e, se Zacarias acha, ele rouba.

Era uma situação difícil e Ícaro estava ainda mais fascinado por Laysla. Não tinha mais nenhuma dúvida de que estava perdidamente apaixonado por aquela bela mulata. Ela era praticamente o chefe da família depois que a bebida invalidara sua mãe. Com apenas vinte e um anos, cuidava da banca, do irmão e da mãe alcoólatra. Como não se apaixonar pelo que ela era e fazia?

Enquanto Laysla falava do alcoolismo de Edilene, Ícaro pensava em Kennedy. O irmão estava exagerando nas doses de bebida e sua mãe pensava que mandá-lo para o exterior resolveria o problema. Ícaro adorava o irmão para permitir que ele se entregasse à bebida como acontecera com a mãe de Laysla. Sabia que largar a bebida era quase tão difícil quanto abandonar as drogas.

No horário combinado, Laysla fechou sua banca, logo após um grupo passar recolhendo as frutas e verduras mais perecíveis. Ícaro achou uma pena ver tantos alimentos irem parar no lixo e, ao comentar o fato com Laysla, ela apenas respondeu:

— Para muitos, a única maneira de não morrer de fome é vir aqui para se alimentar.

Ela ficou impressionada quando viu o carro importado de Ícaro. Sabia que ele não usava o veículo para se exibir, mas concluiu que ele deveria ser mais rico do que supunha. Laysla jamais fora ambiciosa e apreciaria a companhia dele mesmo que ele tivesse menos condições do que ela.

— Para onde você vai me levar?

— Vamos tomar um suco em uma lanchonete excelente que tem perto de minha casa. Depois, eu a deixo em casa. Tudo bem ou seu irmão e sua mãe vão ficar preocupados com seu atraso?

— Helder só chega em casa depois das sete e minha mãe deixou de se preocupar com os horários há muito tempo — confessou Laysla com voz entristecida.

Ícaro decidiu que não queria aborrecê-la e começou a falar de si mesmo. Contou que tinha mais três irmãos e que morava com os pais. Contou que sua mãe era autoritária e se julgava no direito de controlar a vida de todos os membros da família.

Laysla notou que Ícaro parecia infeliz quando falava nela. Ela se entristecia ao pensar na mãe bêbada, mas a amava. Não tinha a mesma certeza em relação a Ícaro e sua mãe.

— Você tem problemas de relacionamento com sua mãe?

— Ela é uma mulher difícil de conviver. E hoje nós tivemos a pior briga que já tivéramos. Ela até ameaçou me deserdar — ele só não acrescentou que o pivô da briga fora exatamente Laysla e o rompimento do noivado. — Eu não me importaria se ela fizesse isso. Tenho idade para me virar sozinho. Não preciso dela para nada.

Laysla quis consolá-lo, mas não sabia como. Era péssima em consolar alguém. Por isso, decidiu mudar de assunto. Para desanuviar o clima, ela relembrou algumas coisas engraçadas que Ícaro fizera durante a tarde e logo os dois estavam dando risadas.

A lanchonete era elegante, frequentada por pessoas de classe alta. Laysla achou que não estava vestida adequadamente para aquele ambiente, mas Ícaro a tranquilizou, dizendo que ela estava vestida com a própria beleza.

Eles entraram. Ícaro a acomodou em uma mesa e pediu que ela aguardasse enquanto ia ao banheiro. Ela apanhou o menu sobre a mesa, olhou as opções e ficou chocada ao ver os preços.

— Santo Deus! — murmurou para si mesma. — Um hambúrguer e um refrigerante custam dez quilos dos meus tomates!

Estava tão distraída que nem reparou na jovem lindíssima e elegante e na mulher gorda e igualmente bem-vestida que se sentaram à mesa ao lado. A moça comentou:

— Eu adorava vir aqui em companhia dele, mamãe. Nunca mais será a mesma coisa.

— Calma, Isabel. Valéria nos prometeu que vai fazer alguma coisa. Isso não vai ficar assim.

Laysla desviou o olhar para as duas. Isabel era o mesmo nome da ex-noiva de Ícaro. Imaginou se a mulher com quem ele ia se casar era tão linda quanto aquela que estava ali.

Nesse momento Laysla percebeu que várias cabeças estavam se virando na direção da porta de entrada. A própria Laysla acompanhou os olhares das outras pessoas para deparar com a mulher que acabava de chegar. Era alta, loira, usando um vestido escuro e joias espalhadas pelos pulsos e pescoço. Equilibrada sobre saltos altíssimos, ela sentou-se ao lado das outras duas mulheres. Laysla sentiu-se totalmente deslocada naquele lugar.

— Eu nem queria sair de casa hoje — ela foi logo dizendo, após beijar as outras duas. — Tive uma briga terrível com os meus filhos.

— Com qual deles?

— Primeiro com Ícaro e depois com Michel. Eu descobri algo sobre ele, mas não quero falar sobre isso aqui.

Laysla tornou a olhar para a mesa delas. Elas tinham mencionado o nome Ícaro. Aquilo era coincidência demais. A mulher loira percebeu que ela estava olhando e perguntou:

— O que foi, querida? Quer ouvir a nossa conversa?

Laysla moveu a cabeça negativamente e murmurou um pedido de desculpas. Viu que Ícaro estava voltando e decidiu pedir a ele que fossem para outro lugar.

— E então? — ele perguntou, sorrindo. — Já decidiu o que vai querer?

Mas o sorriso dele morreu em seus lábios quando olhou para a mesa vizinha. Valéria também tinha acabado de vê-lo e estava estática. Tomásia e Isabel também olharam em sua direção.

— Mãe? — indagou Ícaro, chocado. — O que vocês estão fazendo aqui?

Valéria olhava para ele e para Laysla, compreendendo logo o que aquilo significava.

— Essa é a mulher a quem você se referiu? Foi por causa dessa negrinha que você deixou Isabel?

Enquanto Laysla sentia o sangue ferver, Ícaro tentou contornar:

— Eu ia apresentá-la a você, mãe, mas não deu tempo — como não havia motivos para negar, Ícaro completou: — Esta é

Laysla. Eu ainda não pedi oficialmente, mas quero que ela seja a minha namorada.

Isabel bateu o cardápio sobre a mesa e ficou de pé.

— O que você tem na cabeça, Ícaro? Terminar comigo por causa dessa mulherzinha?

Laysla também se levantou e retrucou com a voz alterada:

— Mulherzinha, não! Você nem me conhece. Veja lá como fala comigo!

Os clientes da lanchonete acompanhavam a discussão impressionados. Muitos ali conheciam Valéria e Tomásia, mas não sabiam que elas eram dadas a criar tumultos fora de casa.

— É mulherzinha, sim! — Tomásia lhe apontou um dedo. — Olhe para as roupinhas chulas que está usando. De onde Ícaro a tirou? De um barraco de favela?

— Ícaro, eu vou embora! — avisou Laysla, furiosa. — Vou sair daqui antes que eu perca a cabeça e enfie a mão na cara dessas três cretinas.

— Como você se rebaixou, meu filho — atacou Valéria. — O que você viu de interessante nessa pobre criatura? — ela baixou os olhos para os pés de Laysla. — Aposto que você se apaixonou pelas sandalinhas de dez reais que ela está usando.

— Dez reais? — revidou Tomásia. — Isso deve ter sido roubado. Olha só para a cara dela. Veja se é o tipo de mulher que compra alguma coisa.

— Eu quero respeito com minha namorada — gritou Ícaro, ignorando a presença do gerente da lanchonete que tentava acalmar a discussão. — E, se Laysla quiser, eu me caso com ela.

— Eu não preciso roubar nada, minha senhora — considerou Laysla olhando para Tomásia. — Minha mãe me deu educação e bons modos, coisas que a sua desconhecia.

— Não fale assim com a minha mãe — Isabel deu a volta na mesa, aproximou-se de Laysla e lhe deu uma bofetada fortíssima no rosto. — Sua bruxa! Ladra de noivos!

Laysla reagiu rapidamente e revidou com um tapa. Isabel desequilibrou-se e por pouco não caiu em cima de um homem sentado, que acompanhava a cena atordoado.

— Vamos embora, Laysla — Ícaro foi para junto dela e a segurou, quando ela já estava se preparando para acertar um segundo tapa em Isabel. — Você não merece ouvir tantos desaforos.

— Que falta de gosto, meu filho! — Valéria sorria ironicamente. — Se quisesse dispensar Isabel, ao menos arrumasse uma mulher à sua altura. O que viu nessa negrinha piolhenta?

Laysla cerrou os punhos e avançou sobre Valéria, mas Ícaro a deteve a tempo. Tomásia aproveitou o instante para dar sua última alfinetada:

— E está na cara que essa mulher quer seu dinheiro, Ícaro. Se você for esperto, faça sexo com ela algumas vezes e depois a descarte. Ela deve prestar para isso, pelo menos.

— Da mesma forma que ele descartou a sua filha, sua gorda horrorosa? Veja se te enxerga. Vá fazer um regime porque sua cintura está do tamanho dos anéis de Saturno — à beira do descontrole, Laysla voltou-se para Ícaro: — Eu vou esperar você lá fora. Não vou tolerar nem mais um insulto dessas mulheres — e dizendo isso, Laysla desprendeu-se de Ícaro e saiu correndo.

— Vocês se merecem — bradou Isabel, esfregando a bochecha atingida. Nunca levara um tapa de ninguém e ficara com a impressão de que seu maxilar tinha sido deslocado. — E mesmo que você implore aos meus pés, eu não o quero mais. Mereço coisa melhor.

— Vá atrás dela — indicou Valéria, cruzando os braços. — Fique com essa pobretona imunda.

— É o que eu vou fazer, mãe — ele ergueu o queixo, desafiador. — Vou passar em casa e pegar algumas roupas. Não vou mais suportar viver sob o mesmo teto que você.

— Do que está falando? — indagou Valéria. De repente, a briga começou a perder a graça.

— Estou saindo de casa — ele baixou o tom de voz. — Vou morar sozinho, ou com ela — ele indicou a porta de saída. — Não preciso de nenhuma de vocês para sobreviver.

— Sem dinheiro? Você acha que é fácil?

— Acho. A vida vai muito além do seu mundinho de ilusão, dona Valéria.

Dizendo isso, Ícaro girou o corpo e saiu à procura de Laysla, deixando as três mulheres perplexas e confusas para trás.

Ele a viu apoiada em seu carro. Achou que ela estivesse chorando, mas só então se recordou de que Laysla não chorava facilmente. Ele destravou a porta do veículo e ambos entraram sem dizer nenhuma palavra. Somente quando estavam vários quarteirões à frente, foi que Ícaro balbuciou:

— Desculpe por isso.

— Não foi culpa sua. Não tinha como você imaginar o que ia acontecer.

— Pelo menos você já conhece a minha mãe.

— Entendo agora por que você se referia a ela com certa frieza. E acho que fez muito bem em romper seu noivado. Eu não suportaria ter uma sogra como aquela.

— Eu acabei de dizer a elas que vou sair de casa. Minha mãe é pior do que eu pensava.

Ele estava com a mão sobre o câmbio do carro e Laysla a cobriu com a sua, suavemente.

— Acho que agora é a minha vez.

— De quê? — ele virou o rosto para ela.

— De apresentar a minha família para você. Minha mãe também não é grande coisa, mas é uma boa pessoa.

— É maldade você dizer isso — sorriu Ícaro. — É preferível ter uma mãe alcoólatra, drogada, assassina, a ser filho de Valéria Falcão.

— Isso também é maldade — retrucou Laysla, divertida. — Eu tive a impressão de ouvir você dizer que sou a sua namorada?

— Aposto que você nunca foi pedida em namoro dessa forma.

Laysla riu e, no instante em que pararam no sinal, avançou o corpo e o beijou no rosto. Mas aquilo para Ícaro não foi suficiente. Ele a prendeu pela nuca e beijou aqueles maravilhosos lábios, que pareciam pedir para serem tocados.

O beijo só terminou quando ouviram as buzinas impacientes dos motoristas parados atrás deles. Eles riram e Ícaro deu a partida no carro. Para eles, aquele beijo selava o início de uma nova fase em suas vidas.

capítulo 14

Valéria estava espumando quando chegou em casa. Arrependia-se até o âmago da sua alma por ter aceitado o convite de Tomásia para tomarem um lanche. Por outro lado, tivera a oportunidade de conhecer a mulher por quem Ícaro estava interessado, o que não lhe trouxe satisfação nenhuma.

Ele estava muito enganado se achava que ela iria permitir aquele romance sem futuro. Estava disposta a fazer tudo o que estivesse ao seu alcance para afastá-lo daquela mocinha encrenqueira. Seu filho, membro de uma das famílias mais nobres de Belo Horizonte, de namorico com uma negra sem dinheiro? Mas de maneira alguma ela deixaria aquilo acontecer.

Ela cruzou com Sidnei, que estava de saída. Ele mal pareceu notar o mau humor da mãe.

— Mãe, é possível organizar aquele jantar para hoje à noite? É que eu queria trazer a Samara para você conhecer.

— Samara é a sua namorada, né? — pelo menos esse menino só lhe dava motivos de orgulho. — Eu estou muito nervosa hoje por causa dos seus irmãos. É melhor deixar para outro dia. Não quero ser seca com a sua garota.

— O que eles aprontaram?

— Ícaro está namorando uma pé de chinelo que ele deve ter encontrado debaixo de algum viaduto. Quanto a Michel, ele me causou o maior desgosto que uma mãe pode ter. Foi tão grave que eu o expulsei de casa. Ele não mora mais conosco e não quero que você ou Kennedy mantenham contato com ele.

Sidnei arregalou os olhos. Nunca vira a mãe tão brava com um dos irmãos.

— O que ele fez que te deixou assim? O pai já sabe?

— Já e acha que eu agi mal. Mas Felipe não sabe de nada. A cabeça da família Falcão sou eu — ela bateu no próprio peito, como uma lutadora. — Eu sei o que é melhor para cada um de vocês. E nunca vou aceitar desobediência. Michel ultrapassou todos os limites e vai ter que aprender a andar com as próprias pernas.

Sidnei, apesar de curioso, não insistiu. Depois levantaria informações com o pai ou tentaria sondar Teresa, que sempre sabia de tudo.

— Tudo bem. Eu aviso Samara de que vamos marcar o jantar para outro dia.

— Ótimo — Valéria deu alguns passos para o interior da sala, olhou por cima do ombro e gritou: — Não se esqueça de convidar a mãe dela também.

E ouviu Sidnei responder, do lado de fora:

— Ela já não tem mais mãe. Beijão.

Valéria estacou ao ouvir aquilo. Como a namorada não tinha mais mãe? Então quem era a mulher madura que fora vista saindo com ele da academia? Seria uma tia ou outra parente da tal Samara? Sim, só poderia ser isso.

Mas ela estava com preocupações demais para pensar naquele detalhe agora. E, ao notar Teresa andando aflita de um lado para outro da sala, percebeu que havia mais problemas à vista.

— Ainda bem que a senhora chegou, dona Valéria. Estou tentando falar com o seu Felipe, mas o celular dele está desligado.

— Ele disse que estaria em uma reunião. Talvez ainda não tenha terminado. Mas me diga: por que está andando para lá e para cá feito um frango explorando um galinheiro?

Valéria riu da própria piada, mas ficou paralisada no minuto seguinte quando Teresa respondeu:

— Acabaram de telefonar da delegacia. Kennedy foi preso.

O impacto da notícia deixou Valéria com as pernas tão bambas que, não fosse o sofá atrás dela, teria desabado no chão.

— Parece que ele arrumou briga em um bar — continuou Teresa. — Disseram que ele está bastante embriagado e tentou agredir os policiais que foram chamados para apartar a confusão — ela estendeu um papel dobrado para Valéria. — A delegacia fica nesse endereço.

— Quando foi isso?

— Agora. Eu ia telefonar para a senhora quando a vi entrar.

— E Felipe não atende a droga do telefone? — gritou Valéria, possessa. — Eu nunca coloquei meus lindos pés dentro de uma delegacia. Isso seria uma imensa humilhação.

— Dona Valéria, o delegado quer conversar com a senhora com certa urgência. Independentemente de conseguir falar com o seu Felipe ou não, a senhora terá que ir até lá.

— Eu vou — confiando nas próprias pernas, Valéria se ergueu outra vez e percebeu que estava trêmula. — Mas você vai comigo, Teresa. Eu não entro naquele lugar sozinha, de jeito nenhum.

— Certo. Vamos pegar nossos documentos, porque eles podem pedir.

Dez minutos depois as duas entravam no carro de Valéria. Ela dispensou o motorista, porque não queria que nenhum outro empregado a visse em uma delegacia. Só confiava em Teresa porque a velha senhora estava com a família fazia quase vinte anos.

Para os ânimos de Valéria ficarem ainda mais alterados, havia um terrível engarrafamento nas ruas da cidade. Era horário de pico e o sol já estava desaparecendo a oeste.

— Era só o que me faltava! Por que tem que existir trânsito? — nervosa, ela esmurrou o volante. — Odeio ficar parada.

Como Teresa não respondeu, ela virou a cabeça para a governanta e a viu com os olhos fechados, como se estivesse adormecida.

— Teresa, é assim que você me acompanha? — ela deu uma sacudida no braço da mulher. — Não vá dormir na frente do delegado, senão ele vai achar que você também está de fogo.

— Eu não estava dormindo. Só estava fazendo uma prece.

— Você e suas preces. Já deve ter um lugar garantido no céu. Até parece uma beata, só vive rezando.

— Eu fiz uma prece pelo Kennedy. Pedi que meus amigos espirituais o protejam enquanto ele estiver lá. Não me contaram se ele foi ferido durante a briga ou não, por isso pedi que ele estivesse são e salvo, sem nenhum arranhão.

Valéria ia retrucar, mas a voz perdeu forças. Ficara tão furiosa e abalada com a notícia que em nenhum momento parara para pensar se o filho estava bem. E quem se preocupava com ele era uma empregada da casa. Isso fez com que ela amaciasse a maneira de falar.

— Ele é espertinho, Teresa. Com certeza se saiu bem. Se estivesse ferido, teriam telefonado do hospital e não da delegacia — embora qualquer uma das hipóteses fosse desagradável.

— De qualquer forma, a prece, quando feita com fé, obtém os resultados desejados, desde que haja merecimento para o pedido.

— Eu nunca precisei rezar em toda a minha vida.

— A senhora não faz ideia de como a prece é importante. Quando pedimos algo bom ou pensamos no bem do próximo, criamos uma aura iluminada em nosso redor que nos protege de influências inferiores. A prece nos aproxima mais da espiritualidade, tranquiliza o coração, nos deixando em paz e harmonia.

— Desde que a conheço, nunca a vi desesperada ou nervosa com alguma coisa. Também, você não tem família, não é mesmo? Não há motivos para se preocupar.

— Eu não tenho família de sangue, mas tenho a família da senhora, que considero como se fosse minha. Tenho amigos, tenho pessoas a quem estimo e quero bem. Quando uma dessas pessoas está desequilibrada emocionalmente, é um motivo para eu me preocupar. Então faço as minhas preces. A partir daí, entrego tudo para a Inteligência da vida, que sabe como orientar cada um de nós, destruindo as resistências, os medos e proporcionando virtudes e bem-estar.

Valéria nada respondeu. Parecia estar concentrada no trânsito caótico a sua frente, porém ouvia atentamente cada palavra dita por Teresa.

— Pedir pelos outros é pedir por nós mesmos. Desejar o bem para os outros é saber que nós também vamos melhorar. O bem é uma via de mão dupla. Quando o praticamos, sempre somos recompensados. Kennedy não é o meu filho, mas eu o vi crescer e o tenho em alta estima, assim como os outros filhos da senhora. Quero vê-los bem e felizes, independentemente de suas escolhas.

— Kennedy está preso e bêbado. Acha que essa é uma escolha acertada?

— Não posso julgar, pois não conheço os motivos que o levaram a isso. Mas saiba, dona Valéria, que todas as nossas escolhas são certas. Todas nos servem como lição e delas tiramos muitos ensinamentos. Mesmo quem escolhe o caminho da dor vai perceber que o sofrimento é apenas o reverso da felicidade. Quem sofre também tem direito de ser feliz, pois não existe sofrimento eterno.

Após uma rápida pausa, ela continuou:

— Algumas escolhas podem atrasar nossa caminhada na estrada da evolução, mas não podem nos fazer regredir. Todos os caminhos levam a Deus. Alguns são lisos e macios, outros têm espinhos e asperezas, mas todos terminam na luz da divindade. Se sairmos da estrada, pegarmos um atalho e não chegarmos a lugar nenhum, basta darmos meia-volta e retomarmos o caminho anterior.

Um motoqueiro passou raspando pelo carro de Valéria. Se fosse em outra ocasião, ela teria aberto o vidro, colocado a cabeça para fora e praguejado até a quinta geração do rapaz. Porém, por mais que não quisesse admitir, as palavras de Teresa continham um bálsamo que conseguia acalmá-la. Era como se a sua governanta conseguisse abrandá-la, mesmo quando ela não queria se tranquilizar.

— Você fala muito em Deus e em espíritos. Eu não acredito que eles existam.

— Independentemente do que a senhora acreditar, eles vão continuar existindo, porque são reais. Os espíritos nada mais são do que aquelas pessoas que viveram com o corpo de carne, como nós duas agora, e retornaram para o plano astral, em lugares com energias muito mais sutis do que a nossa. Muitos deles passam então a estudar e a dedicar-se a obras de benfeitoria que possam auxiliar as pessoas mais necessitadas, seja lá ou aqui, na Terra.

Teresa lhe parecia louca, mas Valéria não quis dizer nada. Aquele assunto sobre espíritos a deixava gelada.

— Esses espíritos amigos nunca nos abandonam, dona Valéria. Podemos contar com eles em todos os instantes de nossa vida, principalmente naqueles momentos em que estamos angustiados, tensos, querendo uma palavra amiga ou um ombro consolador. Basta mentalizarmos a espiritualidade e pedirmos orientação. A ajuda virá. Sempre virá.

— Teresa, vamos mudar de assunto? Daqui a pouco você vai me dizer que pode haver espíritos aqui no carro.

— E pode. Nós estamos rodeados por eles, dona Valéria. E são as nossas atitudes que os atraem. As pessoas que se dedicam ao bem sempre estarão amparadas pelos espíritos mais instruídos. Quem ainda acredita no mal, infelizmente, também atrairá espíritos que compartilham das mesmas ideias.

— Você está dizendo que os espíritos andam comigo? — Valéria estava começando a suar frio.

— Eu disse que eles sempre estão por perto, dona Valéria. São invisíveis, mas nunca nos deixam a sós.

— Ai, Jesus! Creio em Deus Pai — ela se benzeu enquanto Teresa sorria.

— Não tenha medo. Nós temos a falsa ideia de que os espíritos estão ligados a filmes de terror, mas não é nada disso. A espiritualidade é pura e clara, porque a vida é transparente.

— Teresa, já chega. Veja, o trânsito está andando agora. Ou você fecha a matraca, ou eu ligo o rádio no último volume.

Teresa calou-se, mas havia um discreto sorriso em seus lábios.

———

A delegacia ficava em um prédio de cinco andares, tão escuro e cinzento quanto o humor de Valéria ao parar diante do policial fardado, na recepção. Sem cumprimentos, ela foi logo dizendo:

— Eu sou Valéria Falcão.

— E eu sou o policial Siqueira — respondeu o soldado, sorrindo com ironia.

— Quero saber onde está o meu filho.

— E quem é o seu filho?

Valéria revirou os olhos, como se estivesse diante da pessoa mais tola do mundo.

— Kennedy Falcão. É impossível que vocês não saibam quem ele é.

— É sobre uma briga em um bar — acrescentou Teresa, timidamente.

— Pode deixar que eu falo, Teresa — cortou Valéria com secura. Voltou-se para o policial e prosseguiu: — É sobre uma briga em um bar.

— Sim, eu já ouvi. E o seu filho deve ser o engraçadinho que tentou botar banca diante dos policiais e acabou se dando mal.

— Não fale alto — disse Valéria. — Quer que todo mundo escute?

Siqueira a olhou com desdém. Detestava aquelas madames metidas a besta que gostavam de dar show nas delegacias. Sem baixar o tom de voz, respondeu:

— O delegado vai falar com a senhora e, se tudo der certo, seu filho não irá para a cadeia por destruição e agressão às autoridades. Podem aguardar aqui mesmo — ele apontou umas cadeiras, em que algumas pessoas já aguardavam.

— Ignorante — resmungou Valéria quando se afastaram do soldado. — Fala alto para a cidade inteira saber da vida dos meus filhos.

— Não perca a paciência com isso, dona Valéria. Nervosismo em excesso prejudica o coração — delicada como sempre, Teresa aproximou-se das cadeiras. — Vamos nos sentar.

— Você não acha que eu vou me sentar nesses assentos onde todo mundo coloca seus traseiros imundos, não é? Prefiro ficar em pé.

Uma mulher com os cabelos armados e olhos estreitos, que certamente aguardava por notícias de algum parente que estava detido, não gostou do comentário de Valéria e retrucou:

— Por acaso você é melhor do que nós só porque é loira e está bem-arrumada?

— Eu não estou falando com você — redarguiu Valéria, zangada.

— Eu ouvi o guarda falar que seu filho está preso. Então não banque a gostosa que aqui dentro você não é melhor do que ninguém, sua otária!

— Nem você. Por acaso brigou com o pente? Já olhou os seus cabelos hoje?

A mulher mal-encarada bateu na própria perna e se levantou. Teresa, temendo confusão, interveio rapidamente. Olhou para a desconhecida com um sorriso.

— A senhora queira desculpar a minha patroa, por favor. É a primeira vez que entramos em uma delegacia e ela está nervosa, o que é natural, não acha?

— Pode ser, mas ela que não fique debochando dos outros só porque se veste bem... Quando ela morrer, vai feder tanto quanto eu.

— Que mulher vulgar! — sussurrou Valéria. Percebeu que se não moderasse o linguajar poderia sair dali com um olho roxo. — Vamos ficar do outro lado, Teresa.

Mas, assim que Tereza se levantou, uma policial surgiu pedindo que elas a acompanhassem. Foram levadas até a sala

do delegado, um homem baixo e atarracado, cuja cabeça parecia brotar dos ombros. Valéria teve vontade de rir diante da figura do chefe da delegacia.

— Seu filho poderá ser liberado sob fiança — sem fazer rodeios, foi direto ao ponto assim que Valéria se apresentou como mãe de Kennedy. — Ele não tem passagens pela polícia e não causou maiores estragos, apesar de ter tentado ferir outro rapaz com um pedaço de vidro de uma garrafa que ele quebrara no bar.

Aquela descrição não combinava com a postura de Kennedy. No entanto, ela sabia que não havia erros ali.

— Quando meus policiais chegaram, ele os desrespeitou com gestos e palavras vulgares e resistiu à ordem de prisão. Desculpe dizer, mas há tempos não via um jovem tão alcoolizado como seu filho estava.

— Vou conversar com ele quando chegarmos em casa — manifestou-se Valéria, como se falasse de uma criança de seis anos. — Quanto à fiança, qual é o valor?

O valor era alto e foi necessária a intervenção do advogado de Valéria, o que a manteve na delegacia por mais tempo do que planejara. Mas finalmente Kennedy foi solto. Ainda estava embriagado, porém sonolento, e dormiu durante todo o trajeto de volta para casa.

Valéria estava esgotada quando colocou os pés em sua sala espaçosa e bem decorada. Não se lembrava da última vez em que se sentira tão cansada assim. Aquele fora um dia puxado, estressante e terrivelmente doloroso. Descobrira a homossexualidade de Michel e a omissão de Felipe, a nova pretendente de Ícaro e tirara Kennedy da delegacia. A notícia boa era o testamento deixado por Mauro, mas que diante das situações por que passaria depois não serviu para muita coisa.

Antes de subir para o seu quarto, Valéria passou pelos aposentos de Michel e viu que ele se fora. Mas ficou sobressaltada quando entrou no quarto de Ícaro e notou que ele também partira. Valéria não imaginou que ele fosse cumprir o prometido. Estava certa de que, diante da possibilidade de ser deserdado, ele voltasse atrás e viesse até ela pedindo perdão de joelhos.

E ao encontrar Felipe, em seu quarto, percebeu que ele estava colérico. Ele culpou-a por seus dois filhos terem saído de casa num único dia. E haveria um terceiro, se Kennedy tivesse ficado retido por um tempo maior.

— Então eu sou a única culpada? — ela tentou se defender, mesmo sabendo que não tinha argumentos suficientes. — Como pai você deveria ter sido o primeiro a proibir que Michel tivesse relações com outro homem.

— Por que eu deveria fazer isso? Para agradar você e entristecer o meu filho? Nós pensamos diferente, Valéria. Eu me pergunto como não percebi antes, em todos esses anos de casamento, que nós dois somos completamente diferentes. Você pensa em si mesma, mas eu penso no melhor para eles. E o melhor, neste caso, é que cada um encontre sua própria maneira de ser feliz.

— Você consentiu que Kennedy viajasse para...

— Foi tudo ideia sua — Felipe falava alto e com o dedo em riste. — Eu só concordei porque sempre acatei tudo o que você quis fazer. Mas isso acabou, está entendendo? A partir de hoje eu tomo as decisões nesta casa.

— Você não vai passar por cima das minhas ordens. Michel não volta para cá, e Ícaro, se voltar, será com a condição de que reate o noivado com Isabel.

— Isso não vai acontecer. Deixe de se iludir, Valéria. Não percebe que você não é a dona da vida dos meninos? Você os gerou, mas não manda mais neles, principalmente agora que todos são maiores de idade — ele passou as mãos pelo rosto, sentindo o peso que a discussão estava lhe causando. — Não quero mais a sua interferência nas nossas vidas, ficou claro?

Valéria abriu a boca para contestar, mas preferiu ficar quieta. Deixou que Felipe pensasse que ela concordara com sua decisão e nada faria para reverter a situação. Mas ele estava muito enganado em acreditar que passaria a ser o cabeça da família. Isso ela não permitiria. Jamais.

Ninguém, nem mesmo seu marido, tiraria seu poder de decidir o destino dos filhos. E, se Felipe insistisse, então não haveria outra opção. Ela teria que tirá-lo do caminho.

capítulo 15

Michel contemplou mais uma vez o apartamento que o pai conseguira para ele. Tratava-se de um imóvel grande, com dois dormitórios e uma sala imensa, totalmente mobiliado. Por ser engenheiro civil, Felipe mantinha muito contato com construtoras, imobiliárias e corretores, o que facilitou a imediata localização do apartamento.

Felipe garantiu a Michel que ele permaneceria ali por pouco tempo, somente até Valéria ser convencida de que agira de maneira errada e pedisse para o filho voltar. "O que não vai acontecer neste milênio", dissera Michel ao pai. Para ele, as palavras da mãe foram muito mais dolorosas do que os golpes dados por ela. Sua imagem no espelho ainda mostrava um hematoma arroxeado em torno do olho esquerdo, um corte no supercílio e outros dois nos lábios, além dos diversos arranhões espalhados pela face. Infelizmente Isaac tinha ficado tão machucado quanto ele, e a dor por ter sido expulso de casa abriu-lhe uma imensa ferida no coração.

Aquele fora o preço que Michel tivera que pagar por ter seu segredo revelado. Um segredo que ficara enterrado por tantos anos e quando viera à tona trouxera um amor e uma fatalidade consigo. Isaac, mais conformado, dizia que as pessoas movidas pelo preconceito continuariam a agir de forma semelhante a Valéria. Explicou que a homofobia, ou seja, atitudes de hostilidade geradas pela extrema aversão ao homossexualismo, é algo praticado por aqueles que não possuem o discernimento de perceber que as diferenças são características natas dos seres humanos e devem ser respeitadas e compreendidas.

Mas o alto grau de intolerância de Valéria foi terrível. Michel jamais se esqueceria da maneira selvagem como fora agredido por ela, como se fosse um psicopata assassino. Apesar de tudo, não alimentava raiva ou ódio por ela. Por incrível que parecesse, ele estava triste por ser incompreendido, julgando a mãe uma mulher digna de pena e compaixão.

Michel podia imaginar como seria o futuro de Valéria. Seus irmãos não a estavam suportando e ninguém sabia até quando duraria a paciência de Felipe. A ideia de transformar os filhos em soldadinhos obedientes, naquilo que ela dizia ser o seu maior sonho, jamais aconteceria, então Valéria nunca realizaria sonho nenhum. Se ela não procurasse modificar suas atitudes com urgência, terminaria sozinha e abandonada, remoendo mágoas e desejos frustrados.

Ele tornou a olhar para o apartamento em que ficaria por tempo indeterminado. Como Isaac dissera, podia ter suas vantagens. O amigo dissera também que chega um momento em

que a vida nos impulsiona a conquistarmos liberdade e independência. Talvez aquela fosse a sua oportunidade de desenvolver seus potenciais sem a sombra de Valéria por perto. Talvez, o que lhe parecia tão horrível, fosse a maneira mais apropriada que a sabedoria da vida utilizara para que ele descobrisse novos horizontes e enxergasse o mundo com um novo olhar.

Não pudera levar todas as suas coisas nem sabia quando poderia voltar à sua casa para buscar o restante. Talvez o pai ou um dos irmãos lhe ajudasse nessa questão, mas não queria que Valéria descobrisse e acusasse os demais. Ele tinha um notebook, com o qual faria as pesquisas que o seu curso exigia. Isaac tinha ido para sua própria residência, mas garantiu que sua casa estava à disposição de Michel sempre que fosse necessário.

A campainha tocou de repente e Michel se assustou. Ainda não recebera nenhuma visita, já que estava naquele imóvel havia poucas horas. Provavelmente era Felipe que viera lhe trazer dinheiro ou mais peças de roupas.

Ele abriu a porta e ficou estático ao dar de cara com o sorriso animado de Isaac. Ficou ainda mais surpreso quando viu que o amigo portava várias malas.

— Não me diga que vai viajar? — perguntou Michel, recuando para dar passagem a Isaac.

— Vou. Já avisei o meu pai que não tenho data para retornar.

— E para onde você vai? — Michel quis saber. Isaac não dissera nada sobre uma viagem de urgência e Michel entristeceu-se de repente. Contava com a companhia do amigo, ainda que fosse por telefone. Era bom saber que Isaac estaria por perto quando ele precisasse.

— Não faz nem ideia? — Isaac continuava sorrindo.

— Vai fazer alguma pesquisa para o seu curso em outro estado?

— Ora, Michel, eu vou viajar para este apartamento. Vim morar com você!

Lágrimas de emoção encheram os olhos de Michel. Isaac o abraçou com força.

— Achou mesmo que eu ia te deixar sozinho? Namorados servem para essas coisas.

Sem saber se devia rir ou continuar chorando, Michel perguntou:

— Mas e seu pai?

— Eu já disse que ele sempre soube de mim, das minhas preferências. Aí o seu pai falou com o meu, que sugeriu que eu me mudasse para cá. Mesmo que ele não tivesse feito o convite, eu viria de qualquer forma. Sozinho, você não fica.

Michel ia fazer outra pergunta, mas Isaac o calou com um beijo e logo deixaram as preocupações para mais tarde.

———

Samara surgiu diante de Sidnei usando apenas roupas íntimas. Ela havia acabado de tomar um banho e ele a aguardava na cama.

Como sempre, ele ficava maravilhado com o corpo perfeito daquela mulher de mais de cinquenta anos. E isso porque ela começara a malhar havia alguns dias. Era uma criatura realmente espetacular.

Ele não tinha mais nenhuma dúvida de que desejava ficar com ela para toda a vida. Já vinha pensando em pedi-la em casamento, com ou sem a aprovação de Valéria. Se Samara concordasse, eles se casariam escondidos e ele sairia de casa. Ele já a apresentara aos amigos da academia como namorada oficial e, embora a achassem meio velha para ele, jamais conseguiam imaginar sua idade verdadeira.

Samara aproximou-se da cama e beijou Sidnei nos lábios. Porém, não se deitou. Apanhou uma escova sobre a penteadeira e penteou os cabelos negros e ondulados.

— Faz mal para a visão de um homem vê-la em trajes menores — murmurou Sidnei, rindo.

— Ah, é? Então tape os olhos.

— Impossível. Eles querem admirar esse corpo fantástico que você tem.

— Você diz isso agora, mas quando encontrar uma mocinha da sua idade tudo vai terminar.

— Como assim?

Ele não gostava quando Samara começava com aquela conversa.

— Você diz que me ama e eu digo que também o amo. Ninguém está mentindo. Esses são os nossos sentimentos verdadeiros hoje.

— Sim, e daí?

— Daí que entre nós há um abismo de trinta e três anos. Eu não espero me relacionar com um homem mais velho nem com um mais novo — ela abaixou a escova e o encarou fixamente. — Eu só quero você. Fui atraída pelo seu jeito desde o momento em que você ligou aquela bicicleta para mim.

— Esse papo de diferença de idade é balela. Jovens são os nossos espíritos.

— Ora, mas o meu garoto está filosofando, hein?

— Aprendi essa frase com Teresa, minha ex-babá. Mas ainda não entendi aonde você pretende chegar com tudo isso.

— As chances de você encontrar uma mulher da sua faixa etária são muito maiores do que para mim, embora os homens me notem com certa frequência — ela riu ao ver que Sidnei fazia cara feia. — Mas eu não dou bola para eles, bobinho.

— Você acha que eu vou te deixar se conhecer uma mulher da minha idade? — aquilo soava como um absurdo tão grande que ele se levantou e a envolveu com um braço. — Samara, já falei e vou repetir: eu amo você! Não me interessa sua idade, pode jogar fora a certidão de nascimento se quiser. Eu amo você — repetiu — e ninguém vai nos separar.

— Nem mesmo a sua família?

— Minha mãe é conservadora, mas meu pai é mais gente fina. Se minha mãe criar caso, saio de casa e venho morar com você. Posso?

— Claro que pode, mas não me agrada saber que serei pivô de desentendimento entre mãe e filho.

— A minha mãe implica até com a própria sombra. Ela vai achar um motivo para reclamar, por isso já quero preveni-la. Se eu tiver problemas em casa, largo tudo para ficar com você.

Sidnei parecia um homem experiente dizendo aquilo e Samara se convenceu. Muitos poderiam estranhar aquele romance, mas havia amor, sinceridade, amizade e ternura naquela união. Se esses não fossem motivos suficientes para um relacionamento dar certo, então quais seriam?

———

A ida de Ícaro até sua casa para pegar alguns objetos pessoais não levou mais do que quinze minutos. Ele pediu que Laysla aguardasse no carro, na rua, enquanto ele entrava a pé na imensa residência. Ela contemplou boquiaberta a construção que parecia se estender para todos os lados. Não conseguia entender por que as pessoas necessitavam morar em casas tão grandes quanto aquela.

Ele retornou trazendo apenas uma mochila às costas. Laysla não fez nenhuma pergunta. Enquanto o guiava na direção da casa dela, Ícaro só mencionou que passaria as próximas noites num apart-hotel até se estabelecer definitivamente em outro lugar. E garantiu que Laysla não tinha a menor parcela de culpa por aquela sua decisão.

A um sinal de Laysla, Ícaro deteve seu carro diante da casinha simples e modesta em que ela morava na periferia de Belo Horizonte. Ele já ia se despedir, logo após tentar ganhar um beijo, quando ela convidou:

— Não quer entrar?

— Sua mãe não vai achar ruim, ou talvez o seu irmão?

— Minha mãe deve estar deitada, abraçada à garrafa de pinga como uma menina abraçada ao seu ursinho — Laysla sorriu ao ver Ícaro rir. — Sei que é triste, mas eu já chorei todo o meu estoque de lágrimas. Se nada vai mudar, então é melhor fazer piada da situação.

— Acho que nós podemos fazer mais do que gozações. Teresa, a nossa governanta, sempre diz que qualquer situação pode mudar a qualquer momento, desde que nós tomemos as atitudes necessárias para isso.

— Quando você olhar para a minha mãe, vai entender que ela é um caso perdido.

Laysla desceu do veículo e Ícaro fez o mesmo. A rua dela era bem silenciosa e a noite já caíra por completo.

Ela destrancou o portão e abriu a porta de madeira da casa. Lá dentro, iluminada por uma pálida lâmpada amarelada, Ícaro viu a pequena e aconchegante sala. A partir dela, surgiam dois corredores, um seguindo para a direita, e outro, para a esquerda, e uma escada em caracol de ferro que levava ao piso superior. Pelo modo como Laysla se referia à casa, Ícaro esperava bem menos.

— Os quartos ficam lá em cima, mas, como minha mãe não tinha mais condições de subir e descer essa escada, meu irmão e eu a acomodamos aqui embaixo, num quartinho que fica ao lado da cozinha.

Ícaro virou a cabeça quando ouviu passos vindos de um dos corredores. Um negro imenso, com cerca de 1,80m de altura, braços e peito avantajados apareceu na sala. Apesar do seu tamanho intimidador, Ícaro percebeu que seu rosto era quase infantil.

— Esse é seu namorado? — brincou Ícaro, já sabendo de quem se tratava.

— Helder? — Laysla sorriu. — Ele é o meu irmão.

— Esse Minotauro tem apenas dezesseis anos? — fingindo cara de espanto, Ícaro foi até ele para cumprimentá-lo. — Depois você me dá o endereço da sua academia, cara.

Helder o cumprimentou amavelmente enquanto Laysla terminava as apresentações.

— Helder, este é Ícaro. Ele é o meu... — céus, o que Ícaro era dela afinal? — Ele é o meu companheiro.

— Entende-se namorado — completou Ícaro. — Eu não a pedi em namoro oficialmente por falta de tempo, mas pretendo me tornar seu cunhado futuramente.

— Ele estava noivo quando me conheceu — prosseguiu Laysla. — Ele terminou com ela para se aproximar de mim. E hoje eu conheci a ex-noiva dele. Nós discutimos, ela me bateu, eu bati de volta, troquei insultos com a mãe dela e viemos para cá.

Helder olhava de um para o outro certo de que estava participando de uma pegadinha. Mas logo os olhares de seriedade de Ícaro e de Laysla o fizeram acreditar que não estava ouvindo mentiras.

Ele amava sua única irmã e torcia para que ela encontrasse a pessoa certa para sua vida. Mas era preciso escolher bem o seu namorado e futuro marido para não repetir os mesmos passos de Edilene, sua mãe. Quando Laysla perguntou dela, Helder respondeu:

— Está lá no quartinho. Hoje ela está meio mal.

— Ícaro já sabe — tornou Laysla. — Não tinha por que esconder dele. Pode falar abertamente.

— Ela estava tão bêbada que não me reconheceu quando entrei no quarto. A garrafa estava caída ao lado da cama, vazia, e ela pediu mais.

— Por que vocês dão bebidas para ela? — perguntou Ícaro.

— Nós não damos — Laysla balançou a cabeça negativamente. — Quando ela consegue roubar nosso dinheiro, vai até a venda comprar as garrafas de pinga. E, quando não consegue, pede fiado. Como ela é conhecida aqui, eles sempre vendem para que ela pague depois.

— Vocês deveriam pedir a eles que não vendessem mais bebidas alcoólicas para ela.

— Já tentamos fazer isso, mas eles não nos ajudam — foi Helder quem respondeu. — O interesse deles é vender, e não poupar uma senhora do seu vício.

— Ela só sai do quarto para comprar bebidas? — indagou Ícaro novamente.

— E para ir ao banheiro ou fazer algum pedido, que geralmente tem a ver com as bebidas. Ela não passa, não lava, não cozinha nem cuida da casa — os olhos de Laysla borbulharam de lágrimas, mas, como sempre, ela as impediu de cair. — Foi definhando, definhando... E Zacarias só favoreceu essa piora dela, aliás, foi ele quem a viciou no álcool.

— Eu poderia vê-la?

— Poder você pode — Helder trocou um rápido olhar com a irmã. — Mas não vai gostar do que vai ver.

Ícaro reforçou o desejo de conhecer Edilene. Laysla o guiou pelo corredor da esquerda até pararem diante de uma portinha de madeira, menor que as demais. Ela bateu e entrou.

A primeira surpresa para Ícaro foi perceber que o ambiente estava escuro. A segunda foi o violento odor de urina misturado com o de fezes. Laysla apertou o interruptor e a luz fraca clareou um aposento bastante estreito, sem janelas, quente e abafado pelo mau cheiro.

No canto, ao lado de um abajur, havia uma cama estreita onde uma mulher magra, de pele bastante escura, estava deitada. Laysla lhe contara que Edilene tinha apenas quarenta anos, mas aparentava trinta a mais. O rosto estava bastante inchado por causa da bebida. Uma parte do cabelo pixaim estava espetada, e a outra parte caía-lhe no rosto. Ela abriu a boca para protestar contra a claridade e Ícaro notou que os poucos dentes em sua boca estavam estragados.

Ao chegar mais perto, Ícaro percebeu que ela era ainda mais magra do que parecia. Cobria-se com um lençol fino e furado, amarelado com manchas de urina. Sob a cama, havia duas garrafas de vidro vazias.

— Esta é Edilene, a minha mãe — apresentou Laysla, finalmente se rendendo às lágrimas. Helder, ao lado dela, também parecia a ponto de chorar. — Sinto muito, Ícaro.

Ele não resistiu e a abraçou com carinho. Beijou os cabelos dela com brandura.

— Não é culpa sua. Nenhum de vocês dois é culpado de nada.

— Quem acendeu a luz? — Edilene perguntou com voz pastosa, os olhos semicerrados. — Quem é que está aí, falando tão alto?

— Helder e eu, mãe — respondeu Laysla, soltando-se dos braços de Ícaro. — Eu trouxe um amigo que veio conhecê-la.

— Então traz um copo para ele também — resmungou Edilene de forma quase ininteligível.

— Ícaro não bebe, mãe. E ele quer que a senhora pare de beber também.

— Não bebe? Então pode ir embora daqui. Sem bebida, sem amigos.

— Mãe, nós vamos para a sala. Se a senhora precisar de alguma coisa, dá um grito.

— Quero cachaça! — ela gritou. — E da braba!

Laysla conduziu Ícaro pelo braço e, com Helder, deixaram o quarto. Os três voltaram para a sala e Laysla apontou com vergonha o sofá surrado, mas Ícaro sentou-se sem reparar nos detalhes.

— Eu disse que você não ia gostar do que veria — lembrou Helder.

— Ela vive em um aposento fechado, sem ventilação? — Ícaro perguntou o óbvio. — Meu Deus, dona Edilene está vivendo em condições subumanas!

— Não pense que compactuamos com isso — interveio Laysla rapidamente. Não queria que Ícaro pensasse que ela e o irmão forçavam a mãe a viver daquela forma.

— A ideia de um quarto sem janelas não foi por acaso — Helder cruzou os braços fortes. — É para evitar que ela tente fugir para comprar bebidas e acabe se machucando.

— Por outro lado, ficar fechada num quarto sem ventilação aumenta os odores horríveis que você sentiu — Laysla fez uma rápida pausa para acrescentar: — Ela tem feito as necessidades na cama, e temos que tirá-la de lá para desinfetar o quarto e trocar as roupas de cama.

— Meu Deus! — Ícaro não se conformava. — Isso é horrível. Vocês já pensaram em interná-la em alguma clínica de recuperação para alcoólatras?

— Já — aquiesceu Laysla. — Conseguimos encontrar uma não muito longe daqui. Ficou tudo combinado para deixá-la na clínica, e ela não sabia de nada. Mas então... Ela parecia estar totalmente sóbria naquela noite, como havia tempos eu não a via. Ela subiu até o meu quarto e me acordou. Estava às lágrimas. Na penumbra, ela disse que amava o meu irmão e eu e que nós tínhamos que ter um pouco mais de paciência com ela. Falou que estava bem próxima da morte e não queria se separar de nós em seus últimos meses de vida. Era como se ela soubesse das nossas pretensões.

Laysla caiu num pranto convulsivo. Ícaro a apertou contra si, numa troca de calor humano e afetividade.

— Eu não quero que ela morra, Ícaro. Apesar do que você acabou de ver, ela é a nossa mãe. Se algo acontecesse com ela na clínica, eu não me perdoaria.

— A gente não quer que ela saia daqui, apesar de estar piorando a cada dia — os olhos de Helder estavam avermelhados e Ícaro sabia que ele estava lutando contra a vontade de chorar. — Se ela largasse esse vício desgraçado, as coisas poderiam voltar a ser como antes.

— Se a polícia descobre que nós a mantemos dentro daquele cômodo escuro, vamos os dois parar na cadeia — concluiu Laysla, ainda com os braços de Ícaro a envolvê-la. — Maus-tratos a um inválido. Mas a verdade é outra e só nós sabemos o quanto está sendo difícil.

— A polícia não vai desconfiar de nada e vocês não serão presos — Ícaro não estava tão certo disso. — De qualquer forma, adorei a casa de vocês, só que preciso ir agora — deu uma olhadela rápida no relógio de pulso. — Perdi a hora de ir para a faculdade, mas hoje não tinha nada muito importante.

— Você nem conheceu o restante da minha casa. Nem viu os quartos lá em cima.

Ela imaginou que Ícaro fosse fazer alguma brincadeira quanto à ideia de conhecer o quarto dela, porém ele continuou sério e respeitoso, o que só fez com que ela o admirasse ainda mais.

Ele se despediu de Helder, e Laysla avisou que o acompanharia até o carro. Caminharam devagar de mãos dadas e, quando pararam ao lado do veículo, Ícaro a segurou pelo queixo para obrigá-la a olhá-lo.

— Prefiro ver você me ameaçar com o facão a ver seus olhos cheios de lágrimas.

O sorriso que ela abriu pareceu clarear ainda mais a noite límpida.

— Bobo! Só posso te agradecer pela carona e pelo lanche que nem chegamos a tomar.

Ícaro empalideceu.

— Nossa! Eu nem a levei a outra lanchonete. Você deve estar faminta. Acho que era por isso que estava chorando.

— Claro que não. Eu nem estava com tanta fome. Às vezes eu passo várias horas sem me alimentar. Sei que é errado e prejudicial, mas a falta de tempo me leva a isso.

— Coma as frutas que você vende.

Ela tornou a sorrir, mas dessa vez seu sorriso foi interrompido pelo beijo repentino e silencioso que a deixou surpresa e maravilhosamente apaixonada.

Quando terminaram, não trocaram mais nenhuma palavra. Os laços de amor que estavam se fortalecendo entre eles já diziam tudo.

capítulo 16

Tomásia e Isabel chegaram bem antes do horário combinado para o jantar que Valéria ofereceria. Ela aproveitaria a ocasião para apresentar a nova namorada de Sidnei que, segundo ele, era a mulher com quem esperava se casar.

Dessa vez Valéria convidara pouquíssimas pessoas. Além de Tomásia e Isabel, havia apenas seis amigas, sendo que uma delas viera acompanhada do marido. Não chamou nenhum conhecido de Felipe nem esperava que ele estivesse presente ao jantar.

Já fazia uma semana que ela expulsara Michel de casa e Ícaro decidira partir. Desde então, ela e Felipe conversavam apenas o estritamente necessário. Ela parecia não se importar e Felipe, que a princípio estranhara bastante a falta de diálogo, acabou se acostumando, afinal a ideia de tratar Valéria com certa reserva partira dele mesmo.

O segredo de Michel não fora divulgado, pois Valéria morreria de vergonha se suas amigas soubessem da verdade. Nem mesmo Sidnei e Kennedy ficaram sabendo, embora tivessem grandes desconfianças. Quando falavam com Michel pelo celular, ele dizia que resolvera ser independente e jamais fazia comentários desagradáveis a respeito de Valéria. Ele amava a mãe, embora só pudesse esperar ódio, desprezo e incompreensão da parte dela.

O jantar foi realizado dentro da casa. À mesa, as mulheres falavam como gralhas e obviamente os assuntos eram fofocas sobre outros amigos e conhecidos.

Por alguns instantes, Valéria, elegantemente trajada num costume vermelho-sangue, temera que alguém comentasse algo sobre a prisão de Kennedy, mas nada foi dito, para seu alívio. Ela tinha pensado em não oferecer bebidas alcoólicas durante a refeição justamente por causa de Kennedy, mas as pessoas iriam questionar e seria pior. Assim, serviu apenas vinho e champanhe.

— E Felipe, Valéria? — perguntou Greice, a mesma que vira Sidnei saindo da academia com Samara. — Não virá para o jantar?

— Ele anda ocupado com algumas reuniões — era uma mentira convincente, pois quem conhecia Felipe sabia que ele sempre acompanhava a esposa.

— E Ícaro? — perguntou Isabel. Ela estranhara a ausência dele e chegou à conclusão de que ele cumprira as ameaças que fizera na lanchonete. Se não estava ali, era porque saíra de casa.

— Também não vai nos acompanhar — tornou Valéria, mas seu olhar revelou a Isabel e Tomásia o que elas já imaginavam.

— Eu soube que vocês terminaram, querida — Greice olhava para Isabel. — O que houve?

— O casamento não seria amanhã? — ajuntou outra convidada.

— Seria — Isabel pensou no belíssimo vestido de noiva que comprara e nunca seria estreado, pelo menos não com Ícaro, embora ela tivesse muitas esperanças de reconciliação. — Talvez não desse certo. Nós decidimos nos tornar apenas amigos.

As outras mulheres logo perceberam que aquela história estava mal contada. Isabel estava com cara de enterro e Tomásia não aparentava estar nada feliz.

— Isabel é lindíssima — Valéria sorveu um gole do champanhe de ótima safra. — Logo vai encontrar outra pessoa. De repente — ela sorriu para Kennedy, que olhava fixamente para a taça de vinho que servira para si mesmo —, ela e Kennedy podem se dar bem.

Isabel corou, mas Kennedy nem pestanejou. Já tinha percebido que dar confiança para o que sua mãe dizia só tornava as coisas piores. Além disso, ela não voltara a tocar no assunto do curso nos Estados Unidos e, quando o fizesse, Kennedy lhe diria um não na cara.

Antes que alguém pudesse dizer mais alguma coisa, Isabel apontou para o lado. Viram que Sidnei estava se aproximando trazendo uma mulher pelas mãos. Valéria, de costas para eles, apenas sorriu e alertou:

— Preparem-se para conhecer a futura mulher do meu filho, que deve ser tão linda quanto ele.

— Boa noite — cumprimentou Sidnei, parando ao lado de Valéria.

Samara sorria timidamente. Colocara sua melhor roupa de festa, mas percebera que estava muito aquém do nível social daquela gente. E, para piorar, a mãe de Sidnei era mais nova do que ela. Arrependeu-se imediatamente de estar ali, certa de que aquilo não terminaria bem.

— Esta é Samara, a minha namorada — prosseguiu Sidnei, quase cantarolando de emoção.

O rosto de Valéria endureceu como pedra. Seus lábios se apertaram, formando uma linha fina e branca. A mulher que acompanhava seu filho, embora nitidamente bonita e apresentável, não era nenhuma mocinha. Aliás, era certo que ela já passara dos quarenta, apesar de bem conservada.

O silêncio caiu como um manto, enquanto vários pares de olhos vasculhavam Samara de alto a baixo. Valéria, reagindo, disparou:

— Esta é a sua namorada ou é a avó dela?

A estas palavras seguiu-se um coro de gargalhadas. Samara ficou vermelha, quase roxa. Se não fosse por Sidnei, teria girado nos calcanhares e dado o fora dali.

— Isso é jeito de falar, mãe? — furioso, Sidnei olhou para as amigas da mãe, que não conseguiam conter o riso. — Qual é a graça? Estamos em um circo, por acaso?

— Sidnei, o que você anda tomando? — apesar das gargalhadas em volta, Valéria estava séria, vendo que Sidnei estava sendo sincero. — Quando você me disse que tinha conhecido a mulher da sua vida, não imaginei que fosse essa "tia" aí. Vamos, termine agora com essa palhaçada e lhe dê dinheiro para que ela pegue um táxi de volta para casa.

— A sua cisma é com a minha idade? — Samara ousou intervir. — Sou mais velha do que o seu filho, é verdade, mas eu o amo. E sou correspondida.

— Samara é supervisora em uma grande empresa — lembrou Sidnei, embora soubesse que aquilo não convenceria Valéria. — Comanda mais de noventa funcionários que...

— Continua sendo uma assalariada com um cargo melhor — Valéria olhou para Samara e tornou a encarar o filho. — Ela não é para você. Além de ser velha demais, é empregada. Você nasceu para se casar com donas de empresas e não com as empregadas.

As amigas de Valéria tornaram a cair na risada. Sidnei olhou para Kennedy, esperando uma ajuda do irmão, mas ele se manteve em silêncio, como que alheio à discussão.

— Esse namoro é quase pedofilia — atalhou Tomásia, o que valeu mais risos.

— Qual é a sua idade? — perguntou Valéria, pensando que a outra não fosse responder.

— Cinquenta e três — confessou Samara em voz baixa, sentindo-se uma idiota parada ali.

— Céus, Sidnei, você é mesmo doente! Tudo bem que ela tem um corpo razoável e um rosto bonito, mas esses foram todos os atrativos que fizeram você se apaixonar por essa anciã? — tornou Valéria, sendo extremamente cruel e arrogante.

As gargalhadas foram só aumentando. Achavam Valéria cômica e afiada.

— Eu sabia que não daria certo — sussurrou Samara no ouvido de Sidnei. Jamais fora tão ofendida em toda a sua vida. Como aquelas mulheres podiam ser tão cruéis?

— Eu vi vocês saindo da academia — Greice falava lentamente. — Mas, olhando de longe, não deu para ver o quanto sua namoradinha está passada, Sidnei.

— E você, Greice? — a ponto de explodir, Sidnei cuspia as palavras. Não permitiria que continuasse ofendendo Samara diante dele. — Por acaso sabe onde seu marido está? Com certeza, está transando com mocinhas da minha idade, fazendo hora para voltar para casa e não dar de cara com você.

As traições do marido de Greice não eram segredo para ninguém, mas ela ficou lívida ao ouvir aquilo. Sidnei voltou-se para Valéria:

— Eu não preciso da sua aprovação para namorar Samara. Se não está contente, pouco me importa. Ela, sim, me importa. Agora entendo o que levou meus irmãos a saírem de casa. Você é louca, mãe, é completamente xarope!

Valéria o fitava sem mover um músculo, os olhos azuis cravados no rosto do filho.

— Sua felicidade é ficar reunida com essa manada de hienas que não param de rir. Nunca pensou em qualquer um dos seus filhos. Qual era o seu grande sonho mesmo? Ver os filhos felizes e bem-sucedidos? Formando famílias e se tornando independentes? Seu sonho só seria alcançado quando visse que seu trabalho como mãe estaria completo, não é? Sabe quando isso vai acontecer? Nunca! Enquanto você não parar de pensar em si mesma, só vai ser desprezada por mim e pelos meus irmãos.

Novamente o silêncio se fez. Samara mirava o chão. Não suportaria erguer os olhos e encarar aquelas pessoas preconceituosas. Os argumentos de Sidnei ainda não tinham cessado:

— Michel e Ícaro já saíram daqui. Eu sou o próximo. E até quando você acha que Kennedy vai suportar? Aliás, até quando você acha que as pessoas em geral vão suportar suas frescuras? Acha mesmo que essas mulheres que estão à mesa gostam de você? É um bando de invejosas, que com certeza falam mal de você pelas costas.

O comentário provocou murmúrios de indignação. Valéria continuava ouvindo em silêncio as palavras de Sidnei. Naquele momento ele deixara seu lado adolescente para trás e assumira seu lado homem e responsável.

— Eu vou morar com Samara, porque quero paz, está me ouvindo? Quero sossego e isso só vai acontecer longe dos seus olhos, mãe. E pode ameaçar me deserdar. Nada disso me importa, porque o dinheiro transformou você em uma mulher fria, vazia, egoísta, preconceituosa e completamente maluca. Não quero que aconteça o mesmo comigo. — Ele apertou a mão de Samara e concluiu: — Só vou pegar umas coisas no meu quarto. Se quiser, me espere no jardim.

— Espere um momentinho, senhor Sidnei — Valéria se ergueu, mas Sidnei não demonstrou intimidação. Aliás, nenhum dos seus filhos mais demonstrava respeito por ela. — Agora é a minha vez de falar. Independentemente do que você faça, terá minha total desaprovação. Isso não importa para você? Ótimo, porque a mim também não. Eu teria vergonha de ter uma nora mais velha do que eu. Pode levar essa senhorinha com você. Se for para me fazer passar ridículo diante dos outros como acaba de fazer, é melhor que saia de casa. Vá ser devasso em outra vizinhança, meu querido.

Sem perder a pompa e o estilo, Valéria voltou-se para Samara.

— Logo meu filho vai se cansar de você e te jogar para escanteio. Ele só está se divertindo — Valéria não estava certa disso.

Samara procurou palavras para rebater a ofensa de Valéria, mas não conseguia encontrar nada. Simplesmente ficou calada e se afastou na direção que Sidnei apontava.

Assim como Ícaro fizera e Michel antes dele, Sidnei encheu umas sacolas com roupas, meias, tênis e objetos de uso pessoal. Pegou todo o dinheiro que guardava em um cofre. Mais tarde falaria com o pai e contaria o acontecido.

Quando achou que já apanhara tudo o que era suficiente, ele se juntou a Samara e ambos deixaram a casa. À mesa de jantar, Valéria continuou comendo e se esforçando para parecer alegre diante das amigas. Queria mostrar para as outras que a decisão de Sidnei em nada influenciava o seu humor.

Porém, intimamente estava se corroendo de raiva. Em menos de quinze dias, três filhos seus saíram de casa, apesar de um deles ter sido forçado a isso. Era um verdadeiro complô. E quando Kennedy também saísse, se isso acontecesse, só sobrariam ela e Felipe. O marido já andava distante, chegava tarde e saía bem cedo. Quando decidisse passar as noites fora de casa, então não sobraria ninguém além dos empregados.

Os dedos frios do medo correram por sua espinha. Por mais que não quisesse admitir, tinha medo de ficar sozinha. O pior era que todos os membros de sua família só conseguiriam odiá-la cada dia mais.

Não estava arrependida de nenhuma de suas atitudes, mas era evidente que, pelo rumo que as coisas estavam tomando, seu maior desejo, que era ver os filhos felizes, que dizia ser o seu maior sonho, jamais seria conquistado.

———

Valéria teve uma discussão violenta com Felipe quando ele chegou por volta de meia-noite e soube que Sidnei também saíra de casa. Jamais tinham tido uma discussão como aquela.

— Você fez Sidnei ir embora só porque não gostou da namorada dele? — gritou Felipe quando Valéria explicou o motivo.

— Não vou aceitar que ele namore uma velha. Ela tem cinquenta e três anos!

— E isso é ser velha? Seus pensamentos e suas posturas é que são antiquados. Seu egoísmo tem tornado você uma mulher insuportável. O que acha que está afastando os meninos de casa? São as suas decisões incoerentes, seu preconceito à flor da pele, sua intolerância com os menos favorecidos. Aposto que a namorada de Sidnei não pertence ao nosso meio.

— Nem ela nem a negrinha que Ícaro arrumou. Duas pobretonas que ambicionam o nosso dinheiro.

— Será que você já se esqueceu da sua origem, Valéria? — a pergunta de Felipe foi feita em tom tão alto que ela empalideceu. — Muitos anos já se passaram, mas eu ainda me lembro do lugar de onde você veio. Eu a conheci em uma festa de pessoas humildes e simples. Você era desse meio, embora nunca tenha sido humilde ou simples.

— Fale baixo! Quer que todos ouçam sobre o meu passado?

— Você tem vergonha, não é? Então deveria se envergonhar também de destratar pessoas só porque têm menos do que nós. Você também já foi pobre e sabe muito bem como é essa vida.

— Eu odeio me lembrar disso.

— Essas mulheres moram na capital. Você morou numa cidade do tamanho de um bairro nosso, o que era ainda pior. Abandonou seus pais e irmãos como se tivesse nojo deles. Nunca mais teve nenhuma notícia daqueles que a criaram.

Nem ao menos sabe se estão vivos ou mortos. E sabe por quê? Porque a ganância a corroeu como ácido, seus valores ficaram deturpados, sua moral foi parar no chão e sua dignidade... bem, isso já não existe mais.

Valéria foi até a penteadeira do quarto, apanhou um vaso de louça e mirou em Felipe.

— Jogue em mim! Vamos, já que você não suporta a verdade, jogue em mim!

Ela espatifou a peça contra a parede e observou os cacos caírem no chão como lágrimas afiadas e pontiagudas.

— Você é nojento, Felipe! Seus filhos puxaram a você.

— Sorte a deles, porque se tivessem saído a você eu já teria pedido o divórcio — ele enfiou as mãos no bolso quando Valéria apanhou uma peça dourada de origem árabe e atirou-a pela janela. — Seu acesso de loucura ainda vai durar muito tempo?

— Você é um patife — rugiu ela, mergulhada na ira. — E Sidnei... bem, não era nem para esse menino estar me dando trabalho agora.

— O que quer dizer com isso?

— Quero dizer que, se eu não tivesse desistido de abortá-lo, ele simplesmente não existiria.

Aquele segredo que ela enterrara no fundo da alma, agora ela decidira usar como arma para se vingar de Felipe.

— Eu fui procurar uma clínica para tirar o feto porque não queria ter mais filhos. Sua mãe não queria ter mais netos. Mas no último momento eu desisti — ela não contou que fora ameaçada com uma tesoura e quase desfalecera de tanto medo. — Antes tivesse ido até o fim!

— Você não foi capaz disso — Felipe avançou devagar na direção dela. — Você não desceria a esse nível.

— Não deveria ter tido tantos filhos. Aliás, se quer saber, eu nem deveria ter me casado com você. Se não fosse pelo seu dinheiro, eu nem teria olhado para a sua cara — sorrindo ironicamente, ela revelou: — Acha mesmo que eu o amava?

Ouvir aquilo foi a gota d'água para Felipe. Ele a agarrou pelos cabelos e a jogou sobre a cama com força. Valéria deu um salto e saiu pelo outro lado.

— É... realmente ouvir a verdade dói — ela alinhou os cabelos que se desarrumaram com o puxão. — E você, um imbecil apaixonado, casou comigo em comunhão de bens. E, se quiser pedir o divórcio, querido, é um pouco tarde demais, não acha?

Felipe estava branco como cera. Valéria não podia ser aquele monstro. Como pudera ser tão lerdo para não perceber que ela usava uma máscara de boazinha o tempo todo? Que Valéria Falcão, na verdade, tinha o coração duro e frio como aço?

— Eu vou dar entrada no pedido de divórcio de qualquer forma. Creio ser possível a alteração do regime de bens e vou ver como isso é realizado judicialmente,

— Não vou te dar o divórcio, é óbvio — ela riu alegremente. — Por que você não aproveita a onda de sair de casa e vai embora também?

— Esta casa é minha. Meu pai a deu para mim.

— É mesmo? E onde o seu nome está escrito? — Valéria apontou a porta. — Se eu fosse você, sairia. É vergonhoso demais saber que foi enganado pela própria mulher durante tantos anos, não?

— Eu vou mesmo. Não deveria, mas vou. E quero levar Kennedy comigo. Ele não vai viajar mais para os Estados Unidos. Longe de você é até possível que ele pare de beber.

— Vão com Deus! — ela ria como uma menina. — Não quero bêbados comigo. Vá curar o vício de Kennedy e a ressaca eterna junto dos seus outros filhos.

— Eu vou — Felipe passou por ela e parou diante da porta. — E não vou levar nada do que eu tenho aqui. Sua mesquinhez não iria permitir.

Ela sentou-se sobre a cama e cruzou as pernas de forma graciosa, observando-o partir.

— Só que tem uma coisa — ele acrescentou, da porta —, sua origem vai se tornar notícia pública. Suas melhores amigas vão adorar saber que Valéria Falcão não nasceu com sangue azul.

Desta vez Felipe atingiu o alvo. Ela ergueu-se como que impulsionada por uma mola.

— Você não faria isso. Não tem provas e ninguém acreditaria em suas palavras.

— Então vamos ver quem sai ganhando nesta história. Que Deus tenha piedade de você!

Depois que ele saiu, Valéria voltou à cama e deitou-se lentamente. Tudo tinha acabado mais rápido do que ela esperava. Os últimos vínculos que uniam a família tinham sido rompidos. E tudo porque não conseguira segurar a língua.

Na imensidão daquela magnífica mansão, ela sentia-se sozinha, já que não contava os empregados como companhia. Tomou banho deprimida e chorou até adormecer.

capítulo 17

O mês de junho chegou e, com ele, o inverno, embora o clima tivesse permanecido ameno. As madrugadas eram bastante frias, mas o sol surgia tímido no final da manhã e agraciava os moradores com seu calor razoável. Quando anoitecia, a temperatura baixava novamente.

A brisa fria soprada da Lagoa da Pampulha ajudava a aumentar a sensação térmica, principalmente para aqueles que moravam nas proximidades. Mas a constante movimentação do dia a dia, principalmente nas áreas comerciais, fazia as pessoas pensarem menos no inverno.

Valéria estava na janela do seu quarto, ouvindo distraidamente o cantar dos pássaros que brincavam nos galhos das árvores do seu jardim. Ela não estava pensando no tempo e muito menos nas aves. Seus pensamentos estavam distantes, rememorando os últimos acontecimentos.

Às vezes ela tinha vontade de apertar um botão que pudesse retroceder ao passado. Os últimos dois meses foram os piores da sua vida. Seus filhos, além do marido, tinham saído de casa, deixando-a só. Eles raramente telefonavam para ela, e quando o faziam, era por interesses próprios. Ninguém ligava para saber simplesmente se ela estava bem.

No início, logo depois de Felipe ter ido embora levando Kennedy consigo, ela sentira falta. Não havia com quem conversar. Tomava o café da manhã, almoçava e jantava sozinha. Às vezes convidava Tomásia e Isabel para lhe fazerem companhia, mas nem sempre elas podiam vir. Como forma de distração, ela apanhava o telefone e ligava para outras amigas. Sempre havia assuntos quentes a serem comentados, já que todas adoravam fazer a fofoca repercutir. Mas, com o decorrer das semanas, isso também foi se tornando chato e sem graça.

Quando queria falar com alguém, procurava Teresa, mas logo a governanta falava sobre temas espiritualistas e ela se afastava irritada. Detestava aquele tipo de conversa, que sempre a deixava de cabelo em pé.

Vinte dias depois da partida de Sidnei, ela soube, por intermédio de Felipe, que o caçula tinha acabado de se casar com a mulher mais velha por quem ele se dizia apaixonado. Valéria ficou horrorizada, tanto pela notícia, como pelo fato de não ter sido comunicada. Felipe, que não a perdoara pelas coisas que dissera na discussão e o levaram a sair de casa, contou, com pouquíssimas palavras, que o filho estava feliz como nunca tinha sido até então.

Felipe não contou onde eles moravam e ela também não quis perguntar, pois sabia que ele não responderia. No entanto, Valéria alegou estar sentindo muita falta de Ícaro. Disse que gostaria de se desculpar com ele e, quando se sentisse mais preparada, faria o mesmo com os outros filhos. Solicitou, com voz apagada, o endereço do apart-hotel em que ele estava morando.

Felipe, sem saber se deveria acreditar em Valéria, depois de tudo o que ela tinha dito a ele, decidiu que ela merecia um voto de confiança e forneceu o endereço de Ícaro. Ela agradeceu, emprestando à voz um tom de exagerada emoção.

Mas, ao contrário do que ela tinha dito ao marido, não pretendia visitar o filho mais velho. Seu objetivo era outro. Aliás, aquela era apenas uma das metas que pretendia alcançar. Se ainda quisesse realizar seu antigo sonho, teria que começar a agir. Já ficara parada por tempo suficiente esperando a poeira baixar. Chorara de amargura, mas o momento de cantar vitória estava se aproximando. Se alguém tinha pensado que ela aceitara tudo de bom grado, estava muito enganado.

Ela se afastou da janela, abriu a bolsa e apanhou o telefone celular. Para o que pretendia fazer, precisaria da ajuda de Isabel. Aquela seria apenas a primeira parte do plano, que vinha sendo articulado por ela havia mais de um mês. Seus filhos, cada um à sua maneira, a tinham traído. Ela, que os carregara por noves meses e passara quatro vezes pelas dores do parto, não merecia o que eles tinham lhe aprontado. Agora, chegara o momento de dar o troco. Eles achavam que ela os tinha deixado em paz? Não mesmo!

Trocou algumas poucas palavras com Isabel, que não precisou de muitos argumentos para ser convencida a auxiliar Valéria, principalmente porque a ideia da amiga sugeria uma possibilidade de que ela e Ícaro reatassem. As duas combinaram os detalhes e Valéria desligou com um sorriso nos lábios. Era hora de colocar um pouco de ação em sua vida. Mostraria a todos quem era Valéria Falcão e do que ela era capaz.

———

O domingo amanheceu com uma garoa fria, mas antes do final da manhã, o sol tinha afastado as nuvens e brilhava no céu. Ícaro tinha passado pela casa de Laysla para buscá-la. Todas as manhãs ele a levava para o trabalho e, às vezes, passava horas por lá na companhia dela. Ele a ajudava a vender e, com o tempo, já não fazia mais confusão na hora de entregar as frutas e as verduras aos fregueses.

Os dois estavam sentados em banquetas de madeira diante do boxe de Laysla. Ícaro contava alguma coisa engraçada que a fazia dar risadas. Estavam tão distraídos na animada conversa, que não perceberam que estavam sendo observados ou que tinham sido seguidos desde o início da manhã.

Do outro lado do corredor, Valéria e Isabel não os perdiam de vista. Já estavam cansadas de espiá-los a distância, mas tinham descoberto que o Mercado Distrital do Cruzeiro fechava mais cedo aos domingos. Já era quase meio-dia e logo mais os dois iriam embora.

A pedido de Valéria, elas estavam usando um veículo que Isabel alugara. Era um carro preto, alto e brilhante, que Ícaro não conhecia. Assim, não tinha percebido que elas o seguiam desde o momento em que saiu do local em que estava morando e se dirigiu à casa de Laysla.

— É nesse casebre que mora a mulatinha? — indignou-se Valéria, vendo Ícaro receber Laysla com um beijo e acomodá-la no carro.

— Ele a beijou, Valéria — criticou Isabel, apontando o dedo.

— Mas é claro. Pois se eles estão namorando...

— Mas aquele beijo foi diferente de todos os que ele me dava.

— Ícaro está com a cabeça virada. Se não tomarmos cuidado, ele se casará escondido com essa mulherzinha de subúrbio, exatamente como Sidnei fez.

— Se eles se casarem, não irão se divorciar logo em seguida — comentou Isabel, preocupada.

Valéria revirou os olhos. O único defeito de Isabel era ter um cérebro do tamanho de uma noz.

— Claro que não, Isabel. Se eles se casarem, você pode esquecer dele completamente.

— E se eles já se casaram?

— Provavelmente estariam morando juntos. Mas Ícaro é mais consciente do que Sidnei, ou pelo menos sempre foi. Não se casaria às escuras.

— Só durante o dia, né?

Valéria contou até três para não perder a paciência. Isabel nunca lhe parecera tão tapada.

— Olha lá, eles já estão dando partida. Vamos atrás deles, Isabel, mas mantenha uma distância razoável para não sermos vistas.

Elas foram obrigadas a parar o carro no amplo estacionamento do mercado quando viram Ícaro fazer o mesmo. O casal saiu abraçado do carro e entrou no estabelecimento.

— Ele nunca me abraçou daquele jeito — reparou Isabel, magoada.

— E o que você quer que eu faça? Vamos ver para onde eles vão.

As duas ficaram surpresas quando perceberam que Laysla possuía uma banca de frutas, verduras e legumes. E o pior: que Ícaro a auxiliava, como se estivesse bem inteirado daquele trabalho.

— Não acredito no que os meus olhos azuis observam — Valéria sussurrou para Isabel, contemplando-os da esquina daquele corredor. — Meu filho virou feirante? Ícaro sempre teve uma tendência a ajudar os pobres, mas isso já é demais.

— Vamos lá falar com eles?

— De jeito nenhum. A mulatinha é agressiva, esqueceu?

Isabel deu de ombros. Valéria, com repulsa, observou Ícaro embalar umas frutas vermelhas que pareciam ser maçãs e entregar para uma freguesa, que murmurou alguma coisa e se afastou sorridente. Ícaro deu o dinheiro da venda para Laysla, que guardou em um bauzinho de madeira.

As duas, bem perto uma da outra, estavam tão concentradas na espionagem que se sobressaltaram quando um homem, empurrando um imenso carrinho cheio de caixotes com verduras, bradou:

— As bonitinhas querem sair do caminho? Se quiserem ficar agarradas, é melhor fazerem isso na cama.

Elas cederam espaço para o feirante passar. Ao fazê-lo, ele olhou atentamente para Valéria e passou a língua pelos lábios.

— Você ainda tá com tudo em cima, hein, madame? Que tal a gente se encontrar lá no barraco onde eu moro? Vou te mostrar como se lava uma alface.

Ele soltou uma gargalhada aguda. O suor pingava do seu rosto como um chuveiro e Valéria imediatamente se sentiu nauseada.

— E que tal sair daqui antes que eu chame a polícia? — revidou Valéria, mostrando-se corajosa. Ela odiava ter contato tão próximo com pessoas daquele nível.

Ele mostrou os dentes amarelados no que parecia ser um sorriso de descrença e se afastou empurrando o carrinho.

— Porco imundo! — balbuciou Valéria vendo o homem ir embora. — Viu a forma como ele me abordou?

— Deixa para lá. Vamos prestar atenção em Ícaro e na namoradinha fuleira que ele arrumou.

Instantes depois, elas perceberam que Laysla e Ícaro começavam os preparativos para fecharem a banca, logo após se desfazerem das mercadorias que não tinham sido vendidas, já que eram perecíveis e a maioria estaria estragada no dia seguinte. Quando terminaram, as duas se esconderam ao lado de uma barraca de peixes. Viram o casal seguir de mãos dadas na direção da saída e foram atrás deles.

Ícaro e Laysla fizeram o caminho de volta. Quando pararam diante da casa de Laysla, Ícaro disse-lhe que gostaria de trazer uma pessoa para conhecer Edilene. Laysla mostrou-se um pouco preocupada.

— Conhecer a minha mãe? — perguntou. — E quem é? Sabe que não me agrada a ideia de expor minha mãe.

— Eu sei, meu amor, mas essa pessoa é do bem. Acho que seria muito bom para dona Edilene ouvir umas palavras positivas, mesmo que esteja alcoolizada.

— As bebidas dela tinham acabado. É possível que ela tenha conseguido contrabandear mais. Caso contrário, deve estar furiosa, no quartinho, gritando porque não tem mais o que beber.

— Eu não demoro. Diga para ela ficar bem bonita, porque tem visita a caminho.

Laysla sorriu. Eles se beijaram e se despediram. Laysla ficou acenando para ele da calçada e finalmente entrou em casa.

Depois que viram Ícaro dobrar a esquina, Isabel e Valéria se aproximaram. O objetivo agora não era continuar seguindo os passos do rapaz e sim conversar com Laysla. Valéria estudara minuciosamente tudo o que deveria ser dito para afastar de uma vez aquela feirante do filho dela.

— Vamos, Isabel.

— E se Ícaro voltar?

— Ele foi embora e, se voltar, não será agora. Você já sabe muito bem o que deve dizer.

— E se ela não acreditar?

— Vai acreditar. Esse povo é muito ingênuo. E lembre-se: nenhuma palavra ofensiva, senão ela nem vai querer nos ouvir.

— Amiguinhas! — riu Isabel descendo do carro. — Vamos mostrar que somos pessoas amigas.

Assim que ligaram o alarme do carro, Valéria tocou a campainha ao lado do portão e em seguida limpou o dedo na roupa.

— Não toque em nada e não aceite nada do que ela possa oferecer — reforçou Valéria. — Aí dentro deve haver um ninho de bactérias.

Um instante depois a porta foi aberta e Laysla apareceu. Encarou as elegantes mulheres por um momento e, quando as reconheceu, seu rosto ficou branco. Sem se aproximar, ela avisou:

— Se estão procurando Ícaro, ele acaba de sair.

— Nós viemos falar com você, querida. É possível? — vendo que Laysla não se mexia, Valéria acrescentou: — Nós viemos em paz e não vamos demorar. Por favor.

Relutante, Laysla foi até elas e destrancou o portão.

— O que querem comigo?

— Vai nos receber aqui mesmo, de pé?

Certa de que iria se arrepender mais tarde, Laysla apontou o interior da casa. As duas entraram na sala de estar e olharam ao redor. Esperavam encontrar um ambiente repleto de sujeira, mas tudo estava tão limpo e organizado quanto a sala de um presidente.

— Sentem-se — Laysla mostrou o sofá. As duas olharam para o móvel, mas não fizeram menção de se sentar. — Se era para conversar em pé, vocês poderiam ter ficado lá fora, não?

Tentando conter uma careta de nojo, Valéria sentou-se na pontinha do móvel e Isabel fez o mesmo. Laysla suspirou fundo e sentou-se no outro estofado.

— Antes de começar, nós queríamos lhe pedir desculpas pela forma como nos comportamos na lanchonete — começou Valéria em tom humilde. — Sei que já se passou bastante tempo, mas para mim é como se fosse ontem.

— Tudo bem. Estão perdoadas. Era só isso?

— Como você sabe, esta moça ao meu lado foi noiva do seu namorado. Ele terminou com ela para ficar com você. — Quando Laysla abriu a boca para retrucar, Valéria foi mais rápida e concluiu: — Não viemos aqui para culpá-la de nada.

Laysla, observando-as, teve um pensamento inquietante. E se Isabel tivesse ido dizer que estava grávida de Ícaro? Quase perguntou aquilo em voz alta, mas se conteve.

— O que você não deve saber — continuou Valéria, falando suavemente — é que esta moça está cada dia mais doente.

Laysla desviou o olhar para Isabel que, maquiada e elegante, não aparentava estar nada mal.

— Você me parece bem.

— Eu tento fingir que estou bem — a voz de Isabel saiu num murmúrio. Ela abaixou a cabeça, pois, se encarasse Laysla nos olhos, soltaria uma gargalhada. — Mas só meus pais, Valéria e meu psiquiatra sabem como estou realmente. Minha aparência é boa, mas por dentro estou destruída.

— Isabel, acho melhor irmos direto ao ponto — com expressão de suprema tristeza, Valéria focou o rosto de Laysla. — Querida, Isabel tem tomado medicamentos controlados, daqueles com tarja preta. Ela vem frequentando sessões de terapia e quase todos os dias tem consulta com o psiquiatra. E sabe a razão disso? Ela não conseguiu aceitar o fim do relacionamento com meu filho, pelo menos não da maneira repentina com que ele terminou tudo.

Laysla manteve-se em silêncio, olhando de uma para a outra, já prevendo o que estava por vir.

— Eu ainda amo Ícaro — confessou Isabel, lutando para provocar duas lágrimas. — Eu não vou interferir no relacionamento de vocês porque não tenho esse direito e sei que você também deve amá-lo. Mas a dor é tão forte... — ela fez uma pausa, fingindo estar pigarreando. — Os remédios são tão horríveis... Os efeitos colaterais são tão dolorosos — ela esticou o braço e agarrou Laysla pela mão. — Tenho medo de ficar louca.

— Os remédios vão deixá-la pior, Isabel — considerou Valéria. — Acho que você nem deveria ter começado a tomá-los. Pode acabar dependente deles.

— Eu sei, mas eu os tomo para não pensar que estou sozinha. Eles me fazem dormir, me fazem esquecer Ícaro — as lágrimas finalmente brotaram e deslizaram pelo lindo rosto de Isabel. Seus olhos verdes estavam avermelhados e tristes. — Sei que vou terminar louca, mas não sei o que fazer.

Laysla também não sabia. Olhava para a mão de Isabel, apertada firmemente na sua.

— Vocês vieram aqui para me dizer que eu devo terminar com Ícaro para que ele volte a ficar com você? Isso na hipótese de ele querer, né?

— Você está entendendo errado, minha querida — Valéria abriu um sorriso fraco. — Nós queremos que você continue com ele, pois, se o meu filho decidiu sair de casa por você, é porque ele realmente a ama. Só quero que saiba que, enquanto está feliz ao lado dele, outra pessoa está doente, dependente de remédios, sofrendo por um amor perdido. E eu, uma pobre mãe, que vi meu filho amado saindo de casa... — propositalmente, ela não concluiu a frase.

— Ícaro me contou que os seus outros filhos fizeram o mesmo.

— Sim, porque imitaram o exemplo do irmão mais velho — Valéria deu de ombros. — Faça meu filho feliz. É tudo o que eu lhe peço. Quanto a Isabel, Deus tomará conta dela. Ele vai impedi-la de cair em depressão e até mesmo de vir a óbito.

Valéria estava sendo dramática, mas era exatamente a sua intenção. Percebeu que Laysla, apesar de calada, estava refletindo sobre as palavras dela e de Isabel. Que mulher poderia namorar em paz tendo a consciência pesada por estar prejudicando uma terceira pessoa, ainda que sem intenção, além de ser acusada indiretamente de ter rompido um relacionamento?

As duas finalmente se levantaram para ir embora. Laysla, ainda perplexa com tantas informações, levantou-se também. Foi nesse momento que elas ouviram uns resmungos desconexos vindos do corredor. Ao virarem a cabeça, depararam com Edilene.

A mãe de Laysla vestia apenas uma camisola fina, quase transparente, que deixava seus braços magros e suas pernas ossudas à mostra. Os cabelos continuavam bagunçados, mas, como ela parecia equilibrada ao caminhar, Laysla percebeu que ela não estava embriagada.

— Mãe, aonde você vai? — Laysla foi até ela e apontou para as visitantes. — Veja, nós temos visitas.

Edilene sorriu, revelando os poucos dentes que tinha na boca e seguiu até Valéria e Isabel. Limpou a mão na barra da camisola e estendeu-a para a frente.

— Desculpa eu estar assim, viu? Ouvi vozes, mas não sabia que eram de duas mulheres tão bem-arrumadinhas. Eu nem ajeitei os cabelos.

Valéria e Isabel ignoraram a mão estendida. Ao perceber que não seria cumprimentada, Edilene recolheu a mão devagar.

— Vocês não querem pegar na minha mão porque eu sou pobre e feia? Ou é por causa da cor da minha pele?

Incomodada com aquela mulher tão magra, Valéria olhou por cima do ombro, medindo a distância até a porta. Disfarçou com um sorriso e respondeu:

— Nós já estávamos de saída. Obrigada por nos receber, querida — ela acrescentou para Laysla.

— Vão mesmo! — gritou Edilene. — E vão rápido. Quem não pega na minha mão não é bem-vindo na minha casa.

— Você está nos expulsando? — perguntou Valéria, incrédula.

— Estou, por quê? Tem algum problema?

Como Valéria e Isabel permanecessem paradas, Edilene estendeu seus dedos finos e apertou os braços de ambas. Em seguida, começou a conduzi-las na direção da porta.

— Ei, solte os nossos braços — Valéria se sacudia, mas os dedos da mulher pareciam garras de aço. — Nós sabemos onde é a porta e vamos embora sozinhas.

Mas Edilene nem ligou. Abriu a porta rapidamente e empurrou as duas pelas costas. Valéria tropeçou, perdeu o equilíbrio e por pouco não foi ao chão. Ainda tiveram tempo de ver Edilene limpando as mãos, como se tivesse tocado em algo sujo e nojento. Por fim, a porta bateu com estrondo por trás delas.

— Expulsas por uma negrinha de subúrbio? — Valéria não conseguia acreditar. — E ela ainda limpou as mãos depois de nos tocar?

— Ela quase descolou minha carne do osso — Isabel desligou o alarme do carro e esfregou o braço. — O importante é que a idiota da filha tenha acreditado no que dissemos. Acho que ela vai arrumar uma desculpa para terminar com Ícaro, sem revelar a nossa visita.

— Pode ser... vamos conversar dentro do carro, antes que elas nos escutem — assim que se acomodaram e Isabel deu a partida, Valéria olhou uma última vez para a casa e repetiu: — Nós fomos expulsas à força? Nunca vou me conformar com isso.

Nenhuma delas tinha visto, sentido ou percebido a presença do espírito de uma mulher que havia acompanhado parte da cena, parado na calçada. Ela observou o carro partir e lágrimas de tristeza brotaram dos seus olhos, tão silenciosas quanto a sua presença ali.

capítulo 18

Ela se chamava Elke. Era um espírito que havia várias encarnações acompanhava os passos de Valéria no astral e principalmente no plano físico. Em algumas experiências na Terra, elas vieram como mãe e filha, irmãs ou amigas. E, por mais que tivesse aprendido com suas atitudes, a melhora de Valéria ainda era lenta e gradativa.

Abel aproximou-se de Elke, logo após tê-la visto parada sob uma árvore frondosa, na colônia espiritual em que residiam. Elke estava sempre em constante movimento e raramente Abel a via descansando, como naquele instante.

— Uma flor pelos seus pensamentos — murmurou ele, sorrindo para ela.

Ambos eram jovens e bonitos. Havia anos trabalhavam juntos no setor da enfermaria responsável por atender recém-desencarnados que haviam deixado a vestimenta física de forma violenta e inesperada, como em um acidente ou assalto. Nos intervalos, Elke e Abel aproveitavam o tempo para visitar Valéria na Terra. Ela entristecia-se quando observava as atitudes de Valéria e comentou isso com seu companheiro:

— Já aprendi que nenhuma encarnação é desperdiçada e Valéria, de algum modo, irá adquirir conhecimento e experiência, assim como nas vivências anteriores. Mas para mim é doloroso ver que ela não está procurando modificar seu comportamento, conforme ela mesma se propôs a fazer antes de reencarnar. Onde está a mulher que usaria o dinheiro a serviço dos menos favorecidos ou tentaria dar o melhor de si para mostrar aos filhos o seu amor materno?

— Elke, para que você possa ser útil, é preciso estar em paz consigo mesma. Seu nervosismo e sua ansiedade não serão pontos favoráveis para ajudar Valéria. Ela, que está sob o esquecimento momentâneo da reencarnação, sabe, intimamente, quais são os seus objetivos de vida, os mesmos que ela tentaria alcançar após voltar ao corpo de carne. Ela não diz que seu maior sonho é ver os filhos felizes?

— Ocorre que as próprias atitudes dela estão ocasionando esses resultados.

— Sim, por isso vamos nos empenhar mais para que ela pare e reflita sobre a maneira como vem afetando todos aqueles que a cercam. Nós, aqui no mundo astral, vamos fazer tudo o que estiver ao nosso alcance para ajudá-la. Mas a responsabilidade pelos seus feitos é pessoal e intransferível.

Elke ergueu a cabeça e fitou por alguns segundos as folhas verdes da árvore acima dela. Abel continuou:

— A vida é rica e cabe a nós percebermos essa fortu-

na. Ela sempre está nos dando oportunidades para que possamos reformular os nossos valores internos. Valéria, ainda apegada às ilusões dos bens materiais, crê que os seus filhos só serão felizes se seguirem os padrões rígidos e antiquados que ela lhes impõe. Isso não é verdade. A felicidade não depende de regras ou de conceitos sociais. Nós somos livres para conquistar a nossa paz interior, o nosso equilíbrio e a nossa felicidade, pois, do contrário, Deus não teria nos dado o livre-arbítrio, não acha?

— Ela não consegue perceber que quem ama dá liberdade ao ser amado.

— Exatamente. Quem se apega demais sufoca. Sabemos que é isso o que aconteceu com os filhos dela. Eles já estavam se sentindo sufocados com os desejos de Valéria e decidiram ir em busca da própria liberdade. Mesmo Michel, que foi forçado a sair de casa, muito em breve procuraria se tornar independente e se afastaria da mãe.

Após uma breve pausa Abel continuou:

— Não se entristeça com ela. Seja paciente, porque, assim como nós, Valéria ainda tem muito que aprender. A vida é a maior professora que temos e nos oferece lições maravilhosas. Às vezes ela nos coloca nos trilhos quando percebemos que não estamos dando o melhor de nós naquilo que nos cabe fazer. E nos oferece maravilhosas recompensas, pois ela é fonte inesgotável de generosidade e sabedoria. Afinal, a vida quer acabar com nossa desilusão, para que possamos receber a visita da verdade.

Elke assentiu, acalentada pelas palavras do seu companheiro. Continuariam confiantes na vida, orando e vibrando por Valéria.

———

Naquele mesmo momento Felipe estava contemplando uma fotografia tirada dias depois do seu casamento com Valéria. No retrato, ambos apareciam sorridentes e felizes, ansiando pelo futuro que viria.

Ter ouvido da boca da própria esposa que nunca fora amado por ela e seu interesse tinha sido unicamente o dinheiro dele provocou uma dor quase física no coração de Felipe. Se a tivesse flagrado na cama com outro homem, a mágoa provocada pela traição não seria tão destrutiva e profunda.

Ela tentara abortar Sidnei. Como aquilo era possível? Que espécie de pessoa Valéria era para tentar eliminar o feto de uma criança simplesmente por capricho? E, para piorar, ela rira dele, da ingenuidade dele por nunca ter percebido nada. Estava casado com um monstro e estivera cego por quase trinta anos.

"Cego e tolo", pensou. Tolo por ter prometido revelar o passado de Valéria aos amigos e manter-se calado. Tolo por ter prometido entrar com o pedido de divórcio e a revisão da partilha de bens e não fazer nada disso. Saíra de casa e levara Kennedy consigo, mas pedir o divórcio a Valéria era algo que ele simplesmente não se sentia motivado a fazer. A razão era uma só: ele ainda a amava.

Queria odiá-la, queria desprezá-la da forma como achava que ela merecia, mas não conseguia. O amor que sentia pela esposa era o mesmo de quando a conhecera na cidade em que ela residia. Mesmo achando que Valéria não era digna do amor dele, Felipe a amava profundamente.

Quando se falavam por telefone, o que era cada vez mais raro, nenhum deles tocava no assunto do divórcio nem mencionava a discussão em que Valéria fizera as confissões. Felipe sabia que ela estava aguardando um posicionamento dele, e, como ele não se manifestava, ela permanecia calada. Tinha garantido que não daria o divórcio, mas, mesmo que fosse o contrário, ele também não teria feito nada. Detestava-se por isso, mas reconhecia que não pretendia se divorciar dela. A verdade era essa.

Kennedy não estava em casa naquele momento. Havia saído com amigos, e Felipe sabia que ele tinha ido beber. Por três noites o filho chegara tão alcoolizado que o porteiro do flat em que eles estavam hospedados precisou amparar o rapaz até o quarto. Os amigos o haviam deixado lá, pois Kennedy nem se lembrava do próprio nome.

Felipe o despia e o colocava na cama do jeito que chegava da rua. Quando via o filho bêbado dormir, chorava como uma criança. Culpava Valéria por aquilo, embora não fizesse nada para reverter a situação. Era mais fácil chorar, fazendo-se de vítima e culpando a esposa, do que procurar um meio de auxiliar o filho.

Isso acontece porque é muito cômodo culpar outras pessoas por aquilo que muitas vezes pode ser solucionado por nós mesmos. Atribuir a culpa ao outro é nos isentar das nossas responsabilidades. Podemos enganar a nós mesmos, mas a vida não pode ser enganada. Se algo não está nos agradando, basta refletir sobre o que poderia ser feito para melhorar a situação. Os problemas todos já conhecem. Em vez de procurar o culpado, seria muito mais fácil tentar criar mecanismos que pudessem reverter a questão, encontrando a solução mais adequada.

Felipe achava que o fato de acusar mentalmente Valéria pelas constantes crises de embriaguez de Kennedy tirava o peso da culpa de suas costas. Porém, sendo ele pai e responsável pelo filho, seria preciso tentar ajudá-lo a se afastar do vício de alguma maneira, principalmente agora que ambos estavam longe do contato de Valéria. Mas nada estava sendo feito e Kennedy a cada dia tornava-se mais dependente do álcool.

———

Quando tornou a ouvir a campainha, Laysla estremeceu. Sabia que era Ícaro de volta, mas foi impossível não se recordar das palavras amargas e acusadoras de Valéria e Isabel. Ficara óbvio para ela que as duas foram até lá com o intuito de fazê-la sentir-se culpada, tanto pelo rompimento do noivado como pela saúde de Isabel.

Assim que elas saíram, sua primeira intenção foi telefonar para Ícaro e terminar tudo. Mas ele não merecia isso e sempre julgara infantil a atitude de alguém que rompe um relacionamento por telefone. Ela gostava de encarar as pessoas nos olhos.

Depois, achou que não podia se precipitar. Isabel e Valéria poderiam estar mentindo. Era bem típico das duas fazer isso, embora ela não as conhecesse muito bem. A aparência de Isabel estava ótima. Nem de longe lembrava alguém que estava passando por transtornos psicológicos.

Ela estava refletindo sobre isso quando abriu a porta da sala e viu Ícaro parado diante do portão. A mulher que o acompanhava era uma senhora alta e bonita. Laysla nunca a vira antes e, ao chegar mais perto, sentiu-se bem apenas por olhá-la nos olhos.

Ícaro, após beijar a namorada, apresentou:

— Esta é Teresa, a minha babá.

— Sua babá? — tornou Laysla, sorrindo.

— Ele acha que ainda é o garotinho que eu ajudei a cuidar — com sua amabilidade costumeira, Teresa envolveu Laysla num abraço carinhoso. — Estou muito feliz por conhecê-la. Gosto deste menino como se fosse um filho e desejo o melhor para ele.

Laysla assentiu e fez um gesto para que eles a acompanhassem. Lembrou-se de que Ícaro já havia mencionado a ex-babá com carinho e admiração. Certamente ela era uma pessoa muito mais humana e caridosa do que a mãe dele, mas Laysla ainda não tinha compreendido por que ele trouxera aquela senhora para que conhecesse sua mãe.

Teresa foi apresentada a Helder, que já estava em casa naquele momento. Ele explicou, sem constrangimento, que Edilene estava fechada em seu quartinho, suplicando por uma garrafa de bebida. A mãe tinha prometido quebrar os objetos da casa se um dos filhos não lhe entregasse uma garrafa de pinga.

— Ela faz essas ameaças às vezes — justificou Laysla envergonhada. — Nunca chegou a quebrar nada, porque sempre consegue voltar para casa com uma garrafa debaixo do braço. Mas desta vez está sem dinheiro e não conseguiu comprar fiado.

— Eu expliquei a situação para Teresa e ela gostaria de conversar com sua mãe. Eu a trouxe exatamente por esse motivo.

— Se a senhora não se impressiona facilmente...

— Não se preocupe — Teresa, sempre perspicaz, tinha notado que Laysla estava inquieta, encarando Ícaro discretamente, como se desejasse lhe dizer algo em particular. — Basta que me mostre onde fica o quarto de sua mãe.

— Eu levo a senhora lá — ofereceu-se Helder. — Se ela tentar agredi-la, é só me chamar.

Quando os dois se afastaram, Laysla sorriu sem vontade.

— Eu lhe disse que minha mãe não costuma receber visitas, à exceção do meu padrasto. Ela pode não receber muito bem dona Teresa.

— Teresa é uma mulher sábia. Foi ela quem me abriu os olhos sobre o meu casamento com Isabel. Depois disso, comecei a refletir e percebi... o que houve, meu amor? — Ícaro parou de falar quando percebeu a namorada tensa e agitada.

— Vamos conversar lá no portão?

Quando chegaram lá, Laysla foi direto ao assunto. Contou sobre a visita de Isabel e de Valéria e o que elas haviam dito a ela. Falou sobre os remédios que Isabel supostamente vinha tomando e que Valéria a deixou com a consciência pesada, culpando-a pelo drama que vinha afetando a vida dela e de Isabel.

— Elas não disseram com palavras, mas sei que o objetivo é nos separar. Querem que eu sinta remorso por namorar você e prejudicar Isabel.

— Isso é um absurdo! — Ícaro estava vermelho, tanto pela raiva quanto pelo calor que lhe subia à face. Não imaginava que sua mãe pudesse chegar àquele ponto. Afinal, era óbvio que a ideia tinha sido dela. Achava que Isabel não teria inteligência suficiente para armar algo daquele tipo.

— Eu gostaria de não me sentir culpada, mas é estranho. Cada vez que olho para você vejo o rosto daquela mulher se dizendo dependente de remédios...

— Não fale mais nada, por favor — nervoso, Ícaro apanhou o telefone celular e discou um número. Apoiou a mão no portão enquanto aguardava ser atendido. — Alô, Tomásia? É Ícaro que está falando. Isabel se encontra? — ele ouviu por mais uns instantes. — Eu aguardo, obrigado.

Laysla aproximou o ouvido do aparelho para poder acompanhar o telefonema. Logo a voz melodiosa de Isabel se fez ouvir.

— Oi, Ícaro. Minha mãe me disse que você queria falar comigo.

— Só estou telefonando para que você me chame de idiota.

— Como assim? Não entendi.

— Quero que você tente me enganar da mesma forma que tentou fazer com Laysla. Acha mesmo que eu caio nesse papo de que você toma remédios? Eu sabia que você era burra, mas não achei que também fosse mentirosa.

— Mas é verdade. Foi o meu psiquiatra que receitou. Eu não consigo aceitar a forma como fui abandonada por você a poucos dias do nosso casamento.

— Qual o nome do medicamento que você está tomando? — como Ícaro já imaginava, não houve uma resposta imediata. — Não sabe, não é?

— Eu esqueci, mas posso olhar...

— Chega de mentiras! Da minha mãe eu esperava tudo, mas de você não. Usar de artimanhas para tentar me reconquistar é muito baixo da sua parte. Se não consegue lidar bem com o fim do nosso noivado, isso é problema seu. O que eu não quero é você interferindo na minha vida amorosa com Laysla. Se isso tornar a acontecer, além de perder o noivo, vai perder um amigo também.

— Você está sendo injusto — por mais que Isabel tentasse, nada lhe vinha à mente para se justificar. — Vai me deixar mais doente do que já estou.

— Isso também seria um problema seu, se fosse verdade. Meu recado já está dado. Eu amo Laysla e com ela, sim, vou me casar. Hoje, vendo o que fez, percebo que agi corretamente ao repensar as minhas atitudes e me afastar de você.

Sem dar chances para Isabel retrucar, Ícaro desligou. Encarou Laysla por alguns segundos até dizer:

— Mais alguma dúvida?

Ela o envolveu com os braços e Ícaro a beijou com ternura e paixão, como se quisesse compensá-la por ter sido enganada pela mente sórdida de Valéria. Com a mãe, ele se entenderia mais tarde.

———

Isabel estava aos prantos quando desligou. Imediatamente telefonou para Valéria. Quando a outra atendeu, Isabel resumiu as palavras de Ícaro e concluiu:

— Nada deu certo, Valéria. Aquela mulher não acreditou em nós duas e ainda contou tudo para ele. Para piorar, Ícaro ainda ficou com raiva de mim.

— A sua mãe está em casa, querida?

— Você ouviu o que eu disse? Agora é certeza que Ícaro não vai querer saber de mim.

— Eu ouvi. Preciso falar com a sua mãe. O assunto tem a ver com você e Ícaro.

— Eu já estou me cansando disso, Valéria. Não sei se vale a pena ficar correndo atrás dele. Tem outros homens à disposição em nosso meio social. Para que ficar me humilhando quando posso conseguir coisa melhor?

— Não faça nada ainda. Coloque Tomásia na linha. É urgente.

Mesmo sem entender as intenções de Valéria, Isabel obedeceu. Chamou a mãe e, assim que Tomásia atendeu, Valéria comentou:

— Há algum tempo, em uma das nossas conversas, você me disse que conhecia umas pessoas capazes de fazer um tipo de serviço muito especial, está lembrada?

— Claro que sim. O serviço é caro, porém garantido e sigiloso. O que você quer fazer?

— Quero o endereço dessas pessoas. Vou contratá-las para afastar a mulatinha do subúrbio e depois dar um jeito na minha nora anciã.

Tomásia soltou uma risada escandalosa, enquanto procurava o endereço solicitado em uma agendinha. Quando Valéria tomou nota, Tomásia lembrou:

— Só tome cuidado quando for lá. Não são pessoas de confiança. Se eu fosse você, levaria alguém junto.

— Ninguém pode saber de nada. Vou sozinha. Eu sei que esse bairro fica na periferia, mas vou de táxi. Vai dar tudo certo.

— Boa sorte, Valéria.

— Obrigada. E diga a sua filha que ela ainda será mulher de Ícaro. Dou a minha palavra.

capítulo 19

Teresa entrou no quarto de Edilene logo que Helder acendeu a luz do aposento pequeno e abafado. Teresa fez um gesto com a cabeça dizendo que estava tudo bem e o menino se retirou. Edilene, que estava deitada, virou a cabeça para a visitante, tentando entender quem ela era e o que estava fazendo ali.

— Você é Edilene?

— Sim, sou eu mesma. E você? Quem é? Por que está aqui?

— Meu nome é Teresa. Seu filho me deixou entrar.

— E quem te chamou aqui? O que quer comigo?

— Podemos conversar?

Com certa dificuldade, Edilene sentou-se na cama. O quarto continuava com o mesmo mau cheiro de urina e suor azedo.

— Como você aguenta viver aqui dentro? — Teresa olhou para o teto baixo e notou a ausência de janelas. — Nem mesmo um assassino poderia ser condenado a dormir neste quadrado que vocês chamam de quarto.

— Quem é você para falar mal da minha casa?

— Não estou falando mal da casa, que é limpa e bem cuidada. O que não me agrada é saber que uma mulher pode se conformar em viver aqui neste espaço tão reduzido quando a casa me pareceu ser bastante espaçosa.

Não havia uma única gota de álcool correndo pelas veias de Edilene, por isso ela estava absolutamente atenta ao que estava sendo dito. E não estava gostando daquilo.

— Eu achei que você tivesse vindo me trazer algo bem gelado.

— Refere-se às suas bebidas?

— E o que mais poderia ser? Sorvete? — ela abriu a boca desdentada e deu uma risada.

— E por que não? Sorvete é um alimento que faz bem à saúde.

— Ora, mulher, fale logo o que quer e vá embora. Hoje já expulsei duas daqui e posso expulsar mais uma.

— Você não poderia me preparar um lanche na cozinha? Seus filhos me disseram que você cozinha muito bem — não era verdade, mas Teresa queria tirá-la daquele cômodo.

Edilene hesitou, mas como Teresa parecia ser gentil e educada, ela concordou.

— Vou tomar um banho então. Faz tempo que não vejo a cara do chuveiro — tornou a rir da própria piada.

Ela se demorou quase vinte minutos no banheiro e, quando reapareceu na cozinha, onde Teresa a aguardava, estava com a aparência um pouco melhor. Edilene estava usando um vestido de tecido grosso, escuro e calçava chinelos. Tinha prendido os cabelos alvoroçados num pequeno coque atrás da nuca. Não confessaria, mas a sensação da água morna em seu corpo lhe concedera uma maravilhosa sensação, já que fazia cinco dias que não se banhava.

— Gostei do que estou vendo — elogiou Teresa com sinceridade. — Tomar banho limpa as sujeiras do corpo. Agora é preciso limpar as mazelas da consciência.

— Eu ainda não entendi o que você quer comigo — o desejo por uma garrafa de bebida alcoólica estava ficando mais forte e Edilene se esforçava para não deixar as mãos tremerem. — Que tipo de lanche você vai querer?

— Na realidade eu aceitaria apenas um copo d'água. Enquanto isso, podemos conversar sobre você. Quem me trouxe foi o Ícaro. Ele está namorando a sua filha, não é isso?

— Laysla é um amor de menina. Helder também é — Edilene encheu um copo com água e o estendeu para Teresa. — Não merecem a mãe que têm.

— Eles merecem a mulher forte e poderosa que existe aí dentro — Teresa apontou para o peito de Edilene. — É você quem não merece continuar vivendo dessa forma.

Edilene nada respondeu. Sentou-se à mesa diante de Teresa fitando-a.

— Eu sei que no fundo você não está satisfeita com a vida que leva. E nós não somos obrigados a conviver com a insatisfação, com o sofrimento, com o desgosto e com o comodismo. É preciso buscar maneiras de mudar essa situação. Se você procurar efetuar essas mudanças, a vida lhe trará a solução.

— Sou alcoólatra. Não tenho mais jeito. Não dá para largar o vício.

— Quem disse que não? Você é dona das suas próprias vontades. O poder de recusar esse vício está em suas mãos. Nós temos o direito de escolha e fazemos isso todos os dias. Nós temos força suficiente para nos livrar de qualquer tipo de vício, principalmente quando acreditamos na ajuda espiritual. Não podemos ser escravos das drogas, dos cigarros ou das bebidas. Além de prejudicar o corpo físico, a bebida afeta também o nosso corpo astral e mental. Sei que abandonar o vício não é uma tarefa fácil, mas com força de vontade, fé, confiança em Deus e em si mesma, é possível, sim. Sem qualquer um destes recursos, infelizmente, você continuará dependente da bebida.

— Eu quero parar, mas, quando eu bebo, sinto-me bem. A bebida traz uma sensação de prazer ao meu corpo. Mesmo quando eu não quero, parece que o meu cérebro fica pedindo mais.

— Essa sensação de prazer é ilusória, porque você não nasceu com ela. O nosso corpo não precisa de produtos químicos, de nicotina ou de álcool em excesso para melhorar. Ao contrário, essas substâncias são extremamente nocivas à nossa saúde. A boa sensação a que se refere tem origem espiritual, embora você não saiba.

Teresa terminou de beber a água e pousou o copo sobre a mesa.

— Muitos ignoram ou preferem não pensar que existe um mundo invisível que interage com o nosso — ela continuou. — Nesse plano que chamamos de astral vivem os espíritos das pessoas que deixaram o corpo de carne para trás. Assim como existem aqueles instruídos e bondosos, sempre dispostos a nos ajudar, também existem aqueles que se sentem bem nas trevas, fugindo de suas responsabilidades com o bem, buscando formas de se opor às verdades divinas. E são esses espíritos que auxiliam na propagação dos vícios aqui na Terra.

Edilene sentiu um calafrio na espinha, mas nada respondeu.

— Normalmente, quando ingerimos uma bebida alcoólica, principalmente em doses exageradas, não estamos sozinhos. Ao nosso lado existe um ou vários espíritos que foram dependentes do álcool enquanto usavam o corpo físico. Eles inalam os vapores do álcool no momento em que bebemos. Assim, o mesmo prazer que sentimos com a bebida, eles também sentem. E isso faz com que eles se instalem definitivamente ao nosso lado. Passam a ditar ordens, nos influenciando a beber cada vez mais. Eles sabem que o encarnado está se autodestruindo, mas isso não é importante. Para eles, o objetivo é saciar o próprio vício, possível apenas com a ajuda daquele que ainda permanece na Terra.

Teresa falava suave e pausadamente. A voz estava levemente modificada, enquanto continuava a ser inspirada pelo espírito de Elke. Do lado astral, ela via cinco vultos escuros encostados num canto da cozinha, assustados com sua presença luminosa. Eram as mesmas criaturas embrutecidas, dependentes do álcool, que forçavam Edilene a continuar escrava do vício.

— Esses espíritos também acompanham o fumante e o usuário de drogas. Neste caso, a influência é ainda maior, pois as drogas são as substâncias que mais afetam o nosso lado psíquico. E a aproximação destes seres vai se tornando mais intensa, exigindo do encarnado um consumo cada vez maior. Eles passam a dizer o que devemos fazer, assopram em nossos ouvidos toda sorte de pensamentos que nos levam a acreditar que o vício faz bem e podemos parar no exato momento em que desejarmos, o que não é uma tarefa tão simples. Por isso você diz que o seu cérebro fica pedindo que você continue a beber.

Aquelas palavras estavam deixando Edilene apavorada, mas, ainda assim, queria continuar ouvindo. Teresa era a primeira pessoa que lhe dizia claramente as causas do seu "problema" e como a cura poderia ser encontrada.

— Eu amo os meus filhos, mas sei que os envergonho. Vivo bêbada, suja e fedida. Eu nunca fui assim. Sempre cuidei de mim mesma. Trabalhava como feirante e dei duro para criar duas crianças pequenas depois que meu marido morreu. Então conheci Zacarias. Infelizmente ele só me trouxe decepções. Por causa dele acabei afogando as mágoas na bebida. Também era uma maneira de me livrar das dores que ele me causava sempre que me espancava. Eu o mandei embora de casa, mas ele vive aparecendo. Tem medo dos meus filhos, mas, se tiver chance, vai me bater outra vez.

— Se você sempre se cuidou, pode começar a fazer isso outra vez.

— Eu estou no fundo do poço — duas lágrimas deslizaram pelo rosto de Edilene.

— Então não tem como afundar ainda mais. Basta olhar para o alto, onde a luz continua brilhando, e começar a escalar até voltar à superfície. Cada dia de sofrimento é uma oportunidade perdida. Você acha que estamos aqui para sofrer? Acha mesmo que Deus seria tão cruel a ponto de nos deixar tristes e destruídos apenas por diversão ou castigo?

— Eu estou sendo punida. É bem feito para mim.

— Deus não pune, não castiga, não condena. Ele é amor e, sendo assim, deseja o melhor para nós. E o melhor é estarmos felizes. Não é isso que todo pai deseja para os seus filhos?

Teresa apanhou o copo de vidro que Edilene lhe servira e o girou por entre os dedos.

— O que você acha que vai acontecer se eu deixar este copo cair no chão?

— Vai se quebrar e encher a cozinha de cacos.

— Exatamente. Além de fazer sujeira, uma de nós poderá se cortar. E um copo quebrado não pode ser consertado, assim ele deixa de ser útil. Imagine que você seja esse copo, Edilene. Você não pode se deixar quebrar. Não permita que sua vida se transforme em cacos, para não ferir aqueles que a amam ou a si mesma. Ao contrário do copo, nós sempre temos chances de reparação, mas às vezes o processo é longo e demorado. Por isso, deixe de se fazer de vítima, acreditando que está sendo punida por ter se envolvido com esse homem. É mais confortável nos fazermos de coitadinhos do que buscar a transformação. O comodismo nos deixa empacados no mesmo lugar, atrapalhando nossas chances de progresso e felicidade, retardando a conquista da paz.

— Quando a vontade de beber apertar, o que devo fazer?

— Pode começar orando. E tente mudar seu modo de vida. Em vez de ficar fechada dentro daquele quarto escuro, mude-se para um aposento mais ventilado, onde você veja o nascer do sol e sinta a brisa da manhã tocando seu rosto. Lembre-se de que você tem dois filhos que a amam e torcem em silêncio pela sua recuperação. Você os criou sozinha, lutou por eles, transformou-os nas maravilhosas pessoas que são, estou certa disso. Eles a veem como uma heroína. Não faça com que eles mudem de opinião. Não permita que eles a enxerguem agora como uma mulher derrotada e reduzida à dependência do álcool. Use sua força de guerreira para vencer este vício e reconquistar a alegria de viver.

Edilene chorava abertamente, emocionada com aquelas palavras. Teresa segurou a mão dela e apertou-a com carinho.

— Peça força para enfrentar essa batalha interna. Mentalize uma luz e procure caminhar na estrada do bem. Quando fazemos coisas boas, nos sentimos importantes. Deitada sobre uma cama, esvaziando garrafas e mais garrafas de bebidas, você não está sendo útil para ninguém. É como o copo quebrado, entende? Mas, se você procurar ajudar outras pessoas de qualquer maneira, você se sentirá importante. Quando praticamos o bem, nos sentimos vitoriosos e úteis — Teresa tornou a girar o copo, a luz incidiu no vidro e reluziu. — Então passamos a brilhar exatamente como este copo. Abasteça seu coração de energia e fé, ligue-se às energias do bem, peça amparo espiritual e a ajuda vai chegar. E os irmãos menos favorecidos que a influenciam a beber vão se afastar, pois você perderá o interesse para eles.

— Meus filhos tentaram me internar em uma clínica para me ajudar a curar, mas eu nunca colaborei.

— Se você acha que isso poderá ajudá-la, pode tentar. Toda ferramenta de auxílio é importante e indispensável. O que eu quero é vê-la bem e feliz. Como acha que seus filhos vão se sentir se você aparecer na sala assim, limpa e lúcida, sem mencionar seu vício? Eles vão ficar orgulhosos pela mãe que têm, e o amor entre vocês três vai se fortalecer ainda mais.

— Como você é bondosa — as lágrimas desciam dos olhos de Edilene, enquanto continuava de mãos dadas com Teresa. — Que Deus a abençoe por isso!

— Que Deus abençoe a todos nós e que possamos sentir essas bênçãos, percebendo como elas são positivas para nós. Só peço mais uma vez que você acorde para a riqueza da natureza que nos cerca, note o quanto a vida é bela. Ela trabalha incansavelmente pelo nosso melhor, sempre arrumando uma maneira de modificarmos o nosso comportamento interno e externo.

— Ouvindo você falar, fiquei até mais animada — Edilene sorriu, mas tampou a boca com a mão. — Deu até vontade de cuidar da minha aparência, arrumar os meus dentes...

— Quando promovemos a melhora interior, mudamos por fora também. Você é uma mulher bonita. Estar malcuidada não significa ser feia. Como eu disse, nós nascemos para ser felizes. Traga à tona as suas capacidades e os seus potenciais. Procure desenvolver a sua consciência para coisas salutares e benéficas. Desenvolva as coisas boas que há dentro de você. A essência divina está dentro de nós, portanto, nós somos ricos. Abra o baú do tesouro e usufrua dessa riqueza.

Edilene assentia com a cabeça, enquanto repetia os agradecimentos, sem saber que Elke estava postada atrás dela, com as mãos estendidas sobre sua cabeça, transmitindo-lhe energias coloridas que lhe davam grande bem-estar. Os espíritos viciados no álcool, incomodados com a restauração das energias, haviam desaparecido. Por fim, Teresa levantou-se e ela fez o mesmo.

— Você já vai?

— Vou na hora em que Ícaro for — sorriu Teresa.

— Eu fui rude quando você entrou no meu quarto. Não sabia que você se tornaria a minha melhor... e única amiga.

— Sempre que quiser falar comigo, basta pedir para Ícaro me chamar. E eu fico muito honrada em ser a sua melhor amiga. Mas agora que você mudará sua forma de agir, com certeza fará muitas outras amizades.

As duas caminharam até a sala. Viram Helder jogando um jogo no celular e Ícaro e Laysla trocando carícias no sofá. Edilene esboçou um sorriso e cumprimentou em voz baixa:

— Oi.

— Nossa! — Ícaro brincou. — Laysla, quem é essa gata? Alguma irmã mais velha?

— Mãe, o que você fez? — perguntou Helder, olhando de Edilene para Teresa.

— Apenas tomei um banho, troquei de roupa e me penteei.

— E a partir de hoje ela vai dormir em outro lugar — ajuntou Teresa. — Edilene conseguiu perceber que não merece passar dias e noites trancada em um quartinho.

— Eu quero que vocês me ajudem — ela disse aos filhos. — Vou precisar de toda a ajuda possível porque, após uma longa conversa que Teresa e eu tivemos, percebi que estou afastando a felicidade de mim mesma. Acho que não vou conseguir largar a bebida de uma vez, de repente, mas quero ir tentando aos poucos. Estou disposta a ir para uma clínica de recuperação. Quero mostrar para vocês que eu ainda sou aquela mãe que vocês amaram um dia.

— E que ainda amamos — completou Laysla, emocionada. Saltou do sofá e abraçou Edilene com força.

Helder juntou-se ao abraço e os três choraram juntos. Ícaro lançou um olhar de agradecimento para Teresa e acompanhou a cena emocionante de união entre mãe e filhos.

———

Desde que tinha se casado com Samara, Sidnei se mudara para o apartamento dela. Quando a notícia se espalhou, ele recebeu críticas dos amigos e conhecidos. Todos achavam estranho ver um rapaz de vinte anos casado com uma mulher de cinquenta e três. Diziam que Sidnei nunca seria pai, a não ser que adotassem uma criança. Acrescentavam que a idade de Samara a impedia de fazer muitas coisas que uma mulher jovem faria, mas nada o abalava. A paixão que ele sentia por ela beirava a idolatria.

Ela também o amava. Disso estava certa. Sentia-se culpada por ter causado tamanho desentendimento entre ele e Valéria, mas Sidnei a tranquilizava, dizendo que estava tudo bem. Mas para Samara não estava. Era como se tivesse tirado um homem de outra mulher. Ela nunca tivera filhos, mas não ficaria satisfeita se um deles se afastasse dela da mesma maneira que Sidnei fizera com a mãe dele. E só concordara com a ideia de se casar às escondidas porque Sidnei e o próprio Felipe haviam insistido nisso.

Naquela manhã de segunda-feira, assim que saiu de casa, ela telefonou para a empresa em que trabalhava, alegou indisposição e disse que não iria trabalhar. Então, em vez de seguir para o serviço, tomou um táxi e se dirigiu para a casa em que Sidnei morou com a família. Não era nada bom lembrar-se da ocasião em que lá estivera e fora humilhada por Valéria e suas amigas. Mas algo a inquietava e sabia que só ficaria aliviada quando conversasse com Valéria e explicasse para ela que seu amor por Sidnei era honesto e verdadeiro.

Ela foi recebida pelos empregados da casa, que pediram que ela aguardasse na sala de estar, tão grande quanto um salão de baile. Sentada no elegante estofado, logo ouviu os ruídos provocados pelos saltos de Valéria, que entrou na sala com sua distinta pose de madame. Contemplou Samara por alguns segundos e virou-se para a empregada, que estava perguntando se deveria trazer algum tipo de bebida.

— Você quer trazer uma bebida? — Valéria falava alto, pois sua intenção era ser claramente ouvida por Samara. — Misture água com veneno de rato e sirva para ela. Se sobrar, você bebe o restante. Agora saia da minha frente.

— A senhora quer algo para comer?

— Isso não é uma convenção social, imbecil! Eu mandei sair da minha frente. Será que ficou surda ou é apenas retardada?

A criada, com o rosto pálido, afastou-se rapidamente na direção da cozinha, onde caiu em pranto assim que se juntou às colegas de trabalho.

— Você sempre trata as suas empregadas assim? — indagou Samara, assustada com tanta grosseria e falta de educação.

— Ah, é você quem está aí? Eu sempre me confundo quando a vejo. É que olhando de longe você parece ser mais nova.

Samara disfarçou a ofensa com um pigarrear discreto.

— Valéria, agradeço por você ter me recebido. Na verdade estou aqui para falar sobre Sidnei e eu e a forma como nos casamos, que, sinceramente, não me agradou.

— Você se casou com um Falcão. Meu filho é lindo e rico. Não me venha com melindres. Sua vida mudou agora, não?

— Não. Continuo vivendo a mesma vida de antes. Mesmo que você deserde Sidnei, isso não vai me importar. Eu o amo e isso é tudo o que importa.

Valéria continuava observando a outra mulher. Permanecia de pé, olhando Samara de cima para baixo.

— Nós sabíamos que você não iria concordar com o nosso casamento, mas ainda assim a ideia de se casar às escondidas foi dele. Eu não queria aceitar, mas não tive outra opção. Sei que foi uma traição da nossa parte, por isso estou aqui. Quero pedir desculpas em nosso nome.

— Ele não quis vir?

— Ele não sabe que estou aqui. Acha que fui trabalhar. Se não podemos nos tornar amigas, espero pelo menos que não haja rancor entre nós. Não quero ser odiada por você nem ficar com a impressão de que roubei seu filho.

Valéria revirou os olhos, numa clássica atitude sua quando algo a aborrecia.

— Saia da minha casa. Nós não vamos ser amigas nunca e eu não vou perdoá-la por ter aparecido na vida do meu filho. Não aceito a ideia de vê-lo casado com uma velha como você. Não vou interferir em suas vidas, mas quero que esqueçam que eu existo, assim como eu esqueço que tive um filho chamado Sidnei. Não quero que voltem a minha casa, nenhum dos dois.

— Por que você tem que ser tão dura, Valéria? Por que não facilita as coisas para todos nós? Por que prefere odiar quando amar é muito mais fácil?

— Você está parecendo a minha governanta falando assim. Não estou com a menor disposição para aturá-la. Além disso, tenho um compromisso e estava de saída quando me avisaram da sua chegada.

Percebendo que perdera a viagem, Samara se ergueu, aproximou-se de Valéria e estendeu-lhe a mão. Como o gesto foi ignorado, ela recolheu o braço, sem graça.

— Para uma mulher da sua idade você é muito ingênua, querida — sorrindo, Valéria indicou a porta. — Acha mesmo que eu iria querer tocá-la? Não encosto em pessoas inferiores a mim. Para mim, os pobres são seres tão repugnantes quanto baratas. A única forma de nos livrarmos de vocês é pisando — ela movimentou um dos pés, pressionando-o contra o chão.

— E ter dinheiro a faz feliz, não é? — Samara caminhou em direção à porta, mas voltou-se e acrescentou: — Estou vendo em seu rosto que você vive em plena felicidade e contentamento. A sua expressão mostra o quanto é feliz — e dizendo isso se foi.

Valéria fingiu não ligar para o comentário irônico porque tinha coisas mais importantes com que se preocupar. Talvez não fosse feliz agora, mas ainda seria. As coisas aconteceriam exatamente da maneira como ela desejava. E ela mostraria aos outros que era uma vencedora.

capítulo 20

Fora durante uma animada conversa, ocorrida havia pouco mais de um mês, que Tomásia deixara escapar que conhecia algumas pessoas que faziam um tipo de trabalho que afastava qualquer outra do caminho de alguém. A princípio, Valéria pensou que fosse algo relacionado a trabalho espiritual, o que a deixaria apavorada, mas Tomásia riu e explicou:

— Não tem nada de espiritual. É um trabalho físico mesmo. Trata-se de dois irmãos. São malandros que moram na periferia, mas, por uma boa grana, podem dar um jeito em qualquer pessoa. Tudo isso de forma anônima e discreta. Você paga bem, explica o que quer, eles cumprem sua parte e as coisas ficam em paz novamente.

— Por acaso alguma vez você precisou dos serviços deles, Tomásia? — inquiriu Valéria em tom de brincadeira.

Tomásia soltou uma gargalhada que parecia o cacarejar de uma galinha. Apoiando as mãos na barriga tão redonda quanto a de uma mulher grávida, ela comentou:

— Você se lembra daquela vez que a secretária do Ênio andou atrás dele?

Ênio era o marido dela e pai de Isabel. Valéria se lembrava do caso, em que a tal secretária se insinuara a Ênio, o que quase o levou a trair Tomásia.

— Sim, lembro. Foi aquela que abandonou o emprego de uma hora para outra?

Tomásia deu outra gargalhada, que fez suas gorduras tremelicarem.

— Eu contratei esses homens para fazer um pequeno serviço. Eles deram um chá de sumiço naquela ordinária, ladra de maridos. Por isso, ela não retornou ao emprego.

— Meu Deus! — Valéria se assustou de verdade. — E se eles a mataram?

— É o que deve ter acontecido, mas, para falar a verdade, eu nunca quis saber. Só paguei para que eles se livrassem dela da melhor maneira que pudessem, pois eu não queria que ela continuasse dando em cima do Ênio. O trabalho foi feito, a mulher sumiu e Ênio continuou me adorando, como sua única e querida mulher.

— E como você descobriu essas pessoas?

— Indicação de uma amiga. Embora o preço seja bem alto, vale a pena. Eles tiram qualquer pedra do nosso caminho.

Isso era tudo do que Valéria precisava. Primeiro daria um jeito em Laysla; depois faria Samara sumir do mapa também. E, se Felipe voltasse com a ideia de divórcio, ela não hesitaria em afastar o marido também. Pelo menos, teria certeza de que todo o dinheiro da família Falcão seria seu.

Logo depois que Samara partiu, ela vestiu um elegante e caríssimo vestido sueco cor de pêssego, calçou sandálias com saltos da altura de arranha-céus, prendeu os cachos loiros num coque e borrifou um perfume francês no pescoço e atrás das orelhas. Tomásia lhe recomendara que não usasse nenhum tipo de joia ou adorno quando fosse procurar os marginais, mas Valéria não saía de casa sem ter ouro cintilando em seus pulsos. Além disso, com a quantia que levava na bolsa, eles não se preocupariam em tentar roubá-la. Não eram ladrões, afinal.

A temperatura estava levemente alta para o mês de julho. Como queria evitar ter o carro roubado, Valéria optou por ir de táxi. Sabia que aquele bairro da periferia de Belo Horizonte ficava a quase uma hora de sua casa. Jamais pisara naquela região, mas agora era uma necessidade.

A felicidade dos seus filhos dependia disso. Valéria, em sua ignorância, continuava pensando que ela era a única pessoa que sabia o que era melhor para seus meninos e eles deveriam obedecer-lhe cegamente. Seriam felizes então, pensava ela, e seu sonho estaria realizado.

Ela se acomodou no banco de trás do táxi que havia chamado pelo celular. Não queria que seu motorista soubesse aonde ela iria. Tudo tinha que acontecer da forma mais anônima possível.

— A senhora tem algum conhecido nesse lugar? — perguntou o motorista. Não era normal transportar uma mulher tão chique como aquela, que saíra de uma imponente mansão, para uma comunidade situada em um morro, na região nordeste da cidade.

— A sua função é me levar até lá. Não estou pagando para que me faça perguntas.

— Desculpe, mas é que esse bairro é realmente perigoso. A senhora não viu o índice de mortes lá no ano passado?

Valéria estremeceu, mas disfarçou, fingindo uma valentia que estava longe de sentir.

— Não perco meu tempo assistindo a jornais. Só mostram tragédias e elas não me atingem.

O taxista se calou. Já levara em seu carro várias passageiras de classe alta, mas nenhuma fora tão mal-educada como aquela loira. Algumas até se mostravam simpáticas e atenciosas.

Em certo momento do trajeto, ele olhou Valéria pelo retrovisor. Ela acompanhava a paisagem do lado de fora, que começava a se transformar drasticamente. As residências iam se tornando menores e mais grudadas umas nas outras e não havia grandes edifícios ali.

— Tem feito um tempo gostoso, não? — insistiu ele, tentando ser gentil. Era costume seu puxar assunto com os passageiros e até fizera algumas amizades assim. — Eu adoro o calor.

— Eu também. Mas quando esquenta vou para o exterior. Amo a Austrália no verão. Alguma vez você já viajou para lá? — ela perguntou, ironicamente.

— Não nem tenho vontade. Nosso Brasil é rico em belezas naturais. Veja o Nordeste, por exemplo. Existem praias lindas por lá.

— Que boba eu sou! Como você poderia ir para a Austrália se nem sequer tem condições de trocar de carro? Agora que eu estou reparando que não é um veículo importado.

— É um bom carro! — resumiu o motorista, começando a se encher com aquela criatura metida e arrogante. Seu carro era sua ferramenta de trabalho e odiava quando falavam mal dele.

— Para você deve ser mesmo. Nem três destes pagam o preço do meu. Eu só não vim nele para não chamar a atenção dos bandidos. Deve haver muitos por esses lados.

— Mas a senhora usando todas essas joias nos pulsos e no pescoço chamará ainda mais a atenção.

— Não estou pedindo sua opinião. Dirija em silêncio, sim? Se você calar essa sua boquinha, lhe darei uma gorjeta que vai garantir o almoço de sua família no domingo.

Se não precisasse do dinheiro da corrida, ele teria feito aquela insuportável figura descer ali mesmo, no meio do caminho. Porém, como qualquer pessoa, ele tinha contas para pagar e não podia se dar ao luxo de recusar um passageiro, principalmente quando se tratava de trajetos mais longos.

Quando o carro embicou na subida do morro, os olhos de Valéria tornaram-se maiores. Tomásia lhe dissera para não ir sozinha e ela estava começando a se arrepender de ter ido desacompanhada. As casas não eram bonitas e as pessoas que via nas calçadas vestiam-se de forma simples e modesta, o que a deixava quase enojada.

Finalmente o taxista parou o carro diante de uma casa de muro baixo. As telhas pareciam prestes a desabar. Havia um gato preto empoleirado em cima do muro, que dormia tranquilamente. Em redor, o silêncio predominava.

— É aqui! — informou o motorista.

Valéria permaneceu em silêncio por alguns segundos, mas finalmente tomou coragem para descer. Não podia desistir de tudo agora.

— Quero que me aguarde aqui — ela ordenou. — Vai me levar de volta para casa.

— Tudo bem. Mas será que a senhora poderia me pagar esta corrida agora? É que o meu taxímetro está com um pequeno defeito e às vezes ele zera o registro dos valores.

— Isso é um truque que vocês usam para enganar os passageiros. Eu pago agora. Nunca devi nada para pobre — rindo maliciosamente, ela conferiu o valor, abriu a bolsa e jogou duas cédulas de cem reais sobre o freio de mão. — Fique com o troco. Sua família agradece.

— Obrigado. Vou ficar exatamente aqui.

— E o que está esperando para dar a volta e abrir a porta para mim? Não acha que eu mesma farei isso, não é?

Contendo a impaciência, ele saiu do carro, contornou a frente do veículo e abriu a porta para Valéria. Ela passou por ele sem agradecer e postou-se diante do portão de ferro que estava tão mole que poderia ser derrubado por uma criança recém-nascida.

Não viu campainha, por isso chamou e bateu palmas. O gato preto acordou, olhou para ela com olhos semicerrados e tornou a dormir. Ela chamou novamente até que a porta de madeira carcomida da casa foi aberta e um homem usando apenas calças jeans apareceu.

— Quem é a senhora? O que quer aqui?

— Vim falar com Edmundo e Manoel. Eles estão aí? Uma amiga me deu este endereço.

— Eu sou Edmundo — ele veio até o portão bambo e o abriu para Valéria passar.

Ela lançou um último olhar para o táxi e seguiu Edmundo para dentro da pequena casinha. Assim que desapareceu de vista, o taxista virou a chave na ignição, resmungando:

— Essa estúpida acha mesmo que vou esperá-la aqui para ser humilhado outra vez durante o caminho de volta? Ela que se dane! Quem mandou pagar a corrida?

Despreocupado, ele acelerou e logo seu automóvel sumiu morro abaixo.

Do lado de dentro, Valéria olhava assustada para o ambiente. Não havia estante, nem televisão, nem sofás. No que poderia ser a sala, havia apenas duas mesas e três cadeiras. O chão estava repleto de latas de cerveja e maços de cigarro vazios. O cheiro que predominava era azedo, irritante e vários mosquitos dançavam no ar bem diante dos seus olhos.

Logo outro homem saiu por uma porta. Este era mais encorpado. Vestia somente uma cueca frouxa e ligeiramente manchada. Ambos eram pardos e mal-encarados. Sem as barbas, talvez aparentassem menos de quarenta anos.

— Quem me indicou foi Tomásia — ela começou a dizer com a voz trêmula. Queria acabar logo com aquilo. — Acho que ela requisitou seus serviços há algum tempo.

— Nomes não nos interessam — murmurou o de cueca, que provavelmente seria Manoel. — Diga logo o que quer da gente.

— Tem duas pessoas que estão me incomodando. Quero saber quanto vocês cobram e quanto tempo demoram para que eu não precise mais me preocupar com elas.

Edmundo tirou uma carteira de cigarros do bolso e ofereceu um para Valéria, que balançou a cabeça negativamente. Ela contrastava de tal forma com aquele ambiente que era como ver um chá de cozinha acontecendo em um cemitério.

Ele acendeu o cigarro e assoprou a fumaça azulada para o alto. Finalmente respondeu:

— Não deve contar a ninguém sobre nós, está entendendo? Não queremos complicações com os tiras, *morou*?

— Sim, eu sei. Ninguém sabe que estou aqui. Vou dar os nomes das mulheres, embora eu só tenha o endereço de uma delas. Assim que eu descobrir o endereço da outra, volto aqui. Pode ser?

— Vinte mil reais por cabeça — decretou Manoel, sem se preocupar por estar de roupas íntimas diante de Valéria.

Ela já fora prevenida de que eles cobrariam caro, mas Tomásia garantira que o trabalho era bem-feito. Assentindo com a cabeça, ela abriu a bolsa, apanhou dois volumes gordos de dinheiro, contou e colocou a quantia solicitada nas mãos peludas de Edmundo. Ele jogou o cigarro no chão, pisou por cima, contou e recontou o dinheiro, enquanto seus olhos brilhavam de cobiça.

— Geralmente as pessoas choram e pechincham.

— Eu não preciso disso. Agora, anotem o endereço e o nome dela.

Manoel apanhou uma caneta e uma folha de papel. Valéria deu o nome de Laysla, o endereço da casa dela e o endereço do trabalho. Forneceu ainda uma detalhada descrição de como ela era fisicamente. Quando Manoel avisou que as informações eram suficientes, ela perguntou:

— Em quanto tempo vocês darão um jeito nela?

— Ainda nesta semana — prometeu Edmundo, olhando para o dinheiro em suas mãos.

— Desculpe a pergunta, mas o que vão fazer com ela?

— Tá com dó, madame?

— Não, não estou. É só uma curiosidade. Eu queria saber o que vocês fazem para as pessoas desaparecerem — Valéria estava certa de que eles eram assassinos, mas poderiam fazer coisas muito piores antes de matar e dar fim nos corpos.

— A senhora paga, nós obedecemos. Mas ninguém faz perguntas aqui — redarguiu Manoel.

Ela tornou a assentir. Pelo jeito aquilo era tudo. Edmundo a acompanhou até o portão e, assim que ela saiu, ele fechou o trinco, deu as costas e voltou para dentro da casa.

Valéria respirou aliviada, mas logo entrou em pânico ao reparar que o táxi não estava mais ali. Foi até a esquina e olhou para todos os lados, mas não viu nenhum carro parado. O safado tinha ido embora, deixando-a na mão. Como faria para sair dali agora?

Sua primeira ideia foi voltar para a casa de Edmundo e Manoel e pedir ajuda a eles, mas desistiu. Eles eram sinistros e assustadores. Quanto menos contato tivesse com eles, seria melhor. Assim, sem rumo, ela foi andando por uma rua, vasculhando a bolsa à procura do celular.

Telefonaria para o mesmo ponto de táxi de onde mandaram aquele calhorda. Quando pegou o aparelho, parou para discar. O calor estava aumentando e o sol queimava sua nuca e seu rosto.

O homem pareceu ter surgido do nada. Simplesmente se materializou na frente dela. Valéria pulou com o susto que levou. Ele não estava malvestido, mas seus olhos foram o que mais a apavoraram. Havia tanta frieza neles que Valéria desejou sair correndo.

— Olá, dondoca. Aposto que é nova aqui no pedaço.

— Eu estou em uma ligação — ela respondeu, olhando para todos os lados em busca de alguém para pedir ajuda, mas notou que estava sozinha com aquele homem.

— Agora não está mais — rápido como uma cobra dando o bote, ele esticou a mão e arrebatou o telefone das mãos de Valéria. Analisou o aparelho e sorriu: — Puxa, esse celular vale uma boa grana, hein?

— Devolve o meu telefone ou vou chamar a polícia.

— Ah, é? Então chame. Vamos, grite por socorro.

Ele sorriu. Aquele sorriso deixou Valéria congelada, apesar do calor.

— Reparando melhor, gostei desses colares brilhantes em seu pescoço, coroa.

— Coroa? — por instinto, ela cobriu os colares de ouro e esmeraldas com ambas as mãos.

— Manda eles para cá.

Valéria balançou a cabeça negativamente. Isso fez o sorriso dele sumir. Sem perder tempo, ele agarrou Valéria pelo braço e começou a conduzi-la ladeira acima. Ela o acompanhava sem saber se deveria reagir. Havia um buraco em um muro e ele obrigou Valéria a entrar ali.

Ela saiu num pequeno terreno baldio, em que o mato era tão alto que lhe tocava a cintura. O medo tomou conta dela e fez seu coração martelar dentro do peito. E se aquele homem tentasse abusar dela naquele matagal? Certamente não seria ouvida por ninguém.

— Vai passando tudo de valor que você tem, velhaca. Já vi que você tem jeito de riquinha, então suas coisas devem ser originais.

— Eu quero ir embora, por favor.

Da mesma forma que fez para tomar o celular dela, o sujeito deu um puxão nos colares e os desprendeu do pescoço de Valéria com violência. Aquilo machucou a nuca dela, e ela não pôde conter um gemido de dor.

— Passa os brincos também. Anda logo, velhota.

— Você está me assaltando? — ela perguntou o óbvio. Não sabia se indignava-se mais por estar perdendo aquelas peças valiosíssimas ou por ser chamada de velha a cada instante.

— Digamos que estamos brincando de esconde-esconde. A diferença é que eu escondo e você nunca mais acha — ele soltou uma gargalhada macabra.

Cada vez mais trêmula, Valéria tirou os brincos. Em seguida, ele exigiu as pulseiras, o bracelete e os sapatos que ela usava.

— Os sapatos, não. O táxi que me trouxe me abandonou aqui. Como eu vou embora?

— Quer uma vassoura emprestada? — ele tornou a rir.

Foi então que Valéria reparou que ele não lhe mostrara nenhuma arma. Provavelmente ele estaria usando apenas o tom de voz dele para intimidá-la. Apesar de jovem, ele era magro e franzino. Talvez Valéria conseguisse se dar bem se tentasse avançar sobre ele.

Foi o que Valéria fez, para arrepender-se segundos depois. Ela tentou cravar as unhas nos olhos dele, mas o assaltante a segurou pelos punhos empurrando-a para trás. Em seguida, deu-lhe uma bofetada tão violenta no rosto, que Valéria tropeçou no mato alto e foi ao chão.

Rapidamente ele se abaixou e arrancou os sapatos dela. Enquanto ela se debatia, mal conseguindo enxergar o que estava acontecendo, já que o mato lhe encobria parte da visão, ele tirou-lhe as pulseiras e o bracelete. Por fim, para completar, apanhou a bolsa. Olhou ainda uma vez para Valéria, que esperneava no meio do mato, e saiu correndo. Já sabia para quem venderia todas aquelas coisas e com o dinheiro compraria várias pedras de crack.

Valéria chorava quando ficou de pé. O rosto estava ardendo e as costas latejavam, já que ela caíra com força no chão. Com dificuldade, saiu do terreno baldio e voltou à calçada, mas naturalmente não havia nem sinal do homem. Completamente perdida, ela encostou-se no muro e deu livre curso às lágrimas.

Sem dinheiro, sem documentos, sem celular... e sem sapatos. Como faria para ir embora? Mal sabia onde estava. Precisava avisar alguém, chamar a polícia. Mas aquele lugar era tão deserto quanto uma cidade fantasma. Ela arriscou alguns passos pela calçada quebrada, mas logo o calor começou a queimar as solas dos seus pés. Procurou desesperadamente um orelhão, mas não viu nenhum.

Finalmente, ao dobrar uma esquina, avistou um bar aberto e viu alguns homens parados na porta. Manquitolando, Valéria foi até lá. Se continuasse pisando naquele asfalto quente, perderia as solas dos pés.

Um homem de meia-idade ficou encarando a mulher loira, descalça e torta que se aproximava o mais rápido que podia. Ele foi ao encontro dela, perguntando:

— Está tudo bem com a senhora?

— Como pode estar tudo bem comigo, idiota! Não vê que fui assaltada? Até meus sapatos aquele infeliz levou.

— O que aconteceu, tiazinha? — quis saber outro homem, aproximando-se.

— Se eu não estivesse nestas condições, diria quem é a tiazinha! — furiosa, Valéria olhou para os dois homens e ergueu uma mão. — Por que estão me olhando aí parados quando já deveriam estar chamando a polícia para me socorrer?

— Rodolfo, quando ela aprender o que é educação, a gente conversa — murmurou o segundo homem, voltando para o interior do bar.

O outro também já dava as costas quando Valéria chamou:

— Por favor, moço. Eu estou nervosa, compreenda — embora detestasse fazer isso, ela completou: — Desculpe!

— Ah, assim está melhor.

— Preciso que alguém me chame um táxi. Não vi nenhum passando por aqui.

— E nem vai ver. Aqui ninguém tem dinheiro para pagar táxis. Se quiser voltar para sua casa, que deve ser longe daqui, vai precisar pegar o ônibus lá embaixo, no começo do morro.

— Você espera mesmo que eu entre em um ônibus? É melhor me deixar usar seu telefone. Vou ligar para a minha governanta vir me buscar.

— Não tenho telefone, nem celular. Ou a senhora vai de ônibus, ou procura um telefone público. Tem poucos por aqui, aliás.

— Este lugar é o inferno! — praguejando, ela arriscou alguns passos, vacilou e por pouco não caiu outra vez. — Mas eu vou sobreviver. Vamos, me diga: onde passam esses ônibus malditos?

———

Valéria precisou descer quase quatro quarteirões a pé até chegar à avenida principal, por onde passavam as conduções que se dirigiam ao centro e à zona sul da cidade. A má fama do bairro afastava os taxistas, portanto, sua única saída seria tomar um coletivo. As solas dos pés sangravam, a nuca ardia, o rosto estava vermelho e suado e a boca tão seca como se tivesse caminhado pelo deserto.

Nunca vivenciara experiência semelhante. Jamais passara por uma humilhação daquele porte. O que suas amigas da alta sociedade diriam se vissem Valéria Falcão descalça, aguardando por um ônibus sob um sol quente que em nada lembrava o inverno? Certamente seria ridicularizada.

Com algumas informações, ela descobriu que ônibus passaria em seu bairro. Precisou aguardar pelo terceiro motorista, que autorizou que ela viajasse de graça. Era revoltante ter que se rebaixar pedindo carona porque não tinha um mísero real. Foi de pé, agarrada nos ferros, sacolejando de um lado para outro. Ela chorava de raiva.

Um passageiro sentado reparou que ela estava chorando e ofereceu seu lugar. Valéria apenas balançou a cabeça e sentou-se. Massageou as pernas e os pés doloridos, evitando proximidade com a mulher que se sentava à janela. Só queria que aquele pesadelo acabasse o mais depressa possível.

capítulo 21

Valéria decidiu passar pela residência de Tomásia, tanto por estar mais perto, quanto para se ver livre daquele ônibus malcheiroso e das pessoas que a fitavam como se ela fosse uma pobre coitada.

Ela entrou na sala de estar da amiga com as pernas bambas. Os cabelos estavam caídos pelo rosto e grudados na pele devido ao suor. As mãos tremiam violentamente e os olhos pareciam mortiços.

— Valéria, mas o que é isso? — assustou-se Tomásia ao ver a outra descalça e toda desalinhada. — Você está tremendo! Parece que está num pelotão de fuzilamento.

Quando conseguiu se acalmar e após beber em grandes goles a água que uma criada servira, Valéria narrou os detalhes do que tinha acontecido. Falou que entrara em contato com os marginais, fechara o serviço com eles, mas em seguida, como se fosse um castigo, tinha sido assaltada e agredida, física e verbalmente.

— Só faltou aquele ladrão desgraçado levar o meu vestido — finalizou.

Tomásia apertou os lábios para segurar a vontade de rir. Teria doado metade do seu guarda-roupa somente para ter assistido àquela cena. Ver Valéria caída num matagal e andando descalça nas calçadas deveria ter sido bem divertido.

— Tome um banho aqui e coloque uma das roupas de Isabel — ofereceu Tomásia. — Acho que servem em você. Os sapatos dela também devem caber nos seus pés.

Valéria fez que sim com a cabeça e foi seguindo Tomásia em direção ao banheiro, que, ainda com vontade de rir, perguntou:

— Quer dizer que você andou de ônibus pela primeira vez? Conte-me o que você sentiu.

———

Michel sorriu ao ler o e-mail que sua professora lhe enviara. Ela aprovara os esboços do projeto de coleção de roupas infantis que ele havia feito. Outros projetos seus já haviam sido aprovados antes. Os professores da faculdade diziam que o curso de Moda havia caído como uma luva para ele.

Nas últimas semanas ele vinha se empenhando tanto em concluir aqueles esboços que não lhe sobrara muito tempo para pensar nos outros. Saía do apartamento em que morava diretamente para a universidade e de lá retornava sempre para casa. Mas, graças à correria do curso, não achava sua rotina repetitiva ou monótona.

O único com quem dividia seus planos e sonhos era Isaac.

Ambos estudavam no período da manhã e, quando chegavam de volta ao apartamento, colocavam as novidades em dia. A relação entre eles havia se fortalecido desde que passaram a residir juntos. Agora, não eram simplesmente duas pessoas que se amavam ou meros amantes para diversão e sexo. Eram companheiros, parceiros, amigos e formavam uma "equipe de dois", como Isaac gostava de dizer.

Às vezes Felipe vinha visitá-los aos domingos e trazia Kennedy a tiracolo. Na primeira vez que isso aconteceu, Kennedy olhou com estranheza para Isaac e Michel, mas o nível de álcool em seu sangue estava alto demais para perceber que havia mais do que simples amizade entre os dois rapazes. Felipe explicou a Michel em outra ocasião que ver um filho beber até cair era muito mais vergonhoso do que expor aos amigos que tinha um filho homossexual.

Aquele comentário deixou Michel deveras emocionado. Ele abraçou Felipe com amor e gratidão e Isaac fez o mesmo. Nada deixaria Michel mais feliz do que se a mãe também fosse compreensiva como o pai. Ele sempre tentara agir de acordo com os desejos dela, até que não pudera mais se conter e decidira caminhar com as próprias pernas. Começou com o curso, já que desejava ser estilista. Mas o fato de ser flagrado na cama com outro rapaz abriu um abismo gigantesco entre ele e Valéria.

Michel não sabia quem tinha contado aos outros irmãos sobre sua condição sexual — talvez tivesse sido Felipe —, mas recebeu uma ligação de Sidnei, que desejou felicidades a ele e a Isaac, garantindo que a amizade entre eles continuaria sendo a mesma. Já Ícaro foi pessoalmente ao apartamento deles, acompanhado de Laysla. Após as apresentações, Ícaro disse que estava satisfeito por ver Michel feliz ao lado de alguém que amava e pouco importava que fosse outro homem. O essencial era ver Michel tão apaixonado e satisfeito quanto ele estava com Laysla.

Nos fins de semana, Michel e Isaac saíam juntos. Iam a shoppings assistir aos principais filmes em cartaz, marcavam presença em peças de teatro e até mesmo em concertos. Isaac, com seu modo intelectual, gostava de visitar museus e centros históricos. Já Michel, sempre mais caseiro, preferia colocar um DVD no aparelho para assistirem a um filme juntos, no sofá, enquanto devoravam uma tigela de pipocas.

Ambos eram péssimos na cozinha e quase tudo o que tentavam cozinhar acabava queimado ou salgado demais. Assim, quase todos os dias pediam pizza, esquentavam comidas prontas ou faziam lanches rápidos. Não eram hábitos alimentares muito saudáveis, mas era tudo com que podiam contar no momento. Pensavam até em contratar uma cozinheira para pagar com as mesadas que recebiam dos pais, mas ainda não haviam encontrado uma pessoa de confiança.

No início Michel pensava muito em Valéria, mas com o decorrer das semanas deixou de pensar nela. Muitas vezes chegava a pegar no telefone, mas desistia de ligar. Apesar de não ser recíproco, ele ainda se preocupava com ela. As palavras duras e maldosas que havia ouvido da própria mãe nunca seriam esquecidas, porém poderiam ser perdoadas. Michel tinha um coração generoso o suficiente para não armazenar rancores e mágoas.

Ele fechou sua tela de e-mails e afastou-se do computador. Nesse momento, ouviu a porta se abrindo e sorriu ao ver Isaac entrar equilibrando duas caixas retangulares nas mãos.

— Seu estômago vai me agradecer, porque aposto que ainda não almoçou — Isaac colocou as caixas sobre o balcão da cozinha e Michel se aproximou. — Trouxe bolinhos de bacalhau e doces árabes. Acho que estão deliciosos!

— Como diria Teresa, "comer bobagens é uma besteira".

Ambos riram e abriram as caixas. Um apetitoso aroma invadiu a cozinha. Sentaram-se à mesa e degustaram os alimentos rapidamente.

Era sempre assim. Para não correr o risco de queimar as panelas e provocar um incêndio, eles nunca cozinhavam. Afinal, nunca sentiam muito apetite, já que, quando não estavam passeando ou estudando, estavam dedicando algumas horas para si mesmos.

O engraçado era que Isaac se preocupava muito mais com a parte da alimentação. Michel só se lembrava de que não tinha comido nada quando a barriga reclamava, mas o outro se preocupava pelos dois e nunca se esquecia dos menores detalhes.

Depois que terminaram de comer, Isaac disse que queria passar a tarde todinha ao lado do amado e, à noite, levaria Michel a um restaurante de comida italiana.

— Nossa! Será que estamos comemorando alguma coisa?

— Isto — do nada, uma caixinha quadrada, coberta por veludo azul-marinho surgiu nas mãos de Isaac. — Tome, é sua, ou melhor, é nossa.

Michel apanhou a caixinha e, com o coração palpitando mais forte, deparou com as duas argolas douradas, estreitas e delicadas.

— São alianças? — indagou Michel, aturdido.

— Não. São rosquinhas de mel e aveia — respondeu Isaac, rindo animadamente.

— Mas... por quê?

— Porque é mais uma forma de honrarmos nossa união. Eu sei que o amor não precisa de símbolos para ser representado, mas achei que você fosse gostar.

— Mas alianças de ouro são para noivos, ou marido e mulher.

— Não estamos noivos, mas podemos ser marido e marido.

Isaac falava em tom de brincadeira, mas na realidade aquilo era bastante sério. Michel compreendeu aquela oferta como uma espécie de pedido de casamento. E os olhos de Isaac, que brilhavam por trás dos óculos, imploravam que ele aceitasse.

Sem opção, Michel apanhou uma das alianças e a levou à mão direita de Isaac. Porém, ele lhe estendeu a esquerda. Em seguida, colocou a outra argola no dedo de Michel.

— O que isso significa realmente, Isaac?

— Significa que eu amo você. Significa que pretendo ficar ao seu lado por muitos anos ou até que um de nós dois morra. Se a gente não pode se casar em uma igreja, pode fazer coisas assim. Fica até mais criativo, não acha?

— Nem você nem eu vamos morrer tão cedo. Pelo menos é o que eu espero — as lágrimas tinham vindo aos olhos de Michel, que se entregou à emoção.

— Então aproveite enquanto estamos vivos e "casados" e honre seu marido — riu Isaac. — Ou será que o marido é você?

Michel sorriu e logo foi envolvido pelos braços de Isaac, enquanto pensava nas reviravoltas que sua vida tinha dado: revelara seu amor ao amigo de infância, e vice-versa; desentendera-se com a mãe de tal forma que parecia nunca mais poderem se reconciliar; tinha exposto o pai e os irmãos à sua homossexualidade e, agora, estava *casado* com aquele que amava.

Mas o mais importante: ele estava feliz! Amava e era amado. De que mais eles precisavam? Ele e Isaac tinham tudo para eternizar aquele amor. Se uma parcela da sociedade era ignorante, preconceituosa, moralista e acreditava em regras e modelos a serem seguidos, em que não cabiam homossexuais..., pensou Michel, então que a sociedade fosse para o inferno, porque, para ele, o que mais importava era a sua própria felicidade e a paz que sentia no coração.

———

Conforme Isaac tinha prometido, eles ficaram juntos a tarde toda. Foram momentos fantásticos. Aproveitando o gostoso calor invernal que fazia, saíram para dar uma volta pela cidade. Tomaram um sorvete na Praça da Liberdade, lindíssima em seu estilo neoclássico, como uma amostra de Paris.

Depois, foram ao Parque Municipal das Mangabeiras, onde tiraram várias fotos de si mesmos, e terminaram a visita com a belíssima imagem do pôr do sol, diante da Lagoa da Pampulha, bem próximo ao aeroporto, de onde puderam ver várias aeronaves alçando voos em direção ao céu alaranjado.

Tinham ido de táxi e pegaram outro para voltar ao apartamento. Enquanto o veículo passava em frente ao famoso Estádio Mineirão, que ficava ao lado do campus da Universidade Federal de Minas Gerais, Isaac segurou as mãos de Michel e beijou-as.

Michel se assustou com o gesto inesperado. Desviou o olhar para o motorista, que dirigia compenetrado. Isaac riu e perguntou:

— Não gostou?

— Não é isso. É que ainda não me acostumei a fazer essas coisas em público.

— Mas vai se acostumar. Nós, gays, não precisamos viver para sempre atrás das cortinas. Temos os mesmos direitos que as outras pessoas. Não precisamos evitar um beijo em uma praça porque os outros vão olhar, ou apontar o dedo, ou fazer chacotas. São as pessoas que precisam se adaptar a nós e não o contrário. Eu continuo acreditando que a homofobia irá perder forças nos próximos anos e, mesmo que não seja assim, nós seremos cada vez mais aceitos como seres normais e felizes que somos.

Michel olhava para Isaac e para o taxista, como que preocupado de serem expulsos do carro. Mas já tinha aprendido que Isaac era muito mais sábio do que ele nesses assuntos. Ele tinha razão: era horrível ter que agir nas sombras temendo a reação dos desconhecidos.

De volta ao apartamento, Isaac lembrou a Michel sobre a ida ao restaurante italiano. Iriam jantar e curtir um pouco a noite. Belo Horizonte oferecia vários pontos de badalações noturnas, mesmo durante a semana. Havia lugares menos agitados, como as tradicionais baladinhas de adolescentes. Michel, sempre mais caseiro, gostava de ambientes mais calmos e vazios.

Eles se banharam e pouco depois saíram outra vez. A noite estava fresca. A lua minguante no céu parecia um sorriso prateado. Michel, muito romântico, pensava nisso quando saltaram do táxi em frente ao restaurante escolhido pelo namorado.

Não era um local luxuoso, como os que ele havia frequentado com Valéria. Porém, logo percebeu que as pessoas eram educadas e refinadas. O atendimento era excelente e a comida, Michel percebeu depois, era de primeira qualidade.

— Você já tinha vindo aqui antes? — quis saber Michel, logo após engolir a comida.

— Já, com meu pai. Servem todos os tipos de massa que conhecemos e até alguns de fabricação própria — apontando para o prato, Isaac riu: — Fico na dúvida por onde começar. Lasanha, *bruschetta* recheada ou macarronada?

— Só sei que vamos sair daqui tão gordos quanto a Tomásia — riu Michel, de bom humor. E, de fato, era impossível se decidir por um prato só. Seguiu o exemplo de Isaac e serviu-se de um pouco de cada tipo de massa.

— Você é muito especial, sabia? — Isaac tirou os óculos e encarou Michel fixamente. — Feliz de quem descobrir você.

— Como assim? — Michel ficou desconcertado. — Você já não me descobriu?

— Pois é! E de você eu não abro mão. Ah, esqueci de falar. É tudo por minha conta.

— Eu ainda acho que estamos comemorando alguma coisa — cogitou Michel, mas Isaac deu de ombros.

Quando terminaram, Isaac pagou as despesas e caminharam lentamente em direção à saída. As pessoas ali mal reparavam neles. Eram vistos como dois amigos compartilhando um jantar.

Estavam na calçada aguardando um táxi, mas como não passava nenhum, foram andando devagar até a avenida que ficava na outra esquina, onde o movimento era bem maior.

Viram um homem robusto caminhando em direção a eles, mas não prestaram muita atenção. Porém, foram obrigados a notá-lo melhor quando o sujeito postou-se bem na frente de Michel. O brilho do cano da arma parecia faiscar.

— Se ninguém quiser sair machucado, é só passar a grana — avisou o desconhecido em tom manso e suave, porém frio e cortante como uma lâmina.

— Calma aí, meu amigo — pediu Isaac. — Abaixe esse revólver que vou pegar o dinheiro.

Aparentemente ele não estava drogado, porém parecia levemente embriagado. Em nenhum momento os dois pensaram em reagir.

Com gestos lentos para não assustar o bandido, Isaac apanhou a carteira e a depositou nas mãos enormes do homem. Michel fez o mesmo.

Sem se distrair, o assaltante abriu as carteiras, recolheu todo o dinheiro, que guardou no bolso, e jogou-as no chão. Talvez aquilo fosse tudo, pensou Michel, e ele fosse liberá-los.

De repente, o homem olhou para as mãos deles. Abrindo um sorriso frio, indagou:

— Vocês usam alianças iguais? Agora que estou notando que parecem dois veadinhos.

— Moço, você já conseguiu o que queria — pediu Isaac. — Por favor, agora nos deixe ir.

— E por que as duas bichinhas estão com pressa, hein? — ele ergueu um braço e Michel viu a tatuagem de um pentagrama desenhada no lado interno do membro. — Vão namorar, é?

— Nós só queremos ir embora — tentou Michel, começando a se apavorar. Será que ninguém estava vendo aquela cena? De longe, as pessoas poderiam achar que se tratava de três colegas batendo papo.

— Eu odeio essa raça ruim de gays, sabia? Para mim, são todos uns nojentos. Não deveria existir nenhum.

— E ladrões como você? — mesmo sabendo ser errado, Michel decidiu desafiar. — Quantos deveriam existir?

Os olhos escuros do sujeito brilharam. Havia algo ali que se assemelhava a ódio e fúria.

Quando Isaac previu o que estava para acontecer, era tarde demais. Mesmo assim, ele lançou o corpo na frente de Michel no exato momento em que os tiros foram disparados. Quando recebeu a bala em pleno coração, já não podia saber que, mesmo tendo tentado proteger o companheiro, Michel também fora baleado.

Ambos foram caindo no chão enquanto o homem guardava a arma e corria em fuga. Logo se perdeu na escuridão da noite, deixando os corpos dos dois rapazes para trás, mergulhados em sangue, dor... e medo.

capítulo 22

Felipe estava sentado em uma poltrona analisando vários papéis sobre uma nova construção da qual participaria quando Kennedy chegou. Os passos estavam firmes e seguros, sinal de que ele não estava embriagado, mas a latinha de cerveja na mão também não era um bom indício. Passou pelo pai, após resmungar um cumprimento, e Felipe perguntou:

— Até quando você pretende continuar vivendo assim, consumindo seu fígado dia após dia com tantas bebidas alcoólicas?

— Ah, pai, vê se não enche — retrucou Kennedy, irritado com a intromissão.

— Se você não se preocupa consigo mesmo, eu me preocupo. Não criei um filho para vê-lo morrer aos poucos. Ou acha que a cirrose surge de onde?

— Nunca vi alguém jovem como eu morrer de cirrose.

— Mas, se você continuar agredindo seu organismo com tanto álcool, logo vão surgir os sintomas da doença. Aí pode ser tarde demais, não?

Kennedy resmungou algo para si mesmo e seguiu em direção ao banheiro. Felipe balançou a cabeça negativamente. Como sempre, em vez de tentar encontrar uma forma de auxiliar o filho, mentalmente atribuiu a culpa da embriaguez de Kennedy a Valéria. Ela era a única culpada de aquilo estar acontecendo.

Quando ouviu o telefone tocar, ele estendeu a mão distraidamente. Porém, logo dedicou mais atenção à ligação quando a voz estranha se fez ouvir:

— Por gentileza, o senhor Felipe Falcão. É uma emergência!

— Sou eu mesmo — ele informou com o coração começando a acelerar. — O que aconteceu?

— Michel Falcão é seu filho, correto?

Felipe confirmou, apertando mais o fone de encontro ao ouvido. Havia muito ruído ao fundo e, quando ouviu o som de sirenes, ficou ainda mais nervoso.

— Ele foi trazido para uma unidade hospitalar pública. Anote o endereço.

— E como ele está? O que aconteceu?

— Seu filho foi baleado. Ele estava acompanhado por um amigo, que também está aqui.

"Só pode ser Isaac", refletiu Felipe, anotando o endereço rapidamente. Ao desligar, pegou-se orando para que Michel estivesse bem. A mulher que telefonara não quis dar maiores informações por telefone.

— O que foi, pai? — perguntou Kennedy, entrando na sala.

— Parece que atiraram em Michel e em Isaac. Estou indo para lá.

Kennedy pousou a lata de cerveja sobre a mesa. Subitamente, ela perdera toda a graça.

— Então vamos juntos — e dizendo isso, Kennedy saiu atrás de Felipe.

———

Felipe dirigia como um louco. Durante o percurso, achou por bem informar Valéria do que tinha ocorrido, embora achasse que ela não fosse se importar. Ela atendeu no terceiro toque.

— Oi, Valéria. Estou indo para o hospital.

— Por quê? Você está se sentindo mal?

— Telefonaram de uma unidade hospitalar. Sei que isso não deve interessar você nem um pouco, mas alguém deu um tiro em Michel. E creio que Isaac também esteja ferido.

O susto travou a voz de Valéria na garganta. Felipe interpretou o silêncio como desprezo e pouco caso.

— Eu estou orando pela vida de Michel, mas você deve estar gostando, não é? Afinal, você tinha dito que ele não era mais seu filho.

— Onde eles estão?

Felipe repassou o endereço e concluiu:

— Kennedy está indo comigo. Se ainda resta um pouco de piedade em seu coração, vá até lá. Pelo menos demonstre algum interesse quando nem sequer sabemos da gravidade da situação.

Ela ia fazer outra pergunta, mas Felipe já tinha desligado. Sabia que Valéria não apareceria. Ela nunca possuíra um lado maternal e não seria agora que se modificaria.

———

Ela nem reparou que as mãos tremiam quando repôs o fone no gancho. Deixou-se cair sobre o sofá, o rosto lívido e os lábios descorados. Foi esse quadro que Teresa encontrou quando passou pela sala e viu a expressão mortificada da patroa.

— Está se sentindo bem, dona Valéria?

— Felipe acabou de ligar — ela explicou de forma automática. — Parece que atiraram em Michel e naquele amigo dele, Isaac. Os dois estão no hospital.

— Deus do céu! — Teresa cobriu a boca com as mãos. — Mas eles estão bem, não é?

— Se Felipe sabe, não quis me dizer.

— Posso ir com a senhora até lá?

Valéria desviou o olhar para Teresa e respondeu com voz cansada:

— E quem falou que eu vou ao hospital?

— Mas... é o seu filho, dona Valéria. Precisamos estar lá para dar apoio a Felipe e aos meninos.

— Eu não gosto de hospitais — ela se ergueu do sofá e esticou os braços para o alto, espreguiçando-se. — Michel e Isaac estão apenas experimentando o sabor do castigo.

Teresa não podia acreditar no que estava ouvindo.

— Castigo? De quem e por quê?

— De Deus. Acha que Ele gosta de gays? Se gostasse, não teria criado homens e mulheres, e sim todo mundo com um sexo só.

Teresa sempre fora uma mulher controlada, mas naquele momento perdeu a paciência. Caminhou até Valéria e sustentou o olhar da patroa.

— Deus não castiga ninguém. Ele é amor e sendo assim não pode ficar contrariado por nós, homens. Nada do que possamos fazer vai contra Suas vontades. Deus não fica triste se matarmos outra pessoa. Ele apenas vai nos trazer situações para que possamos rever que as nossas atitudes poderiam ser diferentes e menos agressivas e, assim, nos dá a chance de modificar nossa escala de valores. Ele quer o nosso bem, portanto jamais vai castigar alguém.

— Não estou a fim de discutir com você — Valéria fingiu um bocejo.

— Eu quero ir ao hospital — teimou Teresa. — E não estou pedindo a autorização da senhora. Pela primeira vez em todos esses anos trabalhando aqui, eu vou fazer algo por minha própria vontade, goste a senhora ou não.

— Quer perder seu emprego, Teresa?

— Se a senhora quer se ver livre de mim, sinta-se à vontade — num gesto rápido, Teresa arrebatou das mãos de Valéria o papel onde ela anotara o endereço do hospital. — Mas não vou deixar Michel, Isaac e o seu Felipe na mão em um momento tão doloroso quanto esse. Que os bons espíritos possam intervir, fazendo com que a situação não seja tão grave.

— Se você for, considere-se despedida — determinou Valéria, furiosa e surpresa.

— Pois quando eu voltar arrumarei as minhas coisas. E quanto à senhora, jogue fora a capa de orgulho e a máscara de durona que costuma usar. Não tenha medo de revelar seus sentimentos. Daqui eu posso perceber o quanto está preocupada com seu filho. Mas é orgulhosa demais para demonstrar o que sente. É arrogante o suficiente para não admitir para si mesma que ainda ama Michel, assim como a seus outros filhos.

Valéria abriu a boca para retrucar, mas Teresa se afastou a passos largos, deixando-a plantada no meio da imensa sala. Valéria sempre humilhara seus empregados, mas nunca esperou ouvir de um deles palavras que a deixassem tão abalada, como as que acabara de ouvir. Teresa não sabia, mas naquele momento o coração de Valéria chorava silenciosamente.

———

Quando Teresa chegou ao hospital, logo viu Kennedy abraçado ao pai, que não escondia o choro. Ela chegou a sentir um aperto no peito, mas foi até eles e perguntou:

— A dona Valéria me contou o que aconteceu. Como eles estão?

— Michel levou um tiro de raspão... graças a Deus a bala não penetrou no corpo — Felipe secou o rosto com as mãos trêmulas. — Mas Isaac... ainda não consigo acreditar.

Teresa olhou para Kennedy, que balançou a cabeça negativamente. Então ela soube: Michel sobrevivera, mas Isaac se fora.

— Eu até consegui falar com Michel — continuou Felipe, tentando se acalmar. — Ele está atordoado, mas me contou que foram assaltados após saírem de um restaurante. E quando contei sobre Isaac... Acho que Michel sentiu-se morrer junto com ele.

— Ele não parou de chorar — continuou Kennedy. — As enfermeiras precisaram lhe aplicar um sedativo.

— E não estão conseguindo falar com Rebouças. Meu amigo ama o filho profundamente. Como vai ser quando souber que Isaac está morto?

— Vamos dar um passo de cada vez — pediu Teresa, igualmente tensa.

— Cadê minha mãe? — Kennedy perguntou, após notar a ausência de Valéria.

— Ela não estava se sentindo muito bem — mentiu Teresa, que achava que de nada adiantaria piorar as coisas para a patroa. Só faria o ódio de Felipe e de Kennedy aumentar. — A notícia a deixou em estado de choque.

Felipe se sensibilizou. Pelo menos Valéria ainda tinha um coração capaz de pensar nos outros. Ele tentou falar com o amigo mais uma vez e finalmente Rebouças atendeu. Sua voz estava brincalhona e animada.

— Nossa, será que ganhei na loteria? Tenho sete ligações perdidas, sendo que três são suas.

— Onde você está, Rebouças?

— Estava em uma reunião, por isso não deu para atender. E você? Posso ouvir vozes no fundo. Aposto que está em um barzinho curtindo a mulherada.

Os olhos de Felipe marejaram outra vez. Achava que nunca se perdoaria por ferir o amigo com a notícia que lhe daria.

— É sobre Isaac.

— O que ele aprontou? Se ele brigou com seu filho, vou puxar a orelha dele — riu Rebouças.

— Eles... — a voz de Felipe falhou. Ele pigarreou e tentou de novo: — Michel e Isaac foram assaltados. Ambos foram baleados, mas Isaac... Ele não resistiu.

Felipe fechou os olhos ao ouvir o grito de dor que o amigo soltara do outro lado. Todo o bom humor de Rebouças tinha se transformado em horror e sofrimento em questão de segundos.

Teresa estava concentrada rezando enquanto Felipe informava o endereço do hospital para Rebouças. O corpo de Isaac já havia sido transferido para o necrotério, pois haviam dito que não seria necessário fazer autópsia. Ele já estava morto quando a ambulância chegou para socorrê-los. Do criminoso ninguém tinha notícias.

As horas seguintes foram tristes e angustiantes. Rebouças chorava como uma criança e precisou ser amparado quando teve que fazer o reconhecimento do corpo do filho no necrotério. Seu menino, que pegara no colo, vira engatinhar, aprender a andar e a falar e a dizer que o amava, estava morto. O rosto contorcido, a pele fria e branca e o corpo esticado sobre uma pedra. Não o veria se formar e nunca mais veria seu sorriso, ouviria suas piadas ou sentiria seu abraço.

Os pensamentos de Michel eram mais ou menos parecidos. A aliança no dedo esquerdo parecia queimar. A aliança que Isaac lhe dera horas antes de morrer. Ele pedira para passarem a tarde juntos, passeando por Belo Horizonte. Fora o último passeio dele e era como se Isaac estivesse se despedindo. Parecia que ele sabia o que ia acontecer. Michel lembrou-se do momento em que ele disse: "Feliz de quem descobrir você". Aquilo só poderia ser uma despedida, como se ele soubesse que não haveria futuro ao lado de Michel.

Disseram que ele teria alta ainda naquela noite. O tiro apenas arrancara pele e sangue, além de provocar um rasgo na lateral da barriga. Os curativos foram feitos e ele mal sentia as dores. Aliás, a dor do tiro era muito menor se comparada à dor que sentia no peito.

Com as lágrimas lavando seu rosto, Michel levou a aliança aos lábios e beijou-a. Seu melhor amigo, aquele a quem realmente pudera confessar seu amor, tinha partido, deixando saudade, tristeza e um coração destruído.

Quando Teresa voltou para casa, já passava de meia-noite. Achava que Valéria já teria ido se recolher, porém, para sua surpresa, ela estava deitada no sofá da sala, assistindo à televisão sem o menor interesse.

— Boa noite, Teresa. Não me viu aqui? Eu ainda sou sua patroa, pelo menos até demiti-la.

— Eu ia cumprimentar a senhora — suspirando, Teresa acrescentou: — Eu vou arrumar as minhas coisas agora. Se a senhora permitir que eu durma aqui mais esta noite, amanhã cedo eu vou embora.

Teresa girou nos calcanhares e seguiu para o seu quartinho. Lutava para não chorar. Amava trabalhar naquela casa e apreciou todos os anos em que acompanhou de perto a família Falcão. Mas sabia que agora Valéria não precisava mais dela, nem mesmo para organizar os trabalhos com a casa. Sofria por ter que partir tão depressa, após tantos anos no mesmo local.

Ela jogou uma mala aberta sobre a cama e começou a dobrar algumas roupas dentro dela. Ouviu batidas na porta e disse:

— Pode entrar.

Valéria entrou em silêncio. Viu o que Teresa estava fazendo, mas nada disse.

— A senhora precisa de alguma coisa, dona Valéria? — perguntou Teresa, dobrando um agasalho e ajeitando-o no fundo da mala.

— Não... — ela hesitou, respirou fundo e perguntou: — Como estão?

— Quem?

— Michel e o seu... amigo.

Teresa parou para contemplá-la. Não esperava que Valéria fosse demonstrar interesse.

— Michel levou um tiro de raspão próximo das costelas. Mas está bem e terá alta nas próximas horas. O seu Felipe ficou lá.

Ela assentiu e Teresa continuou:

— Mas Isaac foi atingido no coração e não resistiu. O pai dele ficou lá, chorando sobre o corpo do filho. O seu Felipe comentou que os papéis poderiam ter se invertido e ele estaria chorando a morte de Michel. Amanhã cedo será o enterro de Isaac.

Valéria levou as duas mãos ao peito e massageou-se.

— E você, o que está fazendo?

— Como eu desobedeci às ordens da senhora, estou sem emprego. Estas foram as suas palavras.

— Você não vai a lugar nenhum.

— Como disse?

Valéria foi até onde estava a mala e começou a retirar as roupas que Teresa já havia guardado. Quando a mala ficou vazia, ela fechou o zíper e a colocou no chão, ao lado da cama.

— Você vai continuar trabalhando aqui. Não pense que vai se ver livre de mim — e dizendo isso, Valéria seguiu em direção à porta.

— E eu nem quero. Obrigada, dona Valéria. Eu amo a senhora.

Valéria voltou-se com os olhos arregalados, mas Teresa sorriu. Ela fez um muxoxo com a boca e se afastou, os saltos altos ecoando no assoalho da casa.

capítulo 23

O enterro, que ocorreu na manhã seguinte, foi pesaroso e devastador. Era terrivelmente triste ver como Rebouças chorava descontroladamente enquanto seguia o cortejo fúnebre. Felipe avisara os filhos e estavam todos lá. Ícaro trouxera Laysla, e Sidnei caminhava de mãos dadas com Samara. Todos tinham o semblante carregado de sofrimento e dor.

Michel caminhava ao lado do pai, de cabeça baixa. Vestia um terno escuro e usava óculos de sol. Mas a todo instante era possível ver as lágrimas que escorriam por detrás das lentes negras. Ele e Rebouças tinham visto o rosto de Isaac durante o velório, mas aquilo só serviu para deixá-los ainda pior.

Felipe foi quem amparou o filho em um abraço forte no momento em que baixaram o caixão ao chão. E quando começaram a cobrir a madeira com grandes pás de terra, Michel sentiu um nó apertado na garganta. Não queria que aquilo estivesse acontecendo. Queria gritar aos coveiros que parassem de enterrar Isaac, como se isso fosse trazê-lo de volta.

Sob o brilho da luz solar, Felipe notou o reflexo luminoso da aliança de Michel. Era dourada e estava no dedo anelar esquerdo. Ele sabia o que aquilo significava, mas não fez comentários e talvez nunca fizesse. Michel nunca sofrera uma perda tão terrível e esperava que fosse a última.

Foi então que Felipe a viu. As joias que usava no pescoço reluziam muito mais do que a aliança do filho. Ela vestia-se inteiramente de negro, como se também estivesse de luto, e usava óculos escuros com lentes grandes e arredondadas. Estava sozinha e observava a cena a distância.

Discretamente Felipe sussurrou no ouvido de Michel, que olhou para trás e viu a mãe parada ao longe.

— Por que ela veio? — quis saber Michel, choroso.

— Não sei. Acho que essa é a maneira dela de prestar condolências.

— Acha que eu devo falar com ela?

— Se ela quiser, que venha até nós. Na distância em que está, certamente não quer ser incomodada.

Ícaro e Sidnei também notaram a presença de Valéria e começaram a confabular entre si. Samara, que já não gostava de cemitérios, sentiu-se desconfortável com a figura da mulher que sempre lhe colocava medo. Embora fosse mais nova, Valéria era capaz de deixá-la arrepiada.

Teresa, ao perceber a patroa, afastou-se do grupo e aproximou-se dela.

— Olá, dona Valéria. Que bom que veio!

— Esses ingratos já acham que eu sou um monstro... Não quero que eles tenham certeza.

— Então veio preocupada com as aparências e não, necessariamente, com seu filho — Teresa apontou Michel com o queixo. — Veja, lá está ele. Está andando bem, mas disse que o ferimento incomoda bastante. A senhora deveria falar com Michel.

— Não estou pedindo seus palpites, Teresa. E me deixe sozinha. Quando você começa a falar, torna-se mais chata do que sempre foi. Dê o fora.

— O que a senhora ganha agindo assim? Para que demonstrar tanta frieza, tanto desprezo pelas pessoas? Não trate a sua família como se fossem estranhos.

— Eu acho que vou mudar de ideia quanto a sua demissão.

Teresa deu de ombros e retornou para perto dos demais.

Os olhos de Valéria pousaram sobre Laysla. Ver a mulherzinha de periferia de mãos dadas com Ícaro já não a deixava transtornada, embora não lhe agradasse em nada. Os homens que contratara dariam um jeito em Laysla, segundo o que haviam prometido. Então, quando Ícaro desistisse de procurá-la, voltaria correndo para pedir perdão à mãe, e ela daria um jeito de reatar o noivado entre ele e Isabel.

Ela olhou rapidamente para Sidnei e Samara. Também daria um jeito nela. Aquelas intrometidas mal sabiam o que lhes aguardava por terem se colocado no caminho de Valéria Falcão. O preço que pagariam seria caro e inesquecível.

———

Os espíritos de Elke e de Abel estavam parados exatamente ao lado de Valéria, mais uma vez tentando incutir na mente dela pensamentos positivos e salutares, propondo uma reflexão sobre as ações que ela vinha realizando nos últimos tempos. Porém, estava difícil conseguir algum resultado.

— É graças à nossa presença e às constantes orações de Teresa, que mantém o padrão vibratório da casa mais elevado, que Valéria ainda não atraiu para junto de si espíritos perversos que simpatizam com os propósitos dela — lembrou Elke a Abel. — Mas sabemos que isso não vai durar por muito tempo. Logo não poderemos mais impedir a aproximação desses espíritos.

— Valéria necessita correr contra o relógio — prosseguiu Abel. — Ela, assim como muitas outras pessoas, não sabe que, a cada dia que praticamos algo ruim e nos afastamos do bem, atrasamos muito o nosso aperfeiçoamento moral e espiritual.

— O que acha que podemos fazer?

— Vamos tentar conversar com ela durante o sono. Esse momento, em que os espíritos dos encarnados deixam temporariamente o corpo físico, será o mais propício para tentar contato com ela.

Elke concordou com a cabeça. Observando a movimentação do enterro, perguntou:

— E o espírito de Isaac?

— Trata-se de um espírito com elevado grau de conhecimento. Já estava previsto que ele desencarnaria ainda durante a juventude. Mantém ligações com Michel de outras vidas, mas eles não permaneceriam juntos desta vez por muito tempo — Abel olhou para a imensidão do céu azul, no alto. — Agora ele está em um posto de recuperação. Vai se recuperar muito rapidamente e em breve voltará a integrar-se às suas atividades no astral.

— Eu ainda não o vi depois que chegou.

— Então vamos vê-lo. Depois, precisaremos manter nossos padrões de pensamentos elevados. Somente assim poderemos tentar ajudar Valéria.

Ambos os espíritos partiram, deixando para trás um pequeno rastro de luz.

———

Valéria chegou em casa antes de Teresa. Sentia uma dor de cabeça terrível e julgou que fosse a exposição ao sol. Odiava cemitérios com todas as forças de sua alma, assim como hospitais, mas ao menos pudera ser notada pelos outros. Perceberiam o quanto ela fora complacente, bondosa e solidária com Michel e com o defunto.

Sentiu vontade de tomar um banho de piscina. Havia tempos não dava seus mergulhos. Precisava relaxar. E ficaria ainda mais relaxada quando estourasse a notícia do sequestro de Laysla. Mais uma vez ela mostraria apoio e solidariedade. Ícaro acabaria por perdoá-la e voltaria rapidamente para casa.

No quarto, apanhou trajes de banho e uma toalha grossa e felpuda. Seguiu para a piscina e cruzou com uma empregada no caminho.

— Estou indo para a piscina. Traga-me um suco de acerola bem gelado.

— Sim, senhora. Também quer algo para comer?

— Se eu quisesse, teria dito. Não sei por que vocês, criados, só fazem perguntas imbecis.

A moça se afastou com o rosto ardendo. Valéria estendeu sua toalha em uma cadeira colorida, foi até a escada de acrílico e desceu lentamente para o interior da piscina. A água estava fria, porém agradável. Ela se soltou e deu alguns mergulhos.

Nadar era uma atividade que aliviava seu estresse. Desceu até o fundo da piscina e, quando voltou à superfície, ouviu os gritos apavorados da empregada.

— Dona Valéria! Dona Valéria! Rápido.

— O que foi, criatura? Ficou louca?

— É a senhorita Isabel. Ela está na televisão. Parece que foi presa.

— Isabel? Presa? — com rápidas braçadas, Valéria retornou à escada e subiu os degraus rapidamente. Enrolou-se na toalha e calçou os chinelos. Desde que fora assaltada, andar descalça a incomodava.

Ela correu até a cozinha, onde outros empregados olhavam fixamente para a telinha. A legenda da reportagem dizia apenas: "Prostíbulo ilegal é fechado na zona oeste de Belo Horizonte".

As imagens mostravam um sobrado cinza, com janelas pintadas em tons roxos. Nas cenas, surgiram várias moças encolhidas que estavam sendo conduzidas para uma delegacia. Apareceram também dois homens de cabeça baixa que, segundo o repórter que anunciava a matéria, eram os donos do prostíbulo.

A cena seguinte, filmada estrategicamente de algum ponto do interior da delegacia, focou melhor os rostos das meninas da casa. Valéria ficou totalmente emudecida quando a câmera focalizou o rosto de Isabel. A menos que ela tivesse uma irmã gêmea, ali estava ela, detida com as demais prostitutas.

Sem entender nada, Valéria apertou a toalha contra o corpo e gritou:

— Peguem um telefone para mim. Depressa!

Uma das empregadas correu para atender a patroa. Assim que segurou o aparelho sem fio, Valéria discou freneticamente o número da casa de Tomásia. Enquanto chamava, ela saiu da cozinha e seguiu por um corredor largo e limpíssimo.

Na residência de Isabel, uma empregada atendeu ao telefone. Assim que Valéria se identificou, ela levou o aparelho até Tomásia, que assistia à mesma reportagem, pálida e rígida.

— Dona Tomásia, a dona Valéria está ao telefone. Disse que é urgente.

Sem olhar para a criada, Tomásia fez um gesto com a mão e retrucou em voz baixa:

— Não posso atendê-la agora. Diga que não estou em casa.

A moça assentiu. Quando a ligação foi encerrada, Tomásia voltou-se para ela e complementou:

— Não me passe mais nenhuma ligação de Valéria ou de qualquer outra pessoa daquela casa.

— Mas a senhora e ela são tão amigas... — confundiu-se a jovem.

— Faça o que eu disse e não discuta as minhas ordens. Não quero falar com Valéria e, caso ela venha aqui em casa, dispense-a da porta. Fui clara?

— Foi, sim. Com licença.

Quando se viu sozinha, Tomásia desligou a televisão. Sentiu vontade de chorar, mas se conteve. A bem da verdade estava furiosa com Isabel. Sempre soube que sua filha era burra, mas não pensou que ela pudesse chegar a tanto. Permitira ser exposta e agora pusera tudo a perder. Absolutamente tudo.

———

Isabel tornara-se prostituta aos dezessete anos, ou seja, havia cinco anos vendia o próprio corpo. Fora inserida nesse mundo por imposição da mãe. Tomásia sempre ditara as ordens do que ela tinha que fazer, e Isabel apenas acatava, sem contestar. Tomásia repetia, desde a infância dela, que, por ser mãe, sabia o que era melhor para a única filha.

E o melhor foi vendê-la para um cliente do pai. Tomásia e Ênio sempre figuraram na alta sociedade de Belo Horizonte como um dos casais mais ricos da cidade. Sua fortuna era equiparada apenas à de sete outras famílias, entre elas, a família Falcão. Porém, o que ninguém sabia era que havia muito Tomásia e Ênio estavam falidos. Viviam apenas de aparências, pois sua conta bancária estava zerada desde que o sócio aplicara um severo golpe na empresa.

O golpe financeiro quebrara o caixa da família. Ênio ficou tão enlouquecido na época que quase atentou contra a própria vida. Tornar-se pobre da noite para o dia era inaceitável e Tomásia quando soube passou três dias doente. Eles seriam excluídos da sociedade se descobrissem que estavam afundados em dívidas até o pescoço.

Tomásia não queria deixar aquela boa vida e foi então que eles passaram a mascarar suas atividades. Ênio, desesperado, fugiu totalmente de seu ramo de trabalho para mergulhar na agiotagem. O dinheiro que emprestava fora desviado literalmente dos fundos da empresa que seu sócio, generosamente, não quisera roubar. Se seu sócio podia roubar, então ele também faria o mesmo.

Resultado: empresa quebrada, funcionários demitidos. Mas Ênio foi rápido em anunciar aos amigos que estava fechando negócio com uma empresa americana gigantesca, o que até parecia trazer mais credibilidade. E passou a trabalhar com os juros que cobrava com seus serviços ilícitos.

Mas isso ainda era muito pouco para manterem o padrão de vida a que estavam acostumados. Tomásia e Isabel, pelo menos três vezes por semana, visitavam um dos mais caros e luxuosos salões de beleza da cidade, onde gastavam rios de dinheiro. Se parassem de frequentar esses lugares de repente, as pessoas poderiam desconfiar. E dinheiro para manter esse luxo tinha que brotar de algum lugar.

A proposta que mudou a vida de Ênio e Tomásia veio através de um dos seus novos clientes. Ele explicou sem receio que pedia dinheiro emprestado para pagar a um traficante renomado na periferia. Disse que se tratava de um homem muito rico, porém tão perigoso quanto uma faca na mão de uma criança. O tal traficante não perdoava uma dívida e sempre dava um jeito de acertar as contas, nem que para isso cobrasse o preço de uma vida.

Ênio mostrou-se interessado em conhecê-lo. Não temia se envolver com esse tipo de gente, desde que a pobreza não abraçasse sua família com seus tentáculos longos e pegajosos. O cliente favoreceu o encontro e Ênio foi apresentado a Ribamar.

Era um homem na casa dos cinquenta anos, tão elegante, distinto, educado e inteligente quanto um empresário comum. E, na verdade, considerava-se um grande empresário no mundo das drogas. Ênio explicou sua situação, que precisava desesperadamente montar uma parceria com alguém com boas condições financeiras para ocultar dos amigos a vergonha da falência.

Porém, Ribamar não viu nenhum lucro em auxiliar Ênio. Para ajudar, ele também queria obter seus lucros. Mas mudou de opinião durante um almoço, em sua casa, quando conheceu Isabel. Imediatamente ficou louco pela menina, então com dezessete anos. Disse que bancaria Ênio pelo tempo que desejasse, desde que Isabel se tornasse sua amante.

Quando soube da proposta, Tomásia foi a primeira a tentar convencer a filha do que tinha que ser feito. No início Isabel protestou veementemente. Não queria se tornar uma prostituta. Mas também não queria ficar pobre. Vender-se a livraria da exposição às amigas e ao ridículo.

Sem outra opção, Isabel passou a ter encontros amorosos com Ribamar. Ela o temia, mas sabia que precisava dele e de seu dinheiro. Mantiveram o caso por nove meses, até que a polícia descobriu o esconderijo do traficante e o prendeu.

A sombra da pobreza tornou a pairar sobre a família, mas dessa vez as coisas seriam diferentes. Em suas andanças com Ribamar, Isabel fora apresentada a vários amigos dele, que mantinham atividades tão ou mais ilícitas que o traficante. Eram amigos bem endinheirados, que pagavam uma verdadeira fortuna por um bom sexo com mulheres bonitas, principalmente quando eram menores de idade.

Tomásia obrigou Isabel a entregar-se a todos eles, pois era regiamente paga. Tão bem paga que, se mantivesse ao menos três encontros amorosos por semana com aqueles homens, a família ficaria garantida pelo resto da vida.

O que no começo a enojava tornou-se rotina para Isabel. Quando completou dezoito anos, possuía seis homens fixos com quem saía toda semana e outros três com quem mantinha encontros ocasionais. Eram seus "clientes". Embora não percebesse, Isabel estava se transformando numa pessoa sem sentimentos. Jamais amaria qualquer um daqueles homens. Fazia sexo e deixava de pensar nisso antes mesmo que os homens fechassem suas braguilhas.

Foi um deles que fez o convite para o prostíbulo. Isso aconteceu uma semana antes de ela ser pedida em namoro por Ícaro. Foram dois acontecimentos que poderiam mudar totalmente sua vida e a dos seus pais.

Tomásia já conhecia Valéria bem antes disso e sempre tentara empurrar Isabel para cima de um dos seus quatro filhos solteiros. Mas logo percebeu que Sidnei só queria curtir a vida, Kennedy parecia viver em seu próprio mundo e Michel era tímido e recatado demais. Ícaro era a única pessoa que sobrava para Isabel. Era bonito e, claro, rico.

O namoro foi se fortalecendo com o decorrer dos meses. Porém, como Ícaro não a pedia em casamento, Isabel via-se obrigada a continuar mantendo relações sexuais com desconhecidos. Tornou-se uma prostituta de luxo naquele prostíbulo, frequentado por homens da nata mineira, muitos deles casados ou com idade avançada.

Gostava de Ícaro, mas dele só queria o dinheiro. Embora ela não soubesse, agia mais ou menos como Valéria, quando esta conhecera Felipe. Valéria dera sorte na vida, mas com Isabel isso nunca acontecera. A sorte só lhe sorriu, de fato, três anos e meio depois quando ele a pediu em noivado. E tudo ficou melhor quando marcaram o casamento para dali a sete meses. Quando se tornasse uma Falcão, enterraria para sempre sua vida obscura.

Ícaro nunca desconfiou de nada. Isabel sempre estava disponível quando ele precisava dela ou ia procurá-la em casa. Nas ocasiões em que ela estava no prostíbulo, Tomásia conseguia ludibriá-lo de forma tão perfeita que ele nunca percebera nada. E muito menos Valéria, que se considerava esperta e sagaz.

Todavia, como se fosse uma espécie de maldição, quando o momento mais aguardado por Isabel e por seus pais, o casamento, finalmente estava próximo, Ícaro rompia tudo. Quatro anos da vida dela mantendo sonhos de melhorar de vida que foram atirados no lixo.

Isabel quase adoecera quando Ícaro terminou com ela, mas Tomásia a mantinha de pé. A filha ainda era a única fonte de renda da família e, se ela decidisse entregar os pontos por uma paixão desfeita, toda a sociedade saberia da verdade. Vinham conseguindo manter aquele segredo havia cinco anos, mas até quando a verdade permaneceria oculta?

Tomásia até acreditava que Isabel amasse Ícaro, mas sabia que o dinheiro vinha em primeiro lugar. E, com ele, a honra e a dignidade da família. Achava que viver de ilusões era uma forma de contornar o que pensava ser a sua felicidade.

E agora tudo finalmente terminara. A polícia tinha descoberto que o prostíbulo em que Isabel trabalhava era ilegal e, pior, mantinha algumas garotas menores de idade. Os donos da casa tinham sido presos, e as meninas levadas para prestar depoimento na delegacia. A imprensa filmara tudo, o rosto de Isabel fora revelado para toda a cidade e a muralha construída com mentiras tinha desabado estrondosamente.

Ela nunca mais olharia para Valéria ou para qualquer outra das mulheres que considerava como amigas. Não permitiria ser exposta à vergonha por ter uma filha prostituta. Não deixaria que as pessoas lhe apontassem o dedo, rindo deles por estarem falidos.

Tomásia falaria com Ênio. Possuíam ainda muitos objetos de valor. O único jeito seria vender tudo e desaparecer. Poderiam se mudar para o Rio de Janeiro ou São Paulo. As cidades eram grandes e eles não seriam encontrados facilmente. Em qualquer uma delas, Ênio poderia dar continuidade aos seus negócios escusos. Isabel procuraria outros prostíbulos requintados para levar a vida até que encontrasse um homem rico que desejasse se casar com ela. E a cidade de Belo Horizonte seria esquecida para sempre.

capítulo 24

Valéria encostou a cabeça no travesseiro, mas não pegou no sono de imediato. Aliás, ela queria permanecer acordada, meditando sobre os acontecimentos daquele dia. Presenciara o enterro de Isaac e descobrira que a mulher que sempre desejou como esposa de Ícaro era uma farsante. E o mutismo de Tomásia só significava uma coisa: não queria atender Valéria.

Em um mundo em que parecia que todas as pessoas pensavam em traí-la, nunca poderia imaginar que Tomásia e Isabel também não fossem confiáveis. Elas se conheciam havia tantos anos. Valéria incentivara tanto o casamento entre Ícaro e Isabel. Como poderia supor que estaria prendendo o filho a uma mulher de vida dupla?

Se Ícaro tivesse assistido à reportagem ou ficasse sabendo através de alguém, ainda riria dela. Talvez até dissesse: “Eu não estava certo, mãe? Não seria infeliz com Isabel? Laysla é a mulher com quem quero me casar”.

Sim, provavelmente ele lhe diria aquilo. E ela nem sequer teria como retrucar. Detestava admitir, mas Ícaro estava com a razão. Ela exagerara em muitas coisas, planejara muitas outras e nada saíra como tinha previsto. Era como se uma força invisível conspirasse para que suas metas não fossem alcançadas.

Tinha sido abandonada pelos filhos e pelo marido. Tomásia e Isabel eram duas mentirosas. Sabia que suas outras amigas eram tão falsas quanto uma nota de três reais. Os empregados certamente a odiavam devido ao modo como os tratava. O que lhe sobrara no final das contas? Nada! Apenas desprezo e ódio dos outros. Isso fora tudo que ela pudera conseguir.

Ela nascera acreditando que seria muito rica um dia. Fora amada pelos pais e pelos irmãos, mas nunca lhes dera o devido valor porque só podia pensar nela mesma e no dia em que deixaria aquela cidade tão pequena e modesta. Felipe surgira em sua vida e as coisas começaram a acontecer da forma como ela queria. Tornou-se rica e conhecida em Belo Horizonte. Teve filhos lindos e invejáveis. Comprou todos os tipos de joias que sempre teve vontade, roupas luxuosas e sapatos caríssimos e conheceu o mundo em suas viagens internacionais. Mas nada disso a fizera feliz.

Tinha a vida de uma rainha, porém não era feliz. Nunca fora. Era doloroso admitir isso para si mesma, porém inútil tentar esconder. Sempre sentira que faltava algo em sua vida, mas nunca compreendera o que era. Seus bens materiais não podiam suprir aquela ausência que lhe impedia de ser feliz. Talvez morresse sem saber. Vivera a vida que sempre desejou, mas era uma vida vazia e fria.

Seus filhos eram seus tesouros mais preciosos. As pessoas não entendiam que ela só pensara no que achava ser o melhor para eles, mas talvez tivesse se atrapalhado em sua criação, na forma como quisera se impor a eles. Por fim, eles partiram para viver suas próprias vidas e a deixaram para trás. Se ela falhara como mãe, precisava tentar reverter a situação, embora não soubesse como. A felicidade dos quatro rapazes era o que lhe importava. Era um sonho antigo vê-los bem. À exceção de Michel, talvez até estivessem bem, mas não era o que ela imaginara para eles.

Ela não queria chorar, mas não pôde evitar. Rolava na imensidão da cama de um lado para outro. Como queria que alguém lhe desse uma orientação. Que alguém dissesse exatamente o que ela tinha que fazer para reconquistar a confiança e o amor dos filhos. O problema é que ninguém gostava dela, assim como ela não gostava de ninguém. A única que lhe dava um pouco de atenção era Teresa, mas Valéria sempre impedia a velha senhora de se expressar melhor. Se Teresa não fosse tão bondosa, seria mais uma para odiá-la.

Valéria manteve esses pensamentos até bem tarde. Quando adormeceu, seu perispírito desprendeu-se do corpo físico. Delicadamente ela foi despertada pelos espíritos de Elke e de Abel.

— Olá, Valéria — sorriu Abel.

Ela olhou para eles, confusa. Em seguida, voltou o olhar para a cama e viu a si mesma adormecida.

— Jesus amado! — exclamou de uma maneira tão assombrada que Elke e Abel não puderam conter um sorriso. — O que eu estou fazendo lá? Eu morri?

— O seu corpo físico está apenas...

— Eu morri? — repetiu, cortando a explicação de Elke. — Não deu tempo de eu fazer nada? Nem sequer pude tentar falar com meus filhos? — Valéria começou a entrar em pânico.

— Você não está morta. Vai retornar ao corpo assim que possível. Este corpo de agora é astral. Nós estamos aqui como espíritos, entende?

— Não entendo e não quero entender — ela recuou. — O que querem comigo?

— Nós precisamos falar com você, Valéria. É muito importante que nos ouça.

— Eu estou reconhecendo você de algum lugar — ela estreitou os olhos, mirando Elke melhor. — Já vi seu rosto antes.

— Nós já caminhamos juntas em muitas encarnações. Somos grandes amigas, embora você não vá se lembrar muito bem agora. Mas Abel e eu queremos lhe mostrar algo mais importante, que requer certa urgência.

— Tem a ver com meus filhos?

— Antes de tudo, tem a ver com você. Por que não nos acompanha? — pediu Abel de forma educada. — Nós somos amigos e só queremos o seu bem.

Apesar de desconfiado, o espírito de Valéria deu a mão para Abel. Imediatamente eles se locomoveram dali e, quando ela deu por si, estava sentada em uma cadeira diante de Abel e de Elke. O local era uma sala branca e retangular. O ar era mais leve e rarefeito. Uma sensação de paz a invadiu, deixando-a mais relaxada.

— Nós queremos lhe contar uma breve história e lhe dar algumas explicações quando ela terminar — prosseguiu Abel. — Tentaremos resumir da melhor forma possível.

— Quando acordar, mesmo que não se lembre de nossa conversa, vai sentir algo diferente dentro do peito — Elke afagou a mão dela de leve. — Muitos encarnados costumam acordar descansados e relaxados. Até dizem: "Nunca dormi tão bem como nesta noite". Acordam motivados e às vezes até despertam com uma solução para determinado problema que antes não conseguiam encontrar.

— Isso acontece quando este encarnado encontra-se com espíritos superiores que compartilham seus conhecimentos com ele — elucidou Abel. — O mesmo acontece com aqueles que sintonizam com as sombras. Ao acordar, estão cansados e desanimados. Nem querem se levantar da cama para ir trabalhar. "Eu acordo mais cansado do que antes de me deitar", eles dizem.

— Muitos nem sequer imaginam o quanto as horas durante o sono são importantes para o corpo e principalmente para o espírito — era Elke novamente. — Daí vem a importância das orações antes de nos deitarmos. Ela é nossa arma contra a interferência de espíritos com intenções infelizes. Se quisermos acordar bem-dispostos e mais felizes, é importante pedirmos proteção divina todas as noites. Se nos ligarmos com a luz do bem, estaremos seguros.

— Então vamos à tal história? — sugeriu Valéria, ansiosa.

— Claro — Abel abriu um sorriso luminoso. — Nós poderíamos falar sobre muitas encarnações, mas vamos abordar uma em especial. Aconteceu no século retrasado, por volta de 1820, na Irlanda.

———

A Irlanda sempre foi um país famoso por suas paisagens idílicas, por suas campinas verdejantes, suas encostas profundas ladeadas por mares azuis e pelas montanhas recortadas contra um céu de brigadeiro. Os irlandeses, talvez por viverem em um paraíso oferecido por Deus, eram um povo hospitaleiro, divertido e acolhedor. Gostavam do país e amavam suas terras.

Erina, no entanto, pensava o contrário. Apreciava a Irlanda apenas por ser uma mulher de posses. Mas, desde que mantivesse seu padrão de vida, qualquer outro lugar do mundo também seria bonito.

Além de rica, tinha sangue nobre correndo nas veias. Era prima de terceiro grau do rei da Grã-Bretanha, Irlanda e de Hanôver, Jorge IV. Sua família era considerada a mais rica do Condado de Clare.

Na imponente e majestosa casa de pedra, construída no século 17, Erina era a irmã caçula de cinco irmãos. Os pais amavam os filhos e sempre se esmeraram em sua criação. Apesar do luxo em que viviam, Damon e Ciara sempre foram pessoas simples e procuraram educar as crianças da mesma maneira. Diziam que sua condição financeira não era impedimento para que qualquer um deles se relacionasse com pessoas mais pobres.

Erina nunca concordou com isso. Achava que, se tinha nascido rica, então a obrigação dos pais era fazer a fortuna se tornar ainda maior. Seus irmãos concordavam com o pensamento de que tinham que "dividir" com os mais necessitados tudo aquilo que havia em abundância na casa. Mas Erina queria agir de forma contrária. Desejava tirar de quem já tinha pouco para ampliar a riqueza e o poder de sua família.

A situação começou a mudar quando Damon faleceu vítima de um derrame cerebral. Ciara mergulhou na tristeza e nem mesmo os cuidados com os cinco filhos a animavam ou lhe traziam motivação. Sem Damon, a vida perdera a cor. Aquela era somente mais uma demonstração de que o dinheiro não podia comprar tudo o que quisessem. Não pudera impedir a morte repentina e assustadora do marido.

O suicídio de Ciara, três meses após a morte de Damon, deixou os filhos em estado de choque. Em uma manhã, Ciara levantou-se da cama, saiu de casa partindo na direção dos penhascos e atirou-se ao mar. Nem sequer despediu-se dos filhos. Partira de forma tão silenciosa quanto Damon. Tirara a própria vida na vã esperança de se encontrar com o marido após a morte.

Com a morte de Ciara, toda a fortuna foi entregue aos filhos através de um testamento. Mas uma nova surpresa aguardava a todos. A herança seria dividida apenas entre os quatro mais velhos. O advogado leu uma nota escrita de próprio punho por Ciara em que ela dizia: "Erina não pode administrar nada de valor. Sua ganância estragaria a sua vida. Por isso, é importante que ela dependa financeiramente de seus irmãos mais velhos".

Erina ficou enlouquecida diante daquela informação. Seus irmãos tinham todo o dinheiro que quisessem, e ela, nada. Caso precisasse de algo valioso, deveria pedir a Mane ou Declan, os dois rapazes mais velhos, que eram gêmeos. A terceira filha chamava-se Glynna e era tão tímida quanto um pardal. O quarto filho, Kevin, nunca parecia estar preocupado com nada. Erina era a que mais pensava nas maneiras como poderia gastar toda a fortuna que também lhe era de direito.

Havia uma cláusula no testamento que deixava bastante claro que as únicas formas de Erina tomar posse de toda a fortuna era se os irmãos abdicassem do dinheiro, o que seria muito improvável, ou em caso de falecimento dos quatro, o que era ainda mais improvável. Sendo assim, só lhe cabia resignar-se e aceitar a situação após ter sido duramente traída pelos pais.

Para piorar, Declan e Mane nunca lhe davam todo o dinheiro de que ela julgava necessitar. Ficavam regulando o que também pertencia a ela. Erina só ficava ainda mais furiosa. Aquilo não era justo. Algo precisava ser feito para pôr um ponto final naquilo.

Já que os irmãos não renunciariam à herança, a única maneira de ver-se livre deles seria matando-os. Erina era fria o suficiente para não ficar abalada com essa possibilidade. Nunca gostara deles de verdade, portanto não podia sentir pena ou remorso.

A ideia veio através de uma festa de aniversário organizada para Glynna. Erina achava que daria certo se envenenasse todos os irmãos a um só tempo. Aquilo causaria um baque no povoado, mas daria um jeito para que a polícia não suspeitasse dela. Achava ser esperta o suficiente para enganar as autoridades locais. Quando a poeira assentasse, era recolheria toda a fortuna e deixaria a Irlanda.

A festa aconteceria dali a três meses. Nesse meio-tempo os irmãos começaram a explorar mais suas vidas amorosas. Declan e Mane, então com vinte e quatro anos, apaixonaram-se quase na mesma época por duas moças adoráveis. A namorada de Declan era uma garota do povoado que o cativou no momento em que a conheceu. Chamava-se Lana e Declan não teve nenhuma dúvida do quanto a amava no dia em que a pediu em casamento. Acertaram todos os detalhes para um mês após o aniversário de Glynna.

Mane, no entanto, teve certa complicação em seu namoro. Bridget, por quem se apaixonara, tinha apenas onze anos, embora possuísse corpo de mulher. Os pais dela foram contra o namoro. Bridget era de origem simples e ainda uma criança. Nunca aceitariam a ideia de vê-la na cama com um homem de vinte e quatro anos.

Mas apesar da pouca idade, Bridget tinha a mentalidade de uma mulher adulta. Certa vez conseguiu fugir da vigilância dos pais e encontrou-se secretamente com Mane em uma cabana próximo ao mar. Amaram-se com loucura e Mane propôs fugir com ela para muito longe dali. Bridget aceitou. Gostava dos pais, mas queria estar ao lado de Mane até o fim de sua vida. Duas semanas depois, os dois partiram em segredo. Ele, abrindo mão da fortuna que lhe pertencia, e ela, do carinho e da atenção dos pais.

Saber daquilo deixou Erina bastante satisfeita. Agora era um a menos para impedi-la de alcançar seus objetivos. Esperava que Mane nunca mais retornasse e até torcia para que ele fosse feliz junto da criança que praticamente sequestrara.

Glynna também se apaixonou por Sheridan. Seu nome no idioma gaélico significava "selvagem". E essa era a palavra exata que descrevia Sheridan. Ele era imenso e sabia lutar com espadas como ninguém. Estava em visita ao Condado de Clare quando viu Glynna pela primeira vez. Sorriram um para o outro e trocaram olhares apaixonados que fizeram os corpos de ambos se aquecerem. Assim como Mane tinha feito com Bridget, Sheridan levou Glynna para uma praia deserta, onde puderam se entregar ao amor. Porém, não houve pedido de casamento. Os dois apenas ficavam juntos, aproveitando a companhia um do outro.

Kevin nunca se apaixonou. Apesar de estar com quase vinte anos, sentia mais prazer em tomar seus canecos de cerveja gelada num dos muitos pubs espalhados pelo condado do que em beijar uma mulher. Erina sabia disso e achava que ele não faria a menor falta ao mundo quando morresse.

O dia da festa de aniversário finalmente chegou. Glynna estava linda. Embelezara-se apenas para agradar os olhos de Sheridan. Não era uma mulher vaidosa, principalmente devido à sua grande timidez, mas gostava muito de variar as roupas. Nunca era vista com o mesmo vestido. E naquela noite usou um longo branco, um esboço de vestido de casamento. Quem sabe, vendo-a daquela maneira, Sheridan decidisse tomá-la por esposa.

Entre os criados da casa, havia duas mulheres que trabalhavam lá havia muitos anos. Chegaram, inclusive, a conhecer os pais de Damon e de Ciara. Chamavam-se Siobhan e Elke. Eram duas irmãs e ambas já contavam mais de oitenta anos. Entretanto, apesar da idade, gozavam de uma lucidez e agilidade impressionantes. Eram sábias e sempre pareciam captar quando algo errado estava para acontecer. E não foi diferente durante o aniversário de Glynna.

Erina já havia providenciado, com uma curandeira de um vilarejo vizinho, um pó esverdeado feito à base de ervas venenosas que seria fulminante quando fosse ingerido misturado a uma bebida. Não tinha cheiro e o sabor era quase imperceptível. Talvez outros convidados da festa também fossem envenenados, mas isso não lhe importava nem um pouco.

Sempre poderia acusar um dos criados. E já tinha escolhido as suas vítimas: as duas irmãs velhas e inúteis. A polícia não duvidaria quando ela alegasse que as irmãs já estavam com a saúde mental comprometida por conta da idade, por isso teriam adicionado algo "muito forte" à bebida dos convidados. Que sortuda fora ela por não ter tomado nada!

O alvo escolhido foi a imensa jarra de suco. Os seus irmãos tomavam sucos de frutas frescas. Num breve momento em que a cozinha ficou vazia, Erina entrou em ação e esvaziou o envelope do veneno na jarra de suco. Agora, só teria que aguardar o resultado.

Mas as duas irmãs, como se fossem alertadas por espíritos protetores, sentiram que algo de ruim estava para acontecer. Quase como se adivinhassem, elas jogaram fora o suco daquela jarra e fizeram outro. Todos beberam a nova e saudável bebida e nada aconteceu. Erina ficou sem entender, mas não questionou ninguém para não levantar suspeitas. Se não dera certo naquela vez, daria em outra ocasião.

capítulo 25

O casamento de Lana e Declan foi um sucesso. Ele a trouxe para viver em sua casa, o que deixou Erina profundamente desgostosa. Agora era mais uma para usufruir do seu dinheiro. Ela, que era filha legítima, tinha que ficar esmolando centavos com Declan, mas Lana, uma pobretona que dera sorte na vida, teria todo o dinheiro aos seus pés, quanto e quando desejasse.

Erina não percebia, mas estava ficando obcecada pelo dinheiro. Seu egoísmo e sua ambição a cegavam, impedindo-a de conhecer os verdadeiros valores do espírito. Sua loucura por tomar posse de todo o dinheiro era tamanha que ela não se importava em eliminar pessoas que gostavam dela. Cometer crimes, para ela, era apenas um meio encontrado para atingir seus objetivos perversos e tortuosos.

Sempre que a encontravam, Siobhan e Elke tentavam lhe falar sobre a espiritualidade, na época difundida através da cultura celta. Mas Erina fazia-se surda aos chamados para as verdades da vida. Odiava as duas senhoras e sempre desconfiou que elas tivessem algo a ver com o fracasso de seu plano na festa de aniversário de sua irmã.

A mente pérfida de Erina começou a arquitetar outras maneiras de eliminar os irmãos. Como Kevin quase sempre estava embriagado, decidiu começar por ele. Numa tarde em que Declan e Lana tinha ido até os penhascos ver o mar e Glynna tinha ido ao encontro de Sheridan, Erina entrou em ação. Tirou o irmão do quarto e, pretextando uma ajuda na sala, ela o guiou até o alto da escadaria. Percebendo que não era vista por ninguém, empurrou-o de uma só vez pelo peito. Kevin tombou de costas, rolou pelos degraus e chegou lá embaixo sem vida.

Foi uma perda terrível para todos. Erina se esforçava para chorar, mas não conseguia. Ficou séria e muda, o que fez com que acreditassem que ela estivesse em estado de choque. Concluíram que Kevin, estando bêbado, tropeçara e rolara escada abaixo. Uma fatalidade que marcou a família outra vez, pois a morte dos pais ainda não tinha completado um ano.

Totalmente descontrolada, Erina planejou seu próximo crime. Dessa vez foi com Declan e Lana. Da mesma forma como convencera Kevin a acompanhá-la até a escada, Erina guiou o irmão e a cunhada até um dos penhascos mais altos, o mesmo do qual Ciara tinha saltado.

Usando palavras doces, Erina foi conduzindo-os devagar até a beirada, sempre apontando o mar azul e o horizonte que se perdia a distância. E, num instante em que Declan e Lana distraíram-se, ela os empurrou com força. Primeiro o irmão e depois Lana. Eles mal tiveram tempo de entender o que estava acontecendo, pois logo seus corpos despencaram no abismo, sendo engolidos pelas águas.

As pessoas passaram a comentar que uma maldição tomara conta daquela família, sem saber que a maldição tinha nome: Erina. Com intervalo de poucos meses, alguém da casa perdia a vida de forma trágica. Ninguém nunca soube explicar o que teria levado Declan e Lana, tão jovens e apaixonados, a agirem como Ciara, atentando contra a própria vida.

Mas ainda havia Glynna. Por sorte ela nunca chegara a se casar com Sheridan. Eliminar a irmã foi ainda mais fácil. Numa noite chuvosa, Erina esgueirou-se pelos corredores frios e entrou no quarto da jovem. Apanhou um grande travesseiro e pressionou-o contra o rosto de Glynna, que se debateu violentamente, mas logo perdeu os sentidos. Erina, com sua sanha assassina, ainda sorriu ao contemplar o rosto arroxeado da irmã morta.

Diante dos outros, Erina mostrava sua preocupação. Dizia que a próxima a morrer seria ela. Todos os seus irmãos, menos Mane, estavam mortos. Erina mentia dizendo que achava que a casa era assombrada e somente se mudando de lá se veria livre do legado de horror que já atingira sua família. Ela anunciou que pegaria todo o dinheiro que ficara sob seus cuidados e iria embora da Irlanda.

Se Mane voltasse, ela também precisaria se livrar dele. Mas o testamento dizia que o dinheiro seria dela se os irmãos morressem ou renunciassem a ele. Mane tinha desistido de tudo por seu amor a Bridget. Agora, ninguém mais se interporia em seu caminho. Finalmente vencera. Como sempre desejou, todo o dinheiro agora era seu. E ela seria feliz até o dia de sua morte.

———

Quando Abel terminou de contar, ficou olhando para a face de Valéria, lavada pelas lágrimas. Um grande instante de silêncio se fez. Elke apertou as mãos de Valéria e perguntou:

— Essa história lhe parece familiar?

— Muito. É a minha história, não é mesmo?

— Antes que eu diga algumas coisas, você gostaria de perguntar algo?

Ela olhou para Abel e meneou a cabeça positivamente.

— Essa peste chamada Erina, uma assassina que matou todos os irmãos para ficar com a herança... sou eu?

— Sim — foi tudo o que Abel disse, pois Valéria tornou a cair em pranto profundo.

— Como eu pude fazer aquilo? Como eu não senti piedade dos meus irmãos? Que espécie de ser humano eu era nessa época?

— Depois que você pegou todo o dinheiro do banco, mudou-se para a Inglaterra, onde conheceu um irlandês com residência fixa lá. Ele já ouvira falar na sua família, mas não sabia do histórico lamentável que a envolveu por serem fatos recentes. Gideon era extremamente rico e a tomou por esposa. Vocês nunca tiveram filhos nos vinte anos em que permaneceram casados.

— Estou me lembrando agora — Valéria fechou os olhos e cenas antigas passaram rapidamente por sua mente. — Eu nunca amei Gideon, mas aceitei ser sua esposa porque ele era tão rico quanto eu. Não fui responsável por sua morte, mas, quando ele faleceu, herdei toda a sua fortuna também.

Tornei-me uma das mulheres mais ricas de Londres e sempre era convidada pela família real a participar de almoços, pois eu tinha sangue nobre.

— No entanto, viveu uma vida fútil e fria. Só confessou para si mesma que jamais fora feliz quando desencarnou aos sessenta anos. Viu-se em lugares não muito agradáveis, onde os espíritos de Declan, Kevin e Sheridan a aguardavam. Seus dois irmãos não a perdoavam por ter tirado suas vidas, e Sheridan, por tê-lo feito infeliz com a morte de Glynna. Sua irmã, todavia, logo a perdoou e partiu para planos mais elevados.

Valéria assentia ouvindo as explicações de Abel. Foi a vez de Elke falar:

— Sendo a reencarnação a principal oportunidade de renovação e novas conquistas, todos vocês voltaram à vida corpórea após vagarem perdidos por muitos anos no astral inferior. Custaram a se perdoar e, quando o fizeram, foi-lhes sugerida uma nova chance em família outra vez. Desta vez, vocês deveriam eliminar os rancores e desentendimentos da última encarnação e viverem em harmonia e prosperidade.

— Você tinha prometido que, se renascesse rica, faria o impossível para ajudar os menos favorecidos e dedicaria todo o seu amor na criação dos seus filhos, que no passado foram os seus irmãos.

Ouvindo Abel, Valéria secou as lágrimas e prestou atenção. Ele prosseguiu:

— Ícaro e Laysla sempre tiveram uma forte ligação, desde quando eram Declan e Lana. Quando você se opôs ao romance dos dois na vida atual, as antigas mágoas de Ícaro reacenderam-se em seu coração. O mesmo acontece com Kennedy, que há muitas encarnações vem abusando do corpo com o álcool ou substâncias nocivas.

— Ele era Kevin, o que empurrei da escada? — sussurrou Valéria.

— Exatamente. O que você fez gerou muitos dissabores, que estão de volta na vida atual. É por isso que você se sente desprezada por seus filhos. Acha que eles são revoltados e a desprezam. Isso poderia ter sido evitado se você tivesse se empenhado no que prometera fazer. Seu amor por eles seria a única forma de renovar seus valores e se reconciliar com aqueles que sempre caminharam ao seu lado.

— Quanto a Mane, ele nunca se importou muito com seus sentimentos, pois você não o afetou diretamente. Mane viveu sua vida particular com Bridget, mas tiveram que superar muito preconceito e discriminação para viverem felizes. Ninguém aceitava com bons olhos ver um homem feito namorando uma criança de onze anos.

— E eles conseguiram vencer?

— Conseguiram, porque nunca se renderam aos comentários alheios — prosseguiu Abel. — E agora aceitaram vivenciar uma experiência parecida. Mostrariam aos outros e principalmente a você que o amor desconhece diferença de idade. Sua união serviria para derrotar o preconceito e renovar a força de seus nobres sentimentos. Hoje Mane é Sidnei e Bridget veio como Samara.

— Ela foi muito mais nova do que ele e agora é bem mais velha — comentou Valéria.

— O que não muda nada. Os dois são espíritos que se amam profundamente. Mane aceitou vir como seu filho porque também se propôs a ajudá-la. Esperava mostrar para você a importância de renovar seus valores e atualizar suas crenças, até agora obsoletas e ultrapassadas. Se você superasse esse desafio de aceitá-lo ao lado de uma mulher muito mais velha, teria sido um grande avanço. Você compreenderia que o amor genuíno é indestrutível e muito poderoso. Não sabe como foi importante para o seu progresso e para o dele ter desistido de abortá-lo.

— Já Michel — continuou Elke — animou um corpo feminino. Foi sua irmã Glynna. Assim, quando reencarnou como Michel, sentia atração pelo sexo masculino da mesma forma como quando foi uma mulher. Cabe ressaltar que nem todos os homossexuais de agora foram mulheres em outras vidas. Glynna não pôde viver muito ao lado do seu grande amor.

— Sheridan, o namorado dela, veio agora como Isaac?

— Não. Isaac é um espírito que também se comprometeu a vir ajudá-la a vencer as muralhas do preconceito. Você necessitaria libertar Michel, pois um amor de verdade não exige, não fere nem magoa. Mas o ciclo de permanência de Isaac na Terra já terminou. Em breve, Michel irá reencontrar o espírito que outrora fora Sheridan.

— E quem é Sheridan agora?

— Você ainda não o conheceu, mas isso acontecerá em breve. Quanto a Damon e Ciara, que foram seus pais, decidiram reencarnar na pobreza. Levariam uma vida humilde e simples. Julgavam ser culpa deles o seu comportamento e tentariam agir diferente agora. Ciara ficou muito confusa após se suicidar e entender que a vida nunca termina. Sua consciência lhe cobrava uma reparação e ela precisou passar por um longo tratamento em uma colônia de recuperação para curar as mazelas que o suicídio causara em seu períspirito. Assim, eles voltaram como Serena e Alfredo, os pais que a criaram no interior de Minas Gerais.

— Eles me criaram da melhor forma que lhes foi possível. E não erraram na minha criação. Eles não podem ser responsabilizados pelas minhas atitudes como Valéria, principalmente depois que os abandonei. Eu sou a única responsável por elas.

— Fico feliz que esteja pensando assim — sorriu Abel. — Quanto a Gideon, que foi seu marido em Londres, casou-se com você outra vez. Nada acontece por acaso, não foi sorte ou coincidência você ter conhecido e se casado com um homem rico como Felipe. Só que até agora, infelizmente, você tem se entregado ao orgulho e à ambição novamente.

— Mas pelo menos eu não matei ninguém e... — ela calou-se de súbito. Lembrou-se de Laysla e dos homens que contratara. — Meu Deus!

— Nós sabemos disso — percebeu Elke. — Ficamos durante todo o tempo ao seu lado, tentando fazê-la mudar de ideia, mas não conseguimos. Porém, ainda há tempo de você mudar suas ações. Sempre há tempo.

— Você é muito boa comigo — confessou Valéria para Elke. — Seu jeito é muito parecido com o de Teresa.

— Talvez por isso nós tenhamos sido irmãs — revelou Elke com um belo sorriso nos lábios. — Eu já me chamava Elke e Teresa era Siobhan. Eu decidi acompanhá-la aqui, do plano astral, mas Teresa resolveu ficar mais próxima de você. Ambas queremos o seu melhor, Valéria.

— Eram mulheres espiritualizadas, as duas velhinhas de quem nunca gostei — Valéria abaixou os olhos, sentindo as bochechas corarem. — Se eu as tivesse ouvido, teria evitado muito sofrimento e desentendimentos. Acho que é por isso que estou pagando agora. Fui muito ruim como Erina e continuei sendo cruel como Valéria. Todos partiram e eu fiquei sozinha. Parece que até Deus não gosta mais de mim.

— Ninguém paga nada porque não temos credores, a não ser a nossa consciência e o nosso coração — Elke olhou fixamente para Valéria. — Se você foi ruim, é porque não quis se manter no bem. Em nosso mundo não existem tragédias, ou crueldades, pois elas surgem a partir da ignorância do homem. A realidade é outra e muito mais bela. Nosso mundo é feito de luz, de prosperidade, de energia e de alegria.

— Se todos partiram, foi porque você provocou essa situação — esclareceu Abel. — Mas Deus sempre vai amá-la. Ele deseja ver o seu melhor sendo exteriorizado. Você não foi abandonada pela vida e nunca será. Ela jamais desiste de nós, jamais desiste de nos impulsionar para a frente, até fazermos um balanço de nossas atitudes, quando jogaremos fora as ilusões e tudo aquilo que não presta para aproveitarmos somente o que nos traz paz, equilíbrio e sucesso.

Valéria permanecia em silêncio, absorvendo cada uma daquelas belas palavras.

— Quando você acordar, pouco ou nada se lembrará do que está sendo discutido aqui. A memória física é muito limitada. Mas aqui — Abel indicou o coração de Valéria — você saberá de toda a verdade. Perceberá que precisa construir um caminho de crescimento e de amor, consertar aquilo que foi rompido e reconciliar-se com seus filhos. Lembre-se, minha querida: você tem um sonho a ser conquistado. Basta acreditar nele e lutar com fé para alcançá-lo.

Abel e Elke abraçaram Valéria e aplicaram-lhe um passe fluídico. Após mais alguns momentos de conversa, eles a guiaram novamente até o corpo. Valéria respirou fundo, virou de lado na cama e continuou dormindo.

capítulo 26

Assim que viu Edilene cruzar a porta de seu armazém, o pernambucano careca e pouco amável, que deixara a caatinga do Nordeste para tentar a vida na capital mineira, abriu um armário no alto da parede e apanhou duas garrafas de cachaça. Colocou-as sobre o balcão e resmungou:

— Não vou te vender mais do que duas. Você ainda nem pagou as que me deve.

Edilene olhou para as garrafas de vidro transparente e sentiu que as veias do seu corpo se dilatavam. Havia três dias não ingeria uma gota de bebida mais forte do que cerveja. Quando as latinhas acabaram, ela não buscou outras. Era um desafio que tinha imposto a si mesma.

A conversa que Teresa tivera com ela fora decisiva. Fora tão importante, que mudara completamente o modo de Edilene enxergar a vida. Nunca ninguém tinha lhe aberto os olhos daquela maneira. Por mais que não quisesse admitir, a verdade era incontestável: ninguém a obrigava a beber, mas era certo que estava destruindo a si mesma, a própria vida e o carinho que Helder e Laysla ainda nutriam por ela.

Não desejava isso para eles nem para si própria. Também queria mostrar o quanto era forte, capaz de resistir ao poder e ao encanto do álcool ao mesmo tempo em que afastaria os espíritos viciados de sua casa. Mas não tinha sido fácil naqueles três dias. Ela sentia uma sede terrível, sede que nenhum líquido comum conseguiria saciar. Era sede por algo forte, capaz de esquentar suas entranhas. Distraiu-se com as cervejas, mas era como dar uma colher de arroz para um homem que não almoçava havia uma semana.

A sensação trazida pela embriaguez precisava ser sentida novamente. Por outro lado, se o fizesse, estaria entregando os pontos outra vez. Seus filhos estavam esperançosos de que ela não teria uma recaída. Teresa lhe dissera que ninguém pode viver para sempre a serviço do vício. Ela queria melhorar, garantir para todos que jamais provaria um copo de bebida alcoólica.

Estar limpa, cheirosa e arrumada era quase uma bênção. Em alguns momentos ela não conseguia acreditar como tinha ficado tão entregue. Chegara a ponto de urinar e defecar na própria cama, sem se importar com o odor ou com a falta de higiene. Passava mais de uma semana sem tomar banho. Nem mesmo um bicho grotesco viveria em condições tão deprimentes.

Quando a ânsia de beber tornava-se muito intensa, ela procurava um meio de distração, exatamente como Teresa lhe sugerira. E não é que dera certo? Ela ligava o rádio em volume máximo e procurava limpar a casa, lavar as roupas dos filhos e preparar o jantar. Se as mãos e a mente estivessem ocupadas com as tarefas e com as músicas, o álcool ficava em segundo plano. Fora graças a isso que ela ingerira apenas três latinhas de cerveja.

Necessitando de alguns produtos para casa, ela fora até o armazém onde comprava fiado suas bebidas. O pernambucano a conhecia, por isso logo colocou as duas garrafas à sua disposição. Ao vê-las, um desejo louco e insaciável sacudiu todo o corpo frágil de Edilene.

— E então? Vai querer estas *manguaças* ou não?

Começando a suar frio, Edilene não respondeu. Apanhou uma cestinha e começou a procurar pelos produtos que fora comprar. Quando terminou e voltou ao balcão, as garrafas continuavam no mesmo lugar. Pareciam estar convidando-a para abri-las e saboreá-las.

— Veja quanto vai dar minha compra — ela murmurou ao dono do armazém.

Ele se pôs a somar os valores em uma calculadora, empurrando as duas garrafas junto aos demais produtos.

— As garrafas ficam — avisou Edilene, sentindo-se vitoriosa.

— Não vai levar nenhuma? — o homem pareceu incrédulo.

— Vou pagar essa compra e também o que estou devendo. Minha filha me deu dinheiro.

Ela sorriu, revelando a falta dos dentes. O pernambucano achou que ou Edilene estava mais bêbada do que nunca, embora não parecesse, ou tinha ficado completamente louca.

Dando de ombros, ele somou tudo, incluindo as dívidas que ela deixara em aberto. Edilene pagou tudo e recebeu dez reais de troco.

— Por que não leva essas duas garrafas, minha amiga? Vai querê-las, mais cedo ou mais tarde.

— Não! — a voz tremeu dessa vez. Já não estava tão segura. Se aquele homem continuasse insistindo...

— Nada como uma boa dose para o coração cantar de alegria — como se quisesse testá-la, ele colocou as duas garrafas nas sacolas de compras e estendeu-as em sua direção. — Tenha uma ótima tarde!

— Eu não quero as bebidas — ela insistiu. — Não vou pagar por elas.

Uma cliente entrou no armazém nesse momento. O homem foi atendê-la, mas olhou por cima do ombro e disse a Edilene:

— São brindes. Você sempre compra aqui e nunca lhe dei nada.

Quando ganhou a rua, o rosto de Edilene estava em brasa. Carregar aquelas garrafas era como ter um revólver nas mãos quando se está diante do maior inimigo. Sabia que, se as bebesse, tudo estaria perdido. Não conseguiria parar e continuaria agindo como antes.

Tinha que resistir. Teresa lhe dissera que o fundamental naqueles momentos de fraqueza era a oração. Fechou os olhos e mentalizou uma luz clara envolvendo todo o seu corpo. Pediu que, se houvesse espíritos amigos ao seu lado, a auxiliassem a superar aquela vontade doentia.

Mas seu corpo, como em uma prova de fogo, quase suplicava pelo álcool. Sua mente travava uma batalha, na qual parte queria beber e parte queria manter a sobriedade. Era um duelo interno, terrível e doloroso.

Edilene finalmente se decidiu. Abriu as sacolas e apanhou uma das garrafas. Cheirou o gargalo e seus dedos foram rapidamente até o lacre. Tinha que ser agora ou nunca.

Mais tarde, um mendigo considerou-se um homem de sorte. Enquanto procurava por alguns papelões em um monte de lixo, encontrou duas garrafas de pinga lacradas. Imaginou quem teria sido o louco que jogara fora aquilo que ele considerava um verdadeiro tesouro.

———

Samara encontrou-se com Sidnei em um restaurante localizado bem em frente à empresa em que trabalhava. Todos os dias eles se encontravam ali, logo que Sidnei saía da academia. Ele nunca mencionava a palavra trabalho e Samara sabia que ele não o faria. Sidnei vinha de uma família de posses e não tinha necessidade de trabalhar para garantir o próprio sustento, ainda que a mãe o deserdasse, como já prometera fazer.

Quando o viu aguardando à mesa de costume, Samara logo notou que ele parecia ansioso com alguma coisa. Beijou-o e sentou-se diante dele. Após terem feito o pedido, Sidnei foi direto ao assunto que o estava angustiando:

— Meu amor, você não sabe o quanto eu amadureci desde que a conheci na academia. Antes, eu era só um moleque de vinte anos.

— E continua sendo — ela riu.

— Eu quero dizer que eu tinha atitudes de adolescente, quase infantis. Mas agora eu cresci por dentro. Sinto que sou um homem de verdade.

— Não sabe como isso me deixa aliviada — tornou ela, ainda em tom de brincadeira.

— Ora, não seja boba. Você sabe o que estou querendo dizer. Junto com essa maturidade, eu mudei também o meu modo de pensar. E hoje tomei uma importante decisão sobre nós dois.

O sorriso de Valéria murchou. De repente, a conversa perdera a graça. O que Sidnei queria dizer com aquilo? Será que se cansara dela ou conhecera uma garota da mesma idade que ele?

— Diga, por favor.

— Eu quero um filho.

— Um filho? Você sabe que isso é impossível. Tenho cinquenta e três anos e, na raríssima hipótese de uma gravidez, ela seria de alto risco para mim. Não...

— Eu disse que quero um filho, mas não disse que você precisa engravidar.

Outro pensamento assaltou a mente de Samara. Será que ele pensava em conseguir uma mãe de aluguel? Muitos homens vinham fazendo isso ultimamente, com o consentimento de suas esposas estéreis.

— Não estou entendendo, Sidnei.

— Eu quero adotar uma criança. Quero que você e eu sejamos os melhores pais que essa criança possa ter.

Sidnei nunca lhe parecera mais sério. Samara limpou os lábios com o guardanapo.

— Você tem certeza do que está dizendo? Adotar é uma tarefa de alta responsabilidade e comprometimento. Estaremos lidando com uma vida.

— Da mesma forma que lidaríamos com uma se você engravidasse — ele cobriu a mão dela com a sua. — Mas não quero que você corra nenhum tipo de risco. Uma adoção seria o meio mais fácil de resolver o nosso problema, desde que você compartilhe do mesmo sonho que eu.

Definitivamente Sidnei tinha amadurecido, concluiu Samara, a não ser que aquilo fosse apenas um desejo adolescente meio maluco. Mas ele parecia estar convicto do que dizia.

— E então, meu amor? — ele ergueu a mão dela, beijando-a. — Se aceitar, amanhã mesmo vamos atrás de um juiz para legalizar tudo. Só preciso que você diga sim.

Samara puxou a mão dele para si e beijou-a também. Já era uma loucura ter se casado com um homem que tinha idade para ser seu filho, embora fosse uma loucura inocente e deliciosa, permeada por alegria, afinidade e amor. Mas tornar-se mãe adotiva naquela idade parecia uma loucura ainda maior. Contudo, seria uma nova experiência certamente ainda mais gostosa e divertida. E Samara estava adorando tudo aquilo.

— Eu aceito, Sidnei. E prometo ser uma excelente mamãe.

Belo Horizonte é uma cidade rica em belezas naturais. Além de seus vários pontos turísticos encantadores, a cidade oferece atrativos para todos os gostos e gêneros, principalmente por meio da comida típica e do famoso queijo fresco com café.

Edmundo e Manoel, entretanto, não estavam pensando em queijo fresco ou nas belezas da capital. Tudo o que lhes importava era a pessoa que observavam a distância. Tinham sido regiamente pagos pela madame loira e elegante para fazer aquela bela mulata sumir do mapa. Nos dois dias anteriores, eles vinham vigiando-a, acompanhando detalhadamente todos os seus passos. Sabiam que um rapaz a levava de carro ao trabalho. Ele passava algumas horas com ela na barraca de frutas, ia embora e voltava para buscá-la no fim do dia.

Pelos modos finos do namorado da vítima, era possível que fosse o filho da mulher que os contratara ou algum candidato a amante. Isso não lhes interessava. Tudo o que tinham a fazer era colocar as mãos na moça que se chamava Laysla e dar a ela o mesmo destino que já haviam dado a muitas outras pessoas. Sempre conseguiam um jeito de os corpos nunca serem encontrados.

Em algum momento ela sairia à rua desacompanhada.

Tinha que estar sozinha para que desse certo. Se acontecesse à noite seria ainda melhor. A noite era cúmplice daqueles criminosos. Aquela mulher parecia inocente e frágil, o que era ainda mais interessante. Eles lhe dariam uma lição da qual ela jamais se esqueceria, antes de morrer.

A oportunidade surgiu quando viram Laysla se dirigir sozinha ao ponto de ônibus, após fechar a barraca de frutas no mercado. Por algum motivo o “mauricinho” do namorado não fora apanhá-la. Era tudo o que Edmundo e Manoel queriam. Aquela seria uma noite dolorosa e triste para a família daquela bela mulata, pois ocorreria uma grande tragédia. Laysla teria uma surpresa inesquecível.

E eles também.

———

Quem quebrou deve consertar. Foi com esse pensamento que Valéria acordou após a noite em que sonhara com Abel e Elke. Fora uma noite tranquila e acordara leve e bem-disposta como se estivesse sob o efeito de alguma substância química.

Lembrava-se de ter sonhado com um casal que contou muitas coisas para ela. Mas infelizmente não se recordava de nenhuma. Tudo o que sabia era que tinha rido e chorado durante o sonho. Eles lhe pareceram confiáveis e amigos. Independentemente do que tivessem lhe falado, ela sabia que eram palavras serenas e estimuladoras. No íntimo, tinha certeza disso.

Valéria sentou-se e apoiou as costas na elegante cabeceira da cama. A palavra felicidade não saía de sua cabeça. Além disso, despertara com a estranha sensação de que quem quebra alguma coisa precisa, pelo menos, tentar consertar.

Ela "quebrara" a união familiar. Todos tinham partido como passarinhos que aprendem a voar. No início daquele ano, a vida corria maravilhosamente bem, mas, em questão de meses, tudo tinha se transformado. Ícaro rompera o noivado com uma moça que posteriormente ela descobriu ser prostituta, Michel revelara sua homossexualidade, Kennedy, o seu vício de álcool, e Sidnei, sua paixão por uma mulher bem mais velha.

Seus filhos e marido tinham-na deixado. E Valéria estava ciente de que fora responsável por isso. Mas, se o seu sonho era ver os filhos felizes, de algum modo ela tinha que consegui-lo.

Valéria tentou falar com Tomásia, mas não obteve respostas. Após tomar o café da manhã, pediu ao motorista que a levasse à residência da amiga. Quando o carro encostou diante do portão, Valéria levou um susto enorme. Havia uma placa no chão, do lado interno, onde se lia: *Vende-se.*

Inconformada, Valéria desceu do veículo e tocou a campainha. Um homem de terno e gravata que ela nunca vira antes veio recebê-la.

— Bom dia, senhora. Posso ajudá-la?

— Tomásia está vendendo a casa? — Valéria parecia incrédula.

— A casa estava hipotecada, o que vai prejudicar a venda — ele se apresentou como corretor e informou: — Eles simplesmente retiraram seus pertences de maior valor e se foram.

— Eles se mudaram? Então é por isso que não consigo falar com Tomásia.

— Praticamente saíram fugidos. Estavam mergulhados em dívidas — o homem pigarreou, chegou mais perto de

Valéria e acrescentou: — Houve uma nota sobre a filha deles no noticiário da tevê. A senhora assistiu?

— Sim, eu vi. Eles se mudaram por isso?

— Acho que essa foi a gota d'água. O seu Ênio e a dona Tomásia não tinham dinheiro para mais nada. Suas contas bancárias, acredito eu, estavam zeradas. Se a filha era uma prostituta de luxo, ela bancava a família.

Valéria piscava, sem conseguir raciocinar. Era como se o corretor não estivesse falando da Tomásia e da Isabel que ela conhecia.

Percebeu que não havia nada que pudesse fazer. Sua melhor amiga era tão pobre quanto uma cigarra. Nada a estranhar, já que era mãe de uma prostituta. Isso comprovava que as mulheres em que Valéria sempre confiara eram duas tremendas farsantes.

Ela retornou para casa com uma sensação de profunda nostalgia. Queria chorar, queria gritar, queria bater em alguém. Só vinha levando punhaladas nas costas, de todos que a rodeavam. Se a odiavam tanto, por que não a matavam de uma vez?

Ao entrar em casa, só havia um nome em sua mente: Teresa. Precisava desabafar com a governanta, do contrário enlouqueceria. O pranto era um crescendo em sua garganta, a desilusão e a derrota embolavam-se em seu peito e a tristeza a esmagava com força.

Ela seguiu direto para o quartinho da ex-babá dos seus filhos. Não bateu e entrou com tudo. Flagrou Teresa sentada sobre a cama, olhando com carinho para um retrato em preto e branco.

— Dona Valéria? — sobressaltada, Teresa enfiou a fotografia embaixo do travesseiro e acrescentou: — Precisa de minha ajuda?

Valéria olhou ao redor. O quarto de Teresa tinha menos de um terço do tamanho do seu. Porém, ela sentia-se bem ali. Havia uma sensação acolhedora, o que não acontecia mais nos aposentos dela.

Num gesto que surpreendeu as duas, Valéria estendeu os braços para Teresa e envolveu-a em um abraço apertado. Teresa, recuperando-se da emoção do momento, apertou a patroa com força. As duas permaneceram ali por um longo tempo abraçadas, cada uma chorando por seus motivos.

Quando se separaram, Teresa indicou uma cadeira para que Valéria se sentasse. Ela obedeceu passivamente. Foi naquele instante que Teresa percebeu que algo tinha morrido nos olhos de Valéria, como uma chama que se esvai com a ajuda do vento. Não havia nenhuma opulência ou modos elegantes quando ela desabou na cadeira. Ali, diante de Teresa, havia apenas uma mulher cujo rosto revelava cansaço e uma grande melancolia.

— Diga como posso ajudá-la, dona Valéria? — perguntou Teresa com simpatia.

Foi difícil para Valéria dizer estas palavras, principalmente por ser uma pessoa extremamente orgulhosa, e Teresa sabia disso:

— Por favor... eu vim aqui... para que você me ensine como ser feliz.

capítulo 27

Teresa aguardou respeitosamente até que Valéria contivesse as lágrimas e serenasse a emoção. Quando ela se recompôs, Teresa a consolou:

— A senhora tem todos os motivos para ser feliz.

— Refere-se ao meu dinheiro? Isso não tem me servido de nada ultimamente.

— Estou me referindo ao que a senhora é enquanto ser humano. É uma mulher saudável e bonita que possui uma família maravilhosa.

— Possuía, você quer dizer.

— Ainda possui. O fato de eles terem ido embora não quer dizer que eles não têm mais o seu sangue. E acho muito bom que a senhora esteja aqui, procurando uma maneira de melhorar. Este é o empurrãozinho inicial de que todos nós precisamos.

— Acha que eu ainda tenho alguma chance? — perguntou Valéria com os olhos tristes.

— Quantas achar necessário. Tudo depende de como a senhora se sente. Se acredita que a sua vida pode ficar melhor, passar por uma verdadeira renovação, vá em frente, sem medo. Ninguém vai impedi-la. Somos nós mesmos que criamos empecilhos que bloqueiam a nossa felicidade. Deus movimenta toda a natureza para a nossa melhora. Tudo o que nos resta a fazer é aproveitar.

— Como eu faço para mudar?

— Comece mudando por dentro. Aproveite tudo de bom que a vida nos oferece e descarte o que for inútil. Esqueça o orgulho, o preconceito, o moralismo, a ganância e o egoísmo. Nada disso tem utilidade. Passe a pensar positivo, enxergando a luz das pessoas, observando a vida através da ótica divina.

Valéria ficou refletindo sobre aquelas palavras. Teresa prosseguiu:

— Por que a senhora não conversa com Deus?

— Conversar com Deus? Ele nunca iria querer saber de mim. Eu sou um caso perdido.

— A senhora sabe que isso não é verdade e bancar a vítima também não vai ajudar. Deus quer os Seus filhos se transformando em seres melhores e nós podemos conversar com Ele diretamente, sempre através das orações e da corrente de pensamento. E Ele irá responder. As respostas chegarão a seu coração. A Inteligência da vida é imensurável. Ela nunca se cansa de nos motivar a reagir, a procurar pelo novo, a desenvolver os nossos potenciais latentes, para que possamos receber a visita da verdade.

Lembranças do sonho com Abel e Elke voltaram à mente de Valéria. Lembrou-se de ter ouvido palavras iguais ou muito parecidas ditas pelos dois. Teresa foi em frente:

— A vida reage segundo as nossas próprias atitudes. Envia desafios de acordo com as nossas capacidades de resolvê-los. Acredito que sua vida, principalmente nos últimos tempos, tenha saído totalmente do seu controle.

— É verdade. Nada do que eu tinha planejado deu certo.

— Porque era o momento de a senhora rever seus conceitos. As coisas sempre têm que dar certo. Se não dão, é porque aquilo não era o melhor para nós, naquelas circunstâncias. Sei que a senhora sempre teve uma vida de alto padrão...

— Não! — Valéria a cortou de repente.

— Até onde eu sei, a senhora é uma mulher abastada e foi assim desde que nasceu.

— Não é verdade — os olhos dela se encheram de lágrimas outra vez. — Eu não nasci rica. A única pessoa que sabe desse segredo é Felipe. Ele nunca o revelou a ninguém.

Em poucas palavras Valéria contou sobre sua origem em uma cidade humilde. Falou sobre seus pais, Alfredo e Serena, e sobre seus dois irmãos mais velhos, Márcio e Nestor. Revelou que desde a infância ambicionara uma vida de riquezas.

Sentia-se aprisionada naquela rotina modesta. Mas sua sorte virou quando conheceu Felipe. Casou-se com ele, esqueceu os familiares e renasceu para a vida com que sempre sonhara.

— Confesso que aproveitei muito. Tive tudo o que sempre sonhei ter, inclusive quatro filhos maravilhosos. Mas sempre faltou algo. Hoje percebo que nunca fui feliz. Quem sabe, se tivesse me contentado com a vida simples que levava, eu fosse hoje uma mulher realizada.

— Mas a senhora manteve contato com sua família sem que ninguém soubesse?

Sentindo vergonha, Valéria balançou a cabeça negativamente.

— Não. Simplesmente porque eu me envergonhava deles. Depois que me casei com Felipe, as pessoas pobres se tornaram seres desprezíveis. Eu sempre tive horror a elas. Sempre quis evitar que os meus filhos tivessem contato com elas. Mas agora eu entendo que ninguém tem culpa de ser pobre. Acontece que todo esse nojo era fruto do medo. Eu tinha medo de voltar a ser como antes, de perder tudo o que tinha e retornar à vida humilde.

— E perdeu esse medo?

— De que vai adiantar agora? — Valéria deu de ombros. — Sou uma mulher da alta sociedade, mas isso tem me servido para quê? Ter o sobrenome Falcão, um dos mais valorizados em nossa cidade, não impediu que meus filhos me odiassem. Sofri decepção após decepção. Agora mesmo soube que Tomásia se mudou da cidade com Ênio e Isabel porque estavam falidos. E eu quase obriguei Ícaro a se casar com aquela moça. Tem noção do que eu teria feito com a vida do meu filho?

— Nós sempre estamos aprendendo com as nossas ações, dona Valéria. Aí está a prova. A senhora está refletindo sobre o que fez com uma nova visão. Certamente não vai mais agir assim.

— Nunca mais. Para ser decepcionada e odiada mais vezes?

— Percebe como a vida trabalha de forma maravilhosa? Ela sempre procurou lhe mostrar os melhores caminhos, mas a senhora vendou os olhos. Agora está sendo obrigada a caminhar por eles e enxergar a realidade, porque ninguém foge das responsabilidades. A senhora tem aprendido, ainda que através do sofrimento, que ações amargas trazem resultados iguais, mas que também podemos recomeçar tudo outra vez, mais experientes e bem preparados.

— Quero correr atrás do prejuízo! — exclamou Valéria num tom que fez Teresa sorrir. — Posso não conseguir cem por cento de sucesso, mas quero tentar. Preciso me reconciliar com os meus filhos, mostrar a eles que quero ser diferente, pedir a eles que me ajudem a me tornar uma pessoa melhor.

— Vá procurá-los. Quando eles olharem em seus olhos, saberão que está sendo sincera. Enquanto isso, enterre as ilusões trazidas pelo dinheiro. Ninguém é feliz alimentando-se de ilusão.

— Também vou falar com os empregados. Quero pedir desculpas a eles por sempre tê-los tratado com grosseria e intolerância. Depois que Isaac foi assassinado, compreendi a importância de muitas coisas. Só pude agradecer por não ter sido Michel no lugar dele e sei que é egoísmo pensar assim. Mas notei que eu não sou importante por ser rica e sim pelo que eu posso dar de melhor para os outros. É isso que eu pretendo mostrar para eles.

— Então vá. Que Deus a abençoe e ilumine os seus passos, dona Valéria.

— Valéria, por favor — ela sorriu, secando as lágrimas. — Você tem se mostrado uma verdadeira amiga, aliás, a única. Acho que Tomásia nunca gostou de mim realmente.

— Não fique remoendo o passado. Nós temos que viver o presente idealizando o futuro.

Valéria assentiu e passou a mão pelos cachos loiros. Por fim, olhou para o travesseiro de Teresa e lembrou:

— Quando entrei, você estava olhando uma foto. Fiquei curiosa. Como você não tem família e nunca mencionou parentes, pensei quem poderia estar nela.

Teresa estendeu a mão, ergueu o travesseiro e pegou o retrato. Após alguns segundos admirando-o, ela o entregou a Valéria.

No retrato em preto e branco havia duas mulheres e uma criança. Uma das mulheres era mais velha e estava sorrindo. A outra tinha a cabeça inclinada em direção ao menino, que mostrava em um adorável sorriso as janelinhas após ter perdido alguns dentes.

— Você é esta mulher que está olhando para o menino — deduziu Valéria após analisar a imagem melhor. Sem dúvida era Teresa, muitos anos mais jovem.

— Exatamente. Essa mulher é minha mãe, e esse menino, o meu filho.

Valéria ergueu os olhos para Teresa e viu um brilho em seus olhos.

— Certa vez você mencionou algo sobre um filho, mas nunca me falou de sua família.

— O nome dele era Carlos, ou Carlinhos, como eu o chamava. O pai dele nos abandonou quando soube que eu estava grávida. Isso já era comum naquele tempo, como ainda é nos dias de hoje.

"Nunca achei isso comum", pensou Valéria.

— Mas percebi que esse era um sinal que a vida estava me dando para que eu provasse para mim mesma que era capaz de cuidar de um filho sozinha. E foi o que fiz. Com a ajuda da minha mãe, fiz o possível para que Carlinhos crescesse uma criança amada, educada e soubesse respeitar as pessoas, independentemente de classe social, religião, ou raça.

— Coisa que eu deveria ter feito com os meus e não fiz.

— Quando tiramos essa foto, ele estava com quatro anos. Foi sua última fotografia.

Teresa parou de falar, fechou os olhos e prosseguiu.

— Deus tinha planos melhores para nós. É como eu interpreto aquele acidente.

— Não acredito que ele tenha morrido.

— Eu prefiro dizer que ele está me esperando em outro lugar, afinal a morte é isso. Separações temporárias e novas formas de se viver.

— Mas o que aconteceu?

— Minha mãe estava dirigindo o carro, levando o Carlinhos no banco do carona. Um caminhão veio pela faixa errada e minha mãe não conseguiu desviar. A batida foi certeira. Mais tarde soubemos que o motorista do caminhão tinha sofrido um infarto enquanto dirigia e já estava morto antes da colisão.

— Então a sua mãe também...

— Ela sobreviveu. Carlinhos morreu na hora, e minha mãe ficou gravemente ferida, imprensada entre as ferragens.

Lembrar-se de tudo o que tivera que passar naquela época, principalmente da dor sentida ao enterrar o próprio filho, fez Teresa render-se às lágrimas. Mesmo assim, com voz fraca, ela deu continuidade à sua história.

— Minha mãe ficou paralítica. Perdeu totalmente o movimento das pernas. Ela dizia que preferiria ter morrido com o neto a ter que ficar confinada a uma cadeira de rodas. Eu, que já estava completamente transtornada com a morte do meu filho, tinha que cuidar dela, que ficou totalmente dependente de mim. Precisei sair do emprego para ficar em casa em período integral, já que não tinha dinheiro para contratar uma pessoa que cuidasse dela.

— E onde ela vive agora?

— Ela desencarnou dois anos após o acidente. Às vezes eu me julgo cruel por ter me sentido aliviada quando isso aconteceu, mas é a verdade. Era terrivelmente doloroso ver minha tão querida mãe, que sempre fora ativa e enérgica, impotente em uma cadeira de rodas, sem jamais poder tornar a fazer uso das pernas. Era um desgaste físico e emocional terrível. Quando ela se foi, eu chorei muito, mas agradeci à espiritualidade por tê-la levado. Foi bom para nós duas.

Teresa pegou a foto delicadamente das mãos de Valéria e olhou para o rosto da mãe e do filho.

— Logo depois disso fui atrás de emprego. Trabalhei como babá em duas residências. Cuidar de crianças era bom para mim, porque me lembravam Carlinhos. Até que fui indicada para vir para cá. Qual não foi a minha alegria ao deparar com quatro lindos meninos! Cada um tinha alguma coisa que Carlinhos também tinha. Foi bom vê-los crescer e se transformar em homens de bem. Não pude ver isso acontecer com meu filho, mas sei que ele está bem no astral.

— E como sabe?

— Quando é permitido, sonho com ele. Ele não tem mais o aspecto de uma criança. Seu espírito foi se desenvolvendo e hoje ele também é um jovem rapaz. Ele faz isso por mim, para mostrar que está distante, porém mais vivo do que nunca. Quando o vejo, ele sorri e diz que me ama. É até um pouco parecido com Ícaro.

— Sua mãe também deve estar bem.

— Está. Não sei a razão de ela ter precisado passar pela dolorosa experiência de ter ficado inválida, mas aprendi com aquilo, assim como ela também deve ter aprendido. Ninguém sofre por falta de sorte. Apenas passamos por situações que servem para o aprimoramento do nosso espírito, geralmente originadas em alguma vida anterior.

Valéria tornou a se lembrar do sonho. Algo sobre vidas passadas tinha sido dito lá, embora ela não se recordasse muito bem.

— Eu sempre achei que você não tivesse ninguém. Se eu soubesse... teria sido diferente.

— Está sabendo agora e pode ser diferente a partir de hoje. Eu amadureci e me tornei mais forte. É a importância dessa força que estou tentando mostrar para a senhora. É saber encarar os desafios com cabeça erguida, vencê-los e partir para a próxima. É estar em perfeita sintonia com o poder cósmico, confiantes de que uma força maior nos rege a todo momento.

— São os espíritos? Cruz-credo!

Teresa soltou uma gargalhada, o que fez Valéria rir também. Aquela explosão de risos fez com que ambas se sentissem mais leves e serenas.

— Já disse que não deve temê-los e sim aprender com aqueles que são bons. Mas acho que já tomei muito do seu tempo. A senhora tem coisas importantes a fazer.

Num gesto inesperado, Valéria se aproximou de Teresa e beijou-a no rosto. Por ora, aquela era a sua forma de agradecer.

— Aprendi muito com essa conversa, Teresa. Agora preciso ir. Tenho uma família para juntar e amar.

Michel ficou completamente sem fala quando deparou com a mãe na porta do seu apartamento. Valéria notou que os olhos dele estavam avermelhados, sinal de que tinha chorado. Quantas vezes ele já não deveria ter chorado desde que o companheiro se fora?

— Mãe? O que está fazendo aqui?

Ela queria ser tão forte quanto Teresa, saber dizer palavras bonitas e motivadoras, mas tudo o que conseguiu foi disparar várias palavras, como uma metralhadora.

— Por favor, Michel, me perdoe? Sei que você me odeia por tudo o que eu fiz quando o flagrei com Isaac. Eu bati em vocês e os expulsei de casa. Achava que o certo era você se casar com uma mulher. Fui preconceituosa e muito, mas muito orgulhosa. Disse que você não era mais meu filho... mas falei movida pela raiva. Eu o amo e não me importa se você é hétero ou homossexual. Não importa se você vai ser feliz com outro homem. Não me importa que ele seja rico ou pobre. Só o que importa é que você me perdoe.

Completamente sem reação, Michel simplesmente apontou o interior do apartamento para que ela entrasse. Algo de muito estranho estava acontecendo com a mãe. Ele até reparou que ela trocara os sapatos de salto alto por tênis, o que nunca acontecera. Que bicho a mordera, afinal?

— Mãe, você está bem?

— Vou ficar bem se você me perdoar. Eu quero reunir minha família outra vez e estou começando por você. Posso estar sendo precipitada, fazendo tudo errado e agindo como uma criança, mas quero consertar o que estraguei. Quero mostrar que mudei, ou melhor, que estou em fase de mudança. Prometo que nunca mais serei aquela Valéria de antes. Vou tratar bem todo mundo, porque somos todos iguais. Preciso que me dê essa chance.

— Ninguém fica bonzinho de repente.

— Eu não fiquei boazinha e talvez nunca fique — sentindo-se cansada, Valéria sentou-se na primeira poltrona que encontrou. — Estou dando minha cara a tapa para provar a você e aos seus irmãos que pretendo ser outra mulher. Quero que me ensinem como ser mais paciente e tolerante. O pouco que aprendi estou tentando colocar em prática.

Michel conhecia a mãe há tempo suficiente para saber que aquela conversa poderia ser uma jogada sórdida, com algum objetivo inescrupuloso. Porém, a verdade estava estampada nos olhos dela. Havia tanta sinceridade ali que era impossível pensar diferente. Ele não fazia a menor ideia do que a levara a agir daquela maneira de um momento para o outro. E talvez nem quisesse saber. O importante era que sua mãe estava dizendo que ainda o amava e que o aceitava como ele era.

— Agora eu entendo que você o amava, Michel. E imagino o quanto está sofrendo. Não pude lhe dar o meu apoio antes, mas, se ainda tiver alguma serventia, estou aqui.

— Eu te perdoo, mãe — foi tudo o que ele pôde dizer, mas isso resumia muitas coisas. Não se importou quando recomeçou a chorar, pela primeira vez de alegria desde a morte de Isaac.

— Acha que consegue me dar um abraço? — o pedido de Valéria foi quase uma súplica.

Michel a abraçou com força. O rosto de um estava encostado no rosto do outro, corações batendo com força dentro do peito, as lágrimas pingando em seus ombros. Porém, algo era certo: Valéria percebeu, naquele instante, que a verdadeira riqueza não estava na fortuna que possuía e sim no valor de um abraço reconciliador entre mãe e filho.

capítulo 28

O fato de Valéria ter convencido Michel a voltar para casa chegou aos ouvidos de Felipe no mesmo dia. Ele ficou tão irritado com aquela sugestão da esposa que foi procurá--la pessoalmente.

Ao chegar em casa, uma surpresa. Uma mulher totalmente diferente o aguardava. Valéria não estava usando as costumeiras joias brilhantes ou os vestidos luxuosos. Seus cabelos estavam presos num coque, sua pele sem qualquer traço de maquiagem e seus pés calçados em sapatilhas pretas. Vestia uma roupa colante no corpo, como um traje de ginástica. Felipe odiou a si mesmo por admitir que ela estava mais bela e encantadora do que nunca.

— Olá, Valéria. Você está diferente!

— Diferente? — se aquilo era bom ou não, não importava, Valéria ficou feliz. — Como assim?

— Não sei. Parece que você está mais... jovem.

— Acho que eu estou mais velha, isso sim. A maquiagem sempre disfarçou bem minha idade.

— Você ainda nem chegou aos quarenta e seis anos. E todas as plásticas que fez colaboraram para deixá-la ainda mais bonita. Só que agora... é uma beleza natural, sem artifícios. É a mesma beleza que você possuía quando a conheci, no interior.

Ao contrário do que ele esperava, Valéria não fez gestos desesperados pedindo que ele falasse em voz baixa para ocultar seu segredo. Ela simplesmente continuou observando-o, os lábios entreabertos em um sorriso.

— Vou considerar seu comentário como um elogio — ela indicou o largo e espaçoso sofá. — Sente-se. A casa é mais sua do que minha.

Ele obedeceu. Quando se acomodou, ela solicitou a presença de uma empregada. Assim que a moça se aproximou, Valéria sorriu e perguntou:

— Tudo bem com você? Qual é o seu nome mesmo?

A empregada fez um esforço para não pular para trás. De onde saíra aquela gentileza suspeita na mal-educada da sua patroa?

— Meu nome é Priscilla.

— Priscilla, eu gostaria de uma água com gás — e virando-se para Felipe: — Você deseja algo?

— Um café com adoçante. Acho que você sabe como eu gosto.

— Sim, senhor. Com licença.

— Obrigada, Priscilla — agradeceu Valéria.

Priscilla, assim que entrou na cozinha, toda esbaforida, foi logo comentando com as colegas:

— A dona Valéria enlouqueceu. Ela está mansinha como um cordeiro. Ou está louca, ou vai demitir todas nós.

— Talvez ela esteja agindo assim só por estar diante do seu Felipe — comentou a cozinheira.

— Não é por isso não — disse Madalena, outra empregada da casa. — Ela acordou assim hoje. Até me desejou um bom dia. Por pouco eu não caí dura quando ouvi o cumprimento.

— Depois vamos falar com dona Teresa. Talvez ela saiba o que aconteceu com dona Valéria.

As três concordaram e retornaram aos seus afazeres. Na sala, Felipe estava irritado:

— Michel me avisou que estava deixando o apartamento que eu consegui para ele morar depois que você o colocou na sarjeta. Ele contou que você o tinha convidado para voltar para cá. Quais argumentos usou depois de toda a humilhação que causou a ele? Prometeu consolá-lo após a morte do namorado, coisa que você nunca aceitou?

— Eu só fui pedir perdão, assim como quero pedir para você agora.

A resposta simples e direta de Valéria desarmou Felipe completamente. Sim, de fato ela estava estranha. Falava com uma tranquilidade invejável, como alguém que encontrou ou está muito próximo de encontrar a paz.

— Do que está falando?

— As pessoas merecem uma segunda chance para recomeçar. É o que eu estou tentando fazer. Após um sonho que tive seguido de uma conversa edificante com Teresa, percebi que estava afastando de mim mesma as chances de ser feliz. Muitas coisas aconteceram comigo, coisas tristes, frustrantes ou assustadoras — ela pensou no assaltante que a deixara descalça, sem dinheiro e documentos.

— Quem mandou ser uma pessoa tão insolente e preconceituosa?

— Eu sei disso. A vida me mostrou que não valia a pena seguir por aquela direção, ou eu correria o risco de continuar quebrando a cara. Cansei de apanhar dos outros. Fiz uma retrospectiva e percebi que nunca fiz nada de útil a ninguém. Quem sabe, se eu começar agora agindo exatamente de uma maneira diferente de como sempre fui, as coisas mudem também? Se eu tentar encontrar a força do bem, creio que possa ser recompensada também.

— E o que você espera como recompensa?

— Não pretendo que meus filhos gostem de mim, pois sei que fiz muito mal a todos eles. Mas espero ser perdoada por eles e até por você. Sem rancor e mágoa, as situações tornam-se mais claras e límpidas.

— Você pensa realmente que eu vou perdoá-la, após ter confessado que nunca me amou? Após ter admitido que sempre quis o meu dinheiro? Após ter revelado que tentou abortar um dos nossos filhos? — Felipe cuspia as palavras e mal notou a presença de Priscilla que retornava com o café e a água.

Valéria pouco se importava que a empregada tivesse escutado a conversa. Sempre se preocupara muito com as aparências. Mas, agora, tudo isso tinha perdido o valor.

— Então diga que me odeia, Felipe. Isso também será importante para mim. Vou perceber o quanto fui injusta com você e com nossos meninos. Vamos, pode desabafar o que realmente pensa de mim.

Aquelas frases calaram fundo no coração de Felipe. Ele realmente queria extravasar sua raiva. Queria dizer que a odiava, mas, se o fizesse, estaria mentindo. Achava que fraquejaria se confessasse que ainda a amava como no dia em que a conhecera. Ele estava com sessenta anos, mas conservava os mesmos sentimentos de quase trinta anos atrás.

Por isso não dera entrada no divórcio. E sabia que nunca o faria. Ele saíra de casa levando Kennedy somente para punir a esposa. Mas cada dia que ficava longe dela era um martírio. Ele queria virar na cama e tocar no corpo macio e quente de Valéria, cheirar seus cabelos e acariciar sua pele. Ele a amava com toda a força e, se o que ela lhe dizia fosse verdadeiro, ele a amaria ainda mais.

— Você ficou tão calado — ela sorriu e pôs a mão no braço dele. — Se você me pedir para dizer que o amo, não estaria sendo sincera. Mas quero aprender a amá-lo pelo que você é e não por ser um homem rico e bem-conceituado. Eu já experimentei de tudo o que a riqueza pode oferecer, mas me faltaram coisas essenciais. Uma delas é aprender a amar sem interesses — Valéria sorriu — Portanto, Felipe, ou diga que me odeia, ou me dê outra chance. Salve o nosso casamento enquanto há tempo. E então? O que me diz?

Ele tentou impedir, mas as lágrimas o derrotaram. Estava diante da mulher que sempre imaginara que Valéria fosse. Quando descobrira a verdade sobre Valéria, ficara amargamente desapontado, mas agora as coisas pareciam estar dando certo novamente, ele não poderia abrir mão de tudo por causa do sofrimento que passara. Para saber se ela realmente mudara, tinha que lhe dar uma oportunidade.

Felipe tomou a mão de Valéria que estava em seu braço e a beijou de leve. Em seguida, beijou-a com mais força. Os beijos foram subindo pelo punho e pelo braço dela. Quando os lábios de Felipe chegaram ao seu pescoço macio e perfumado, Valéria, emocionada e satisfeita, soube qual tinha sido sua resposta.

Dias depois, no final de uma gostosa tarde de inverno, que mais parecia ser verão, Laysla fechou sua banca de frutas e seguiu para a porta de saída. Ícaro tinha lhe telefonado para avisar que não poderia lhe dar carona até sua casa. Ele precisava chegar mais cedo à universidade para se encontrar com alguns colegas a fim de ensaiarem para um seminário que seria apresentado naquela noite. Laysla, sempre compreensiva, seguiu para o ponto de ônibus, como tantas vezes fizera antes de conhecer Ícaro.

Edmundo e Manoel a observavam, como tinham feito nos últimos dias. Queriam agir rápido. Fariam o serviço bem-feito, pois a madame rica lhes prometera uma nova pessoa para "darem um jeito", o que significava mais dinheiro entrando em caixa.

O ponto estava um pouco cheio, já que era horário de pico. Eles não poderiam se aproximar agora. De dentro de um carro velho e comum, eles olhavam para Laysla com luxúria, fascinados por suas pernas bem torneadas. Ela era realmente linda e, antes de fazer o que tinham em mente, aproveitariam para brincar com a garota.

Um ônibus encostou. Quando ele se foi, viram que Laysla não estava mais no ponto. Aceleraram o carro e começaram a seguir o ônibus, atentos aos passageiros que desciam.

Manoel apalpou o bolso da calça jeans, sentindo o revólver que guardara ali. Sabia que Edmundo também tinha um. Claro que as pessoas dificilmente reagiam diante de uma arma de grosso calibre, principalmente mulheres. Com ela intimidavam suas vítimas, obrigando-as a fazer o que eles desejavam.

Como se a sorte estivesse do lado deles, viram quando o ônibus encostou no meio-fio e as pessoas começaram a saltar em fila. Todo mundo que estava dentro desceu, inclusive Laysla. Os faróis traseiros do ônibus começaram a piscar, indicando que tinha quebrado.

Alguns passageiros começaram a caminhar ao ponto mais próximo até que outro ônibus passasse para levá-los. Porém, eles notaram que Laysla continuou sua trajetória a pé, afinal ela não morava muito longe dali.

Edmundo e Manoel encostaram o carro um pouco à frente do ônibus. Provavelmente fosse proibido parar ali, mas eles não se importaram. Carros podiam ser conseguidos com a mesma facilidade com que eles arrumavam mulheres.

Laysla andava rapidamente. Entrou à direita na primeira rua e virou à direita novamente na esquina seguinte. O comércio já tinha fechado e as ruas estavam mais vazias e escuras. Era o cenário perfeito para capturarem Laysla. Colocariam a arma discretamente em suas costas e a obrigariam a acompanhá-los até o carro. Se ela tentasse reagir, atirariam sem dó, nem piedade.

Num gesto instintivo, Laysla virou o rosto para trás. Viu Edmundo e Manoel seguindo em sua direção, ambos olhando fixamente em seus olhos. Percebeu que eles não tinham boas intenções, mas os dois homens já estavam próximos demais para que ela pensasse em correr.

— Encosta na parede, morena — ordenou Edmundo, frio e seco. — Vai fazer o que a gente mandar, senão o chicote estala.

Manoel sacou o revólver e o coração dela começou a pulsar na garganta. Ficou pálida, começou a tremer, os olhos arregalados e as feições desfiguradas.

— Não me matem, por favor — ela se lembrou do que acontecera com Michel e com Isaac, do resultado trágico daquele momento. Não queria que o mesmo acontecesse com ela. — Eu tenho dinheiro na bolsa.

— Não quero seu dinheiro, gata, eu quero você — murmurou Manoel, sedento por tocar naquele corpo sensual, repleto de curvas.

— A gente tem um carro na rua de baixo, onde o ônibus em que estava quebrou — avisou Edmundo. — Se não quiser morrer, vai entrar com a gente no carro de boquinha fechada.

— Eu tenho dinheiro comigo — ela abriu a bolsa, sempre sob a mira do revólver de Manoel, e pegou duas cédulas de dez reais. — Eu sei que é pouco, mas...

— Manda ver, gata — obcecado por dinheiro, Manoel baixou a arma e tomou as notas das mãos dela.

E foi nesse breve momento de distração que ele recebeu a primeira facada.

A lâmina era afiada e brilhava na mão de Laysla. Ela tirara a faca de dentro da bolsa como se tivesse treinado aquele gesto por vários anos. Assustado com a reação inesperada de

Laysla, Edmundo levou a mão até o bolso em busca do revólver, mas levou um chute violento entre as pernas. Ele caiu ajoelhado, com a mão no local atingido e recebeu outro pontapé no queixo. O maxilar estalou como um galho seco.

— Vocês foram mandados pelo meu padrasto, não é? — Laysla olhava de um para outro. — Por que Zacarias não veio pessoalmente? Tem medo de mim?

Manoel tentava estancar o sangue que escorria num fluxo forte da lateral do corpo onde Laysla o apunhalara. Ele ergueu a arma e atirou. Mas as mãos trêmulas o fizeram errar o alvo por vários metros, momento em que Laysla abaixou-se e o atingiu com a faca novamente, dessa vez no ombro. Mais sangue jorrou e Manoel desabou no chão.

Sirenes se fizeram ouvir no final da rua. Logo duas viaturas avançaram com rapidez. Os policiais desceram com as armas apontadas para os três. Duas policiais tiraram a faca das mãos de Laysla enquanto Manoel e Edmundo eram algemados.

— Eu só tentei me defender — ela balbuciou. O medo finalmente ganhou espaço e ela começou a chorar. — Eles iam me matar. Achei que fosse morrer.

— Está tudo bem — informou um homem de meia-idade que mais tarde Laysla soube tratar-se do delegado. — Nós recebemos uma denúncia anônima sobre esses caras. São assassinos de aluguel há muito tempo procurados por nós. Se eles estavam atrás de você, é porque alguém tinha requisitado seus serviços.

— Alguém pagou para me matar? — a pergunta ecoou como um grito na escuridão da rua.

— Provavelmente, mas alguém sabia disso e fez a denúncia.

— E se outros forem atrás de mim? Quem denunciou? Foi anônimo?

— De certa forma, foi — e isso deixara o delegado muito intrigado. — A denunciante se identificou como Clarice, o que não ajuda em nada. A ligação foi feita de um orelhão do bairro Cidade Jardim. Foi tudo o que pudemos apurar até agora.

Aquele era o bairro em que Valéria morava, e Laysla se lembrou disso. Mas não podia ser. Ela não chegaria a esse ponto. Mesmo que o fizesse, jamais faria uma ligação anônima para desfazer o que começara.

———

Algumas horas antes, do outro lado da cidade, na zona sul, a mulher discretamente se afastou do telefone público que usara para fazer a denúncia. Dera o nome de Clarice para despistar, embora achasse que a polícia ainda poderia descobri-la.

Dissera que alguém contratara aqueles homens para perseguir Laysla. Deu o endereço residencial e comercial da moça, assim como informou o endereço dos criminosos na periferia. Esperava que a polícia agisse depressa, pois, se algo acontecesse a Laysla, ela jamais se perdoaria.

Quando chegou em casa, sorriu ao ouvir o barulho do chuveiro em seu quarto. Felipe estava tomando banho. Ele não tinha dito se voltaria a morar com ela, mas, ao que parecia, sim. Tinham feito amor maravilhosamente, como ela nem se lembrava mais. Depois, ela disse que queria caminhar um pouco pelas ruas do bairro para espairecer. Felipe estranhou sua atitude, mas, como tudo nela parecia diferente e mudado, ele não questionou.

Foi a oportunidade que Valéria encontrou para tentar desfazer o que fizera ao contratar dois bandidos para dar sumiço em Laysla. Quando fossem interrogados pela polícia sobre quem os tinha contratado, eles lhe dariam sua descrição física. Não sabiam seu nome, o que lhe dava certa vantagem.

Ainda não se considerava tão pura a ponto de confessar tudo. Pelo contrário, ela pretendia negar até a morte, se a descobrissem. O caso possivelmente geraria desconfiança sobre ela, mas seria sua palavra contra a de dois criminosos sem escrúpulos. Ícaro poderia juntar os pontos e descobrir tudo, mas ela estava disposta a correr o risco. Contratara dois assassinos no anonimato e livrara-se deles da mesma maneira. E ainda salvara a vida de Laysla.

capítulo 29

Um mês se passou após esses acontecimentos. Os primeiros dias após a tentativa de sequestro Laysla passara assustada e receosa. Ícaro ficara preocupadíssimo e desde então nunca mais permitiu que a namorada fosse ou voltasse do emprego desacompanhada.

O caso permaneceu uma incógnita. Edmundo e Manoel, como era de se esperar, alegaram ter sido contratados por uma mulher com mais de quarenta anos, loira e muito bonita. Eles tentaram descrever a aparência física de Valéria com o máximo de fidelidade possível. Explicaram que ela usara um táxi e parecia ser muito rica.

Manoel fora levado para o hospital consciente. As facadas eram profundas e o fizeram levar vários pontos. Porém, isso não impediu que o delegado arrancasse dele o que desejava saber.

O delegado convocou Laysla à delegacia e perguntou se ela tinha algum inimigo com aquela descrição. Novamente ela pensou em Valéria. Àquela altura, tinha quase certeza de que fora a mãe de Ícaro que tramara tudo, principalmente pelo fato de a ligação anônima da tal Clarice ter vindo justamente do bairro em que Valéria residia. Mas mandar que alguém a matasse ultrapassava todos os limites do preconceito e da maldade.

— E então? — insistiu o delegado. — A senhorita conhece ou não alguém que tenha a aparência que acabei de descrever? Talvez uma antiga conhecida.

Laysla suspirou fundo, com o nome Valéria na ponta da língua. Porém, respondeu:

— Não faço a menor ideia de quem queira me prejudicar, doutor. Não tenho inimigos.

Embora pudesse, ela também não fez nenhuma menção ao padrasto, que, aliás, parecia ter desistido de procurar sua mãe, o que era muito bom.

O delegado dissera que o fato de tê-la encontrado naquela rua escura não fora uma questão de sorte. Sem que Manoel e Edmundo percebessem, eles estavam sendo seguidos pela polícia desde o início daquela tarde, assim que a informante misteriosa falara sobre o endereço dos dois meliantes. Quando os policiais os viram descendo do carro, acionaram mais viaturas pelos rádios e fecharam o cerco, o que levou ao sucesso daquela operação.

Ela preferiu omitir de Ícaro as informações que recebera na delegacia sobre a contratante dos criminosos. Ele certamente iria ligar as pistas à sua mãe e o relacionamento entre eles se tornaria ainda pior, e isso ela não desejava.

Após as semanas transcorrerem, o caso foi ficando menos comentado até que, um mês depois, era apenas uma lembrança ruim e traumática para Laysla.

———

Sidnei e Samara tinham comparecido à primeira audiência, em que deram entrada no pedido de adoção e foram entrevistados particularmente por uma psicóloga e por uma assistente social. Nenhuma delas fez qualquer objeção à diferença de idade entre eles, nem poderiam. Ambos tinham uma vida financeira estável, principalmente ele. Estavam casados e pareciam se amar intensamente. Após consultarem a idade de Samara, tornou-se óbvia a razão que os impedia de ter filhos.

Sidnei informara a Felipe sobre a decisão deles, mas pedira sigilo total. Não queria que Valéria ficasse sabendo do que eles pretendiam fazer.

— É bem capaz que ela agoure o processo de adoção e tudo saia errado — ele dissera ao pai.

Felipe também decidira não contar a Sidnei que Valéria tentara abortá-lo no passado. Após se reconciliar com a esposa e concluir, de forma gradativa, que Valéria realmente parecia renovada, ele percebeu que tinha tomado uma atitude muito coerente. Qual a razão de levantar ressentimentos e rancores por algo acontecido há mais de vinte anos?

Sidnei não gostou de saber que Felipe e Kennedy tinham voltado a morar com Valéria, assim como Michel, antes deles. Para ele, era uma prova de fraqueza o pai e os irmãos terem perdoado Valéria depois de toda vergonha, humilhação e discriminação pelas quais ela os fizera passar.

Kennedy também não ficou feliz quando o pai anunciou que tinha reatado o casamento e eles voltariam para casa no dia seguinte. Porém, o rapaz já não conseguia se concentrar em nada por muito tempo. Bebia livremente, às vezes diante do pai, a qualquer hora do dia. Quando caía, totalmente embriagado, Felipe chorava amargamente, mas, como sempre, não movia um dedo para ajudar o filho e culpava Valéria.

— Você não pode negar que a culpa é sua por ele estar desse jeito — disse Felipe para Valéria numa noite em que estavam deitados após terem feito amor. Ele não falava em tom provocativo, pois a última coisa que queria era brigar com ela quando estavam voltando às boas. — Nunca lhe deu a liberdade que ele sempre desejou.

— Se eu tivesse dado, ele teria se tornado um alcoólatra mais cedo — tornou Valéria, sendo ponderada. — E se trata-se de uma questão de culpa, você é tão responsável quanto eu, Felipe. Sempre consentiu com o modo como os criei. Você foi um pai presente, esteve ao lado deles desde que nasceram. Seja verdadeiro consigo mesmo e reconheça que também falhou. Nós dois poderíamos ter feito mais por ele e não fizemos. O momento pode ser agora.

— Como assim? O que sugere que façamos?

— Não quero ver o meu filho morrer aos vinte e dois anos após se embebedar por aí, cair e bater a cabeça. Ou arrumar briga com outro bêbado, quando geralmente sai uma morte, ou morrer dentro de mais alguns anos vitimado por cirrose.

Sob aquele ponto de vista, Felipe concordava com ela. Não queria ver o filho correndo risco de vida.

— Você está certa, Valéria. É difícil reconhecer quando fracassamos, mas acho que é mais bonito usar o fracasso para dar a volta por cima. Sei que poderia ter feito algo por Kennedy, mas preferi culpar você. Ele também é meu filho, não?

— Teresa me disse que lamentar é perda de tempo. O melhor a fazer é agir. Vamos procurar uma clínica de recuperação e tratamento do alcoolismo. Já ouvi falar de algumas aqui em Belo Horizonte.

— Acha que ele vai querer se internar em uma delas?

— Provavelmente não, mas nós vamos insistir. Eu vou prometer a Kennedy que esta será a última decisão que vou tomar por ele. Pela última vez, quero que ele faça algo de acordo com os meus desejos.

Na quietude do quarto, Felipe sorriu e a beijou. Ela retribuiu o beijo, pensando que, após o retorno do marido e de dois filhos, era como se a casa tivesse ganhado vida novamente. Ela sentia-se leve e estava agradecida pelos conselhos de Teresa. Percebeu que a velha governanta estava certa. Quando alguém começa a praticar o bem, o retorno logo surge. Assim, as pessoas tornam-se mais felizes, harmoniosas e iluminadas.

Foi somente na última semana do inverno que a temperatura em Belo Horizonte caiu bastante, após a passagem de uma frente fria, segundo os meteorologistas. A mudança de tempo trouxe dias gelados e chuvas fracas, dia e noite.

Valéria achava que já tinha esperado demais. Estavam em setembro e ainda não se encorajara a fazer o que tinha resolvido. Felipe quase implorara para acompanhá-la, mas ela queria fazer aquilo sozinha. Na presença de alguém sua vontade iria esmorecer e provavelmente desistiria.

Ela dispensou o motorista, assim que ele colocou as duas malas no porta-malas do veículo importado de sua patroa. Michel e Felipe acompanhavam a movimentação com olhos atentos.

— Tem certeza de que não quer que eu te acompanhe, mãe? — perguntou Michel, cruzando os braços quando uma rajada de vento gélido passou por eles. — Aliás, você insiste em não dizer para onde está indo.

— O seu pai sabe. Quando eu estiver longe daqui, peça que ele lhe conte toda a história — Valéria aproximou-se de Michel beijando seu rosto frio. — Tem muita coisa sobre o passado de sua mãe que você desconhece.

— Coisas boas ou ruins? — ele quis saber, olhando de Valéria para Felipe.

— Lá dentro eu te conto, meu querido — prometeu Felipe.

Michel tinha começado a se abrir novamente após longas conversas que tivera com Teresa sobre vida após a morte e sobrevivência do espírito. Ela lhe presenteara com um exemplar de *Nosso Lar*, de Chico Xavier, e com todos os volumes da codificação do espiritismo, de Allan Kardec.

— Tenho muitos romances espíritas e espiritualistas também, caso você não se interesse muito por livros teóricos — Teresa comentara com ele. — Só o que quero é que você entenda que Isaac não está morto de verdade. Nosso corpo é como um ovo. Quando o pintinho rompe a casca, ele ganha vida e liberdade, deixando a casca do ovo para trás, porque ela se tornou inútil. Assim é com o nosso corpo. Nosso espírito se liberta após nosso desencarne e parte para outros mundos. Nosso corpo fica para a terra, porque já não serve para mais nada. O espírito é como o pintinho: ele é a verdadeira vida, nossa maior energia.

Aquelas palavras serenaram o coração saudoso e angustiado de Michel. Após a leitura de vários livros, inclusive de alguns romances que Teresa lhe emprestara e outros que comprara por conta própria, ele percebeu que, de fato, a morte é uma continuidade da vida e quem compreende as teorias reencarnacionistas vive melhor, percebendo que tudo está em comunhão com a divindade e o grande objetivo de todo ser humano é ser feliz.

Sua convivência com Valéria tinha se tornado melhor. Agora, em vez de criticar o curso de Moda que ele fazia, ela demonstrava interesse e fazia perguntas. Passavam horas conversando e, sempre que o nome de Isaac era lembrado, Michel chorava e ela o abraçava.

Para Michel, ainda era difícil pensar que o companheiro levara o tiro que fora destinado a ele, embora ele tivesse sido baleado de qualquer forma. Constantemente era assombrado pelas lembranças do assalto, quando o homem erguia o braço, revelando a tatuagem do pentagrama, e disparava os tiros.

Mas Teresa lhe dizia que era preciso pensar em Isaac com alegria e não com remorsos ou arrependimentos. Não existem injustiças. A vida só permite acontecer aquilo que proporciona conhecimento, experiência e resultados favoráveis às pessoas.

Michel acompanhava os movimentos de Valéria enquanto se preparava para partir. Ela apenas lhe dissera que faria uma breve viagem e ficaria ausente por, no máximo, dois dias.

Ela olhou para o alto e viu Kennedy observando-a de uma das janelas. O rapaz mal dirigia a palavra a ela e ao pai, desde que eles lhe fizeram a proposta da clínica de recuperação. Kennedy ficara possesso e acusara os pais de quererem se livrar dele. Garantiu que não iria por vontade própria e que Felipe e Valéria teriam dificuldades se tentassem obrigá-lo a ir.

Valéria assoprou um beijo para Kennedy, mas ele se afastou da janela, dando-lhe as costas. Por fim, ela se despediu de Felipe e Michel, e entrou no carro.

— Vá com Deus, querida — desejou Felipe. — E boa sorte em sua empreitada.

— Obrigada. Qualquer coisa, eu telefono para vocês. Beijos — ela ligou o carro e acelerou, cruzando os portões. Logo ela estava na rua, a caminho da estrada.

———

Valéria teve bastante dificuldade para encontrar o caminho. Mesmo orientando-se pelas placas indicativas, ela se perdeu duas vezes e precisou parar para pedir informações. Finalmente, quando entrou pelo desvio à esquerda e pegou um atalho estreito e cheio de curvas, ladeado por eucaliptos, soube que tinha encontrado o rumo correto.

Ela esperava encontrar a estradinha de terra que existia no seu tempo, mas se surpreendeu ao vê-la asfaltada. A Prefeitura parecia ter melhorado muito as condições da cidade. Percebeu que o pequeno município tinha crescido bastante. Muitas casas e construções eram novas e Valéria teve muitas complicações para achar o centro da cidade. Somente diante da igreja matriz ela poderia se localizar e procurar o bairro em que morara na infância para chegar à casa de seus pais.

A ideia do retorno surgira após longas reflexões sobre a história que ouvira de Teresa. Sua governanta se empenhara em cuidar da mãe doente até os últimos dias, enquanto Valéria nunca se interessara sequer em saber como estava sua família, já que havia feito um juramento para si mesma de que jamais retornaria à cidade em que nascera. Havia quase trinta anos partira com Felipe para nunca mais voltar.

Porém, lá estava ela. Mesmo que não conseguisse reencontrar sua família, que todos tivessem morrido, ela já se sentiria mais aliviada.

Ao avistar a igreja matriz, levou o carro pela mesma ruazinha onde vivera seus primeiros anos. Não tardou a avistar a pequena residência, cujas paredes agora tinham a cor azul. Seu coração começou a bater mais depressa, mas ela procurou controlar a ansiedade. Não sabia quem encontraria quando lá chegasse, mas se pegou torcendo que fossem rostos conhecidos.

Ela notou que as pessoas observavam o carro dela como se fosse uma nave espacial, já que não era comum ver um veículo daquele porte na cidade. Antes, esse fato a teria deixado orgulhosa e cheia de si, mas agora não pareceu nem um pouco importante chamar a atenção dos outros.

Desceu do carro e, com o corpo trêmulo, bateu na porta de madeira. O cenário era bastante familiar, apesar das modificações feitas com o decorrer do tempo. Tinha quase certeza de que, quando a porta se abrisse, encontraria os móveis nos mesmos lugares de antes.

Uma mulher de pele enrugada e cabelos brancos abriu a porta e fitou Valéria em silêncio. Ela sentiu os olhos cheios de lágrimas ao reconhecer a figura frágil e cansada de Serena, sua mãe.

— A senhora está procurando alguém? — perguntou Serena, que, para decepção de Valéria, não a reconhecera de imediato, como ela esperava.

— Não está me reconhecendo... mãe?

Serena permaneceu calada, como que remoendo as informações. Subitamente os primeiros sinais de reconhecimento modificaram seu semblante. Também se pôs a chorar, enquanto abria os braços magros de forma hesitante e insegura.

Valéria mergulhou naqueles braços que a carregaram no colo e prepararam suas refeições por muitos anos. Nenhuma delas disse nada por um longo tempo, permanecendo entregues ao abraço fraternal e emocionado.

capítulo 30

Serena finalmente reagiu. Olhando para Valéria, disse:

— Eu sabia que um dia você voltaria.

— Sinto muito... — a emoção embargou a voz de Valéria — por tudo.

Elas tornaram a se abraçar. Serena beijou o rosto da filha, que lhe retribuiu. Devagar, conduziu Valéria para o interior da humilde casinha, que realmente parecia estar quase do mesmo jeito que no dia em que Valéria a vira pela última vez.

— Você está linda, minha filha! — exclamou Serena, secando o rosto. — Pelas roupas que está usando, percebo que continua bem de vida. Fico feliz por ter conseguido o que sempre desejou. Certamente vive uma vida de grande alegria.

Valéria baixou a cabeça, sem responder. Como dizer à mãe que seu desejo desmedido pelo dinheiro trouxera tantas amarguras em sua vida? Como explicar que se iludira com o materialismo e a prepotência, abrindo mão de pequenas coisas que a fariam realmente feliz? Como explicar que vinha sendo desprezada pelos filhos após ter lhes causado tanto desgosto?

— E o papai, Márcio, Nestor? Como estão todos?

— Márcio continua casado com Mirela. A única filha deles, Leocádia, já teve seus filhos — sorrindo, Serena continuou: — O tempo passa. Seu irmão Márcio agora é avô.

— E Nestor? Casou-se com aquela moça que namorava?

— Maria Cecília? Eles ficaram juntos um bom tempo, mas tiveram um desentendimento e romperam. Ela se casou com outro e se mudou para Poços de Caldas. Nestor casou-se com Eleonor e continua morando aqui.

— Será que eu poderia vê-lo? Aliás, onde está o papai?

Serena suspirou e respondeu em voz baixa:

— Alfredo faleceu há dois meses. Havia tempos ele sofria de reumatismo, embora tenha morrido de infarto. A doença nos dedos o impedia de fazer muitas coisas. Você sabe que ele sempre foi um homem ativo, que não conseguia ficar de braços cruzados.

Valéria fez que sim com a cabeça. Serena continuou:

— É uma pena que ele não esteja aqui agora, para ver que você está de volta, como ele sempre imaginou que fosse acontecer.

— Como assim?

— Ele nunca se esqueceu de você, desde o dia em que a vimos pela última vez, no seu casamento. Alfredo vivia repetindo para nós e para os amigos que um dia você voltaria, nem que fosse para nos dar um abraço e partir outra vez. Confesso que eu nunca acreditei nisso e tentava convencê-lo, mas Alfredo era teimoso. Dizia: “Mulher, Valéria ainda vai voltar. Antes de morrer eu ainda vejo aquela menina de novo, que agora deve ser uma linda mulher”.

— Eu cheguei atrasada — balbuciou Valéria. — Atrasei somente dois meses...

— O importante é que chegou. Alfredo, de onde estiver, vai saber que você voltou.

— Quer saber por que eu voltei? — Serena assentiu e Valéria explicou: — Porque eu meti os pés pelas mãos. Só agora percebo que o dinheiro não é tudo na vida de um ser humano. Quando não existe amor e união, as coisas se tornam vazias, frias e escuras. Essa é a vida que eu levei desde que me casei.

— Mas por quê? Seu marido não é um homem bom?

— Melhor, impossível. Eu é que não soube valorizá-lo. Na verdade, eu nunca valorizei ninguém, nem mesmo os meus filhos. Mas a minha governanta, que sempre conversa comigo, me explicou que sempre é tempo de aprender e de se modificar. Não sei se vou conseguir, mas acho que, se as pessoas que feri me perdoarem, vou me sentir bem melhor.

— Você veio aqui para pedir perdão?

— Se eu dissesse que vim por causa da saudade, seria mentira. Eu virei as costas para vocês e agi como se tivessem morrido. Eu vim, sim, para ser perdoada. Mas, acima de tudo, vim para dizer que a senhora sempre foi uma excelente mãe para mim e para os meus irmãos — Valéria soluçava como uma criança. — Eu não consegui esse mérito. Sou uma péssima mãe, uma péssima esposa e uma péssima mulher.

— Não é verdade. Não trate mal você mesma. Você demorou a vir, mas está aqui. Pode ter feito coisas não muito boas, mas está arrependida. Deus vai iluminá-la e abençoá-la por isso.

Valéria tornou a abraçar Serena, sem saber mais o que dizer. Pediu que a mãe lhe mostrasse seu antigo quartinho. Serena contou que agora vivia sozinha na casa, já que os dois filhos moravam com suas esposas. Quando viu seus antigos aposentos, Valéria começou a tremer descontroladamente. O quarto era dez vezes menor do que o seu quarto atual, mas ela sentia-se bem ali, tanto por lhe trazer recordações da infância, como por ter uma energia leve e suave.

Feliz pela volta da filha, Serena ajudou Valéria a descarregar as malas do carro. Depois, ofereceu comida.

— Sei que minha comida é simples. Deve ser muito diferente da comida a que você está acostumada. Mas é tudo limpinho.

Valéria sentou-se na pequena mesa de madeira e olhou para o prato de comida que a mãe colocou à sua frente. Carne de panela, arroz, feijão e batata. Porém, ela secou o rosto e começou a comer imediatamente. De fato, só se alimentava dos melhores pratos do Brasil e do mundo, mas a comida modesta da sua mãe estava simplesmente deliciosa.

— Obrigada, mãe — ela agradeceu quando terminou de comer. — A senhora é muito bondosa.

— Eu nunca deixei de amar você, que, para mim, ainda é aquela garotinha metida que não quis calçar as sapatilhas coloridas que dona Rosália lhe deu para ir à festa.

Os momentos seguintes foram dedicados a recordações do passado de Valéria. Ela viu-se criança, criticando a comida dos pais e a falta de dinheiro. Envergonhou-se ainda mais ao perceber que não se lembrava direito do rosto do pai. Tinha se esquecido do homem que aguardara por ela até o último dia de vida.

Ela teria passado o restante do dia chorando as lágrimas provocadas pelo remorso, até que Serena a convidou para visitar os dois irmãos. Disse que eles ficariam muito felizes com o regresso de Valéria.

E Márcio realmente ficou. Era um homem com cerca de cinquenta anos, gordo e ligeiramente calvo. Manteve-se abraçado a Valéria por um longo tempo, as lágrimas caindo sem parar. Sua felicidade pela volta da irmã era genuína. Ele sempre gostara dela e sentira muitas saudades desde a sua partida. Mirela também ficou feliz e novas lágrimas rolaram.

Porém, Valéria não teve a mesma recepção festiva quando reencontrou Nestor. O irmão fechou a expressão quando Serena contou que aquela mulher elegante era Valéria.

— Então você veio? Não sente mais vergonha de nós? Ou vai sumir outra vez para reaparecer dentro de mais trinta anos?

Num gesto não muito educado, ele se desculpou com a mãe, mas pediu que ambas saíssem de sua casa. Ele mal olhou para Valéria e desviou rapidamente quando ela tentou abraçá-lo.

— Nós não estávamos mortos para você? Então, para mim, pelo menos, você morreu, Valéria.

Era a mesma coisa que ela dissera para Michel quando o flagrara com Isaac. Ouvir aquelas palavras era doloroso, e ela só pôde pensar no quanto fizera o filho sofrer.

Quando voltou para a casa de sua mãe, Valéria estava triste e cabisbaixa. Porém, Serena tentou lhe transmitir confiança dizendo que tudo era uma questão de tempo até que Nestor absorvesse a notícia de que a irmã tinha voltado e pudesse perdoá-la.

Valéria tinha trazido fotos atuais de Felipe e dos filhos. Serena ficou encantada quando os viu. Garantiu que todos eram muito bonitos e ela adoraria poder conhecê-los um dia.

— A senhora pode ir comigo para Belo Horizonte. Posso lhe arrumar uma casa grande e confortável. Com certeza vai adorar morar na capital.

— Eu não preciso de uma casa melhor do que esta. Eu nasci nesta cidade e passei mais da metade da minha vida vivendo aqui — Serena olhou para o teto. — Quero morrer aqui, como Alfredo morreu. Agradeço o seu convite, mas estou bem. Só não quero perder contato com você outra vez.

— Não, isso nunca. Jamais vou me afastar de vocês outra vez.

Valéria permaneceu na casa da mãe por três dias, até que anunciou que voltaria para casa. Na manhã de sua despedida, Márcio voltou acompanhado de Mirela. Trouxe a filha Leocádia e os netos para que Valéria os conhecesse.

Nestor não apareceu e Valéria não esperava que ele viesse. Pelo modo como ele a olhara era quase certo que nunca fosse perdoá-la ou mesmo que voltasse a lhe dirigir a palavra. Nestor sempre quisera que Valéria tivesse uma vida humilde e que não realizasse seu desejo de ser rica. Quando tudo conspirou a favor dela, ele passou a odiá-la e até a invejá-la.

Valéria tinha anotado o telefone de Márcio, com quem manteria contato, já que não havia telefone na casa de Serena. Deixou seus números de telefone e seu endereço na capital. Quando entrou em seu carro e deu a partida, todos estavam acenando para ela. Ela retribuiu, mandando beijos para eles, e partiu.

Durante o trajeto, sorria em silêncio. Sentia uma sensação de bem-estar profunda. Tinha se reconciliado com as primeiras pessoas com quem tivera contato na vida e isso lhe trouxera uma paz imensa. Ela percebeu que a vida estava lhe trazendo recompensas pela maneira como vinha agindo. E queria continuar seguindo por aí, alegrando outras pessoas para sentir-se feliz também.

———

Quando Valéria chegou em casa, notou um carro a mais na garagem. Aquele era o carro de Ícaro. Ficou pensando no que ele teria ido fazer lá. Será que fora buscar mais alguns dos seus pertences?

Enquanto dois criados retiravam as bagagens do porta-malas, ela entrou na sala de estar e teve nova surpresa. Estacou ao contemplar seus quatro filhos e Felipe, todos olhando fixamente para ela.

Ícaro e Sidnei não haviam trazido suas respectivas namorada e esposa. Kennedy, sentado sobre o braço do sofá, esfregava o rosto como se estivesse cansado de estar ali. Michel parecia atento, aguardando o que estava por vir. E Felipe, após pigarrear, começou:

— Espero que tenha feito uma boa viagem, Valéria.

— Obrigada. Confesso que é uma surpresa ver todos reunidos aqui. Aconteceu alguma coisa?

— Você tinha avisado o papai que voltaria para casa hoje — justificou Ícaro. — Então ele pediu que todos nós viéssemos para cá. Laysla ficou trabalhando e não pôde vir.

— Samara também está no emprego dela — ajuntou Sidnei. — O que você quer com a gente, mãe? Qual a nova decisão que está pensando em tomar por nós?

— Dessa vez Valéria não fez nada — ponderou Felipe. — Ela nem mesmo sabe do que se trata essa reunião. A ideia foi minha — olhando para a esposa, ele continuou: — Quero que conte aos nossos filhos aonde foi e por que foi. Prefiro que eles ouçam sua história de sua própria boca. Espero que me perdoe por tê-la colocado na berlinda, querida, mas é importante que eles saibam.

Se os filhos já estavam ofendidos com ela, ficariam ainda mais quando ela lhes contasse que abandonara a própria família por vergonha de sua condição social. Aliás, sua origem era um segredo trancado a sete chaves.

Mas, já que não havia muito mais a ser feito, ela contou tudo, desde que nascera até o dia em que Felipe a pediu em casamento. Depois contou que se esquecera completamente dos pais e dos irmãos. Acrescentou que estava arrependida disso, assim como de muitas outras coisas. Explicou que fizera a viagem para buscar uma possível relação familiar outra vez. E praticamente conseguira, à exceção de Nestor.

— Mas então quer dizer que nós temos tios e primos? — Ícaro estava chocado.

— Têm, sim. Se quiserem me recriminar por nunca ter contado isso a vocês, podem começar. Mereço sentir a chama da raiva de vocês queimando o meu rosto.

Invisíveis a eles, estavam os espíritos de Elke e de Abel, que derramavam luzes em todos os presentes, procurando elevar a vibração do ambiente e acalmando os ânimos dos rapazes.

— Mamãe está mudada — interveio Michel. — Papai e eu já percebemos isso. Acho que ela merece uma nova chance, não acham?

— Depende de você mesma, mãe — Sidnei se adiantou um passo. — Quero saber se vai aceitar meu casamento com Samara, embora sua opinião não vá mudar nada.

— Exatamente. Então, de que adianta eu perder tempo sendo contra? Não posso dizer que aprecio sua esposa, mas quero aprender a gostar dela. Quero compreender que a grande diferença de idade entre vocês não vai mudar nada na relação.

— Nós pretendemos adotar uma criança, pois ela não pode mais ter filhos.

Após as palavras de Sidnei, um silêncio pesado recaiu sobre todos. Valéria reagiu:

— Então eu serei vovó? Já se decidiram pelo nome?

Interpretando aquela resposta como uma provável aceitação da parte de Valéria, Sidnei foi até ela e beijou seu rosto. Ela o abraçou com firmeza e disse que queria pedir desculpas a Samara pessoalmente.

— O mesmo vale para Laysla, Ícaro. Eu preciso aprender a valorizar mais as pessoas e conto com a ajuda de todos vocês. Estou disposta a fazer o que for possível para provar que estou mudando. Ícaro, quero que você seja muito feliz com Laysla.

— Eu ainda não faço a menor ideia de quem contratou aqueles criminosos para feri-la ou fazer coisa pior. Você conhece alguma Clarice, mãe? Este foi o nome que deram na ligação anônima.

Fazendo um grande esforço para não deixar as emoções transparecerem, ela negou com a cabeça.

— Nunca ouvi falar em ninguém com esse nome.

— Não posso dizer que vou perdoá-la — determinou Ícaro. — Estou muito confuso ainda. Você fez algumas coisas que nunca vou conseguir entender. Pedir desculpas não é o suficiente.

— E o que quer que eu faça?

— Quero que me dê tempo. E se o tema desta conversa era esse, creio que já posso partir.

Ícaro cumprimentou os irmãos, abraçou o pai e acenou para Valéria, partindo momentos depois. Kennedy, como sempre quieto e taciturno, girou nos calcanhares e subiu para o próprio quarto, onde uma garrafa de conhaque o aguardava.

Na sala, Valéria manteve-se em silêncio e chorou baixinho quando Michel, Sidnei e Felipe a envolveram numa união de abraços, beijos e calor humano.

capítulo 31

Na primeira semana de outubro, o clima tinha se estabilizado outra vez. As árvores começavam a exibir suas folhagens novas e as flores desabrochavam acompanhando a primavera.

Michel e Kennedy desceram do táxi diante do endereço de Laysla, que Ícaro havia lhes fornecido. E, quando o fizera, deixara claro que os irmãos não deveriam trazer a mãe a tiracolo.

— Eu ainda não sei o que estou fazendo aqui — resmungou Kennedy, mal-humorado.

Estava em seu quarto, esvaziando tranquilamente uma garrafa de gim, às oito horas da manhã, quando Michel entrou, pediu que ele se trocasse porque precisavam ir a um local com certa urgência resolver algo importante. Mais por curiosidade do que por interesse, Kennedy obedeceu. Mas agora não estava nada contente.

— Aqui mora a namorada do Ícaro e a família dela — Michel tocou a campainha. — Eu ainda não os conheço.

— E nós viemos aqui para sermos apresentados a eles?

— Não. Nós viemos porque eu preciso muito falar com Ícaro e gostaria que você estivesse presente. Já adianto que a conversa será sobre nossa mãe e o aniversário dela.

No domingo seguinte Valéria faria quarenta e seis anos. Nos anos anteriores, quase sempre os filhos se organizavam para fazer uma comemoração, mas Michel sabia que neste ano seria diferente. Ícaro e Kennedy ainda estavam zangados com ela e não davam sinais de que iriam perdoá-la. Muitas coisas tinham acontecido. Valéria exagerara em suas atitudes, mas, assim como as folhas das árvores, ela tinha se renovado e desabrochado.

Laysla e Ícaro surgiram na porta, o que fez Michel se perguntar se o irmão estava morando na casa da namorada. Ícaro ficou feliz ao ver os irmãos mais novos e os cumprimentou:

— Já conhecem minha namorada, Laysla?

Após as devidas apresentações, eles foram acomodados na sala de estar. Laysla comentou:

— Ícaro, seus irmãos não se parecem muito com você. Ambos são loiros, enquanto você é moreno.

— É uma mistura danada. Sidnei também nasceu moreno. Dois saíram ao meu pai e dois puxaram à minha mãe. Assim não deu briga.

Eles riram. Atraídos pelas vozes, Edilene e Helder surgiram na sala e houve novas apresentações. Edilene estava bem-vestida e penteada. Graças a Ícaro, iniciara um tratamento dentário e agora já não tinha vergonha de mostrar as gengivas sem dentes.

Nunca mais ingerira nada alcoólico. Achava que, se tomasse um gole de qualquer bebida, recairia no vício e não conseguiria deixá-lo outra vez. Além disso, Zacarias tinha desaparecido, o que era um bom sinal. Seu ex-amante a induzira a beber e, se ele voltasse com as mesmas ideias, ela teria certa dificuldade em resistir.

Helder apertou a mão de Kennedy fixamente e então fez o mesmo com Michel. Porém, quando as mãos dos dois se tocaram, houve uma faísca invisível naquele cumprimento. Seus olhos se encontraram por alguns segundos, mas Michel recolheu a mão rapidamente e desviou o olhar.

Mas Helder não conseguiu parar de olhar para ele. Havia algo em Michel, além da beleza, que o atraía. Já tivera algumas namoradas e jamais sentira qualquer tipo de atração por outro homem. Aos dezesseis anos estava convicto de sua orientação sexual. Mas ali, fitando o belo rosto de Michel, ele se pegou alimentando pensamentos inéditos e diferentes, até um pouco assustadores.

— Mas a que nós devemos a honra da visita? — quis saber Ícaro, bem-humorado.

— Vocês gostariam de comer alguma coisa? — ofereceu Edilene.

— Nós estamos bem, obrigado — Michel relanceou os olhos para Helder e voltou a fitar Ícaro. — Acontece que no próximo domingo é o aniversário da mamãe. Pensei que nós poderíamos fazer alguma coisa para ela, como uma espécie de comemoração. Sidnei já concordou.

Ícaro abriu a boca para retrucar, mas Michel foi mais rápido e continuou:

— Eu sei que você está chateado com ela. Acontece o mesmo com Kennedy. Mas acho que é preciso fazer um esforço. Nossa mãe aprontou com todos nós, principalmente comigo e vocês sabem a razão — ele tornou a encarar Helder, mas soube disfarçar bem. — Eu deveria ter sido o primeiro a odiá-la e, no entanto, fui o primeiro a perdoá-la. Isaac sempre me dizia que eu não deveria ter raiva dela, porque ela só fazia o que achava ser o melhor para nós.

— Ela mentiu muitas vezes, nos agrediu com palavras vulgares — Ícaro tamborilou com os dedos sobre o braço do sofá. — Usou nomes pejorativos para ofender Laysla. Não sei se consigo aceitar a ideia de que ela mudou.

— Ela tem melhorado muito o comportamento. Kennedy pode confirmar o que estou dizendo.

— Pode ser — atalhou Kennedy. — Pelo menos ela parou de gritar com os empregados. Agora, pede por favor quando quer alguma coisa e sempre agradece. Procura chamá-los pelo nome.

— E vocês acham que isso é uma grande mudança? — devolveu Ícaro, incrédulo.

— Em se tratando da Valéria Falcão que nós conhecemos, é sim. E papai também pode ratificar as minhas palavras. Eles têm se dado superbem desde que ele voltou para casa. Além disso, longe da amizade tortuosa de Tomásia e das outras mulheres, mamãe está mais simples e humana. Ela não tem mantido contato com seus conhecidos da sociedade.

— Não sei, não.

— Custa darmos uma chance para ela, Ícaro?

— Acho que seu irmão está certo, meu amor — Laysla beijou o rosto de Ícaro. — Todo mundo merece outra chance. Veja a minha mãe, por exemplo. Deus lhe deu uma chance de se modificar e ela vem conseguindo isso muito bem. Helder e eu estamos muito contentes por ela nunca mais ter ficado bêbada.

— E olha que eu vivia em um carrossel — completou Edilene. — Via tudo girando.

Algumas risadas descontraídas quebraram o clima tenso. Laysla insistiu:

— Perdoe sua mãe, Ícaro. Você é um rapaz tão nobre, com um coração tão generoso. Eu o amo pelo que é, mas não quero conhecer um lado seu duro e insensível. Se você não pode perdoar a própria mãe, imagine eu, se um dia fizer algo que o desagrade.

— O que quer dizer com isso? — ele pareceu assustado. — Está pensando em me trair?

— Lógico que não. Mas nós podemos brigar como acontece com qualquer casal. Se isso acontecer, quero ser perdoada, assim como irei perdoá-lo.

Ouvindo aquelas palavras, Ícaro percebeu que Laysla poderia estar certa. Talvez Valéria realmente merecesse uma oportunidade para mostrar que estava agindo de uma nova maneira.

— Tudo bem... eu aceito — olhando para os irmãos, ele completou: — Vamos preparar uma festa surpresa para a mamãe.

— Eu também queria descobrir o número do telefone dos nossos tios e da nossa avó que moram no interior — era estranho mencionar parentes que até outro dia nem imaginavam existir, mas Michel sabia que todos formavam uma única família agora. — Creio que a mamãe ficaria feliz com a surpresa.

— Pode ser. Mas e você, Kennedy? Também a perdoou?

Ele deu de ombros.

— Estando com as minhas garrafinhas de gim, uísque, vodca ou conhaque, tudo está muito bem.

Edilene aproximou-se de Kennedy e o segurou pelo braço com delicadeza.

— Será que você se importaria de conversar a sós comigo na cozinha?

Mesmo estranhando aquele convite, Kennedy aceitou. Nesse momento, batidas vigorosas foram ouvidas na porta.

— Quem será? — perguntou Laysla.

— Deixe que eu abro — Helder levantou-se do sofá e abriu a porta.

Em seguida, arrependeu-se por não ter espiado pelo olho mágico ou perguntado quem era.

Zacarias invadiu a casa como um furacão. Os olhos avermelhados mostravam que ele estava embriagado ou drogado. Usava uma camiseta branca, mas tão suja e encardida quanto um pano de chão. Ele encarou os enteados com raiva e nem pareceu notar Ícaro e Michel.

— Onde está a vadia da mãe de vocês?

Enquanto todos tentavam se recuperar do choque diante daquela visita inesperada, Michel recuava, pálido e trêmulo. Quase caiu sobre o sofá, sem conseguir desgrudar do rosto de Zacarias. Jamais conseguira se esquecer daquele rosto, daquele olhar, daquele tom de voz... E, quando Zacarias ergueu o braço para tentar intimidar Laysla e Helder, Michel observou, com horror, a tatuagem do pentagrama.

———

Na cozinha, Edilene acomodou Kennedy em uma cadeira. Ofereceu um copo de suco, mas ele negou com a cabeça. Gostava de outros tipos de refresco.

— Acho que ouvi você falando que toma bebidas alcoólicas — começou Edilene.

— Elas me fazem bem, me deixam esquecer a mãe que tenho.

— Ah, eu sei melhor do que ninguém o efeito que elas nos trazem. Até pouco tempo atrás, eu era uma alcoólatra inveterada. Quase estraguei a minha vida e a vida dos meus filhos. Graças a Teresa, que trabalha na sua casa, hoje sou outra pessoa. E confesso que não sinto a menor saudade daqueles tempos.

— É, Teresa também fala comigo. Mas eu me sinto bem quando bebo. Não quero parar.

— Mas eu também me sentia bem. Ficava brava quando alguém tentava me dar conselhos, exatamente como estou fazendo com você agora — ela tentou segurar as mãos de Kennedy, mas ele as recolheu. — Quantos anos você tem?

— Vinte e dois.

— É ainda uma criança. Não vá destruir a sua vida como eu quase fiz com a minha. Viva a sua juventude longe do álcool. Faça um esforço que você vai conseguir. Se a sua mãe mudou, como seu irmão está contando, deixe a bebida de lado e vá ser feliz.

Kennedy nada respondeu.

— Existem algumas clínicas de recuperação para alcoólatras. Eu nunca deixei que os meus filhos me internassem nesses lugares. Mas agora, que deixei de beber, sinto vontade de frequentar um lugar que me dê incentivo. Sei que posso fraquejar e voltar ao vício. Você já deve ter ouvido falar de grupos de apoio como os Alcoólatras Anônimos.

— Já, sim.

— Eu queria participar desses encontros, mas não queria ir sozinha. Será que você não aceitaria me acompanhar?

Kennedy a encarou como se estivesse diante de uma psicopata.

— Eu já falei que não quero deixar de beber.

— Por favor, aceite o meu convite. Sei que você está me conhecendo hoje. Mas nós até podemos ficar amigos, visto que temos um histórico em comum. Da mesma maneira que fui ajudada pela sua governanta, estou tentando ajudar alguém que está passando pelas mesmas dificuldades por que passei. Acho que a vida é assim, uns procurando ajudar os outros.

Kennedy ficou calado por alguns instantes, refletindo sobre as palavras dela. Quando resolveu dar sua resposta final, ambos ouviram vozes alteradas vindas da sala.

— O que é isso? — indagou Kennedy, voltando o rosto para a porta da cozinha.

— É a voz do Zacarias. Santo Deus, o que ele está fazendo aqui?

Edilene levantou-se e Kennedy a seguiu em direção à sala.

———

Laysla e Helder tinham se postado na frente de Zacarias.

— Você não vai dar mais um passo! — avisou Laysla, furiosa. — Já estamos cansados de sua presença em nossas vidas.

— Eu quero falar com a sua mãe e vocês não vão me impedir.

Ícaro estava se preparando para intervir quando Michel o agarrou pelo braço.

— Foi este cara, Ícaro — a voz dele estava trêmula e sufocada.

— O que tem ele?

— É o homem que assaltou Isaac e eu. Foi ele quem atirou em nós. Ele é o criminoso que matou Isaac.

— Tem certeza disso?

— Absoluta. Vou chamar a polícia — sem esperar argumentos do irmão, Michel se afastou e começou a discar um número no celular.

— Acham que eu tenho medo de vocês? — soltando uma gargalhada idiota, Zacarias avançou contra os enteados.

Laysla foi a primeira a reagir. Dobrou a perna e a distendeu para a frente num chute que acertou Zacarias entre as pernas. Quando ele se curvou, Helder o contornou e, usando um dos braços fortes, aplicou uma gravata no pescoço do padrasto. Enquanto Zacarias tentava se livrar do golpe, que já o sufocava, Laysla o chutou novamente, desta vez no rosto.

— Deixe os meus filhos em paz, seu verme! — gritou Edilene, assim que viu os filhos lutando contra Zacarias.

Naquele momento, perguntou-se como pudera ter mantido relações íntimas com aquele homem por tantos anos.

— Vocês vão me pagar — murmurou Zacarias, cujo rosto estava ficando arroxeado, enquanto Helder pressionava sua garganta com o braço.

— Não temos medo de suas ameaças — garantiu Laysla, alterada.

Instantes depois eles ouviram sirenes se aproximando. As viaturas estacionaram diante da casa de Laysla com os pneus cantando.

Vários policiais entraram na casa com armas em punho. Michel apontou para Zacarias. Helder o soltou e ele desabou no chão, o que facilitou o trabalho dos policiais que logo o algemaram.

— Este homem é um criminoso — gritava Michel, completamente histérico. — Ele matou uma pessoa na minha frente e atirou em mim. Depois fugiu e nunca mais tivemos notícias dele.

— Meu irmão achava que o responsável por aquele crime nunca seria encontrado — reforçou Ícaro.

— Qual seu nome completo? — rosnou um dos policiais para Zacarias.

— Zacarias Barbosa Teixeira — ele conseguiu responder, ofegante e cansado.

— Eu já ouvi falar nesse nome — interveio outro policial. — Se for o cara que estou pensando, tem várias passagens pela polícia, está envolvido com tráfico de drogas e vem sendo procurado nos últimos dois anos por vários outros crimes.

Foi preciso três soldados para erguer Zacarias e o arrastar para a delegacia. Logo depois, os outros foram em outras duas viaturas. Teriam muito que contar ao delegado.

epílogo

As provas contra Zacarias o mantiveram preso. O delegado garantiu que ele não iria se salvar do julgamento. Foi condenado. Para Michel, a prisão daquele homem foi um meio de justiça pelo que ele tinha feito com Isaac, embora não servisse de consolo. Ele tinha certeza de que Isaac estaria bem vivendo no astral, mas não era a mesma coisa do que ter a pessoa ao seu lado, em todos os momentos.

Quinze dias depois da prisão, Zacarias foi encontrado morto na cela que dividia com outros vinte e três detentos. Os carcereiros disseram que tinham ouvido um reboliço, mas, quando chegaram lá, Zacarias já estava sem vida. Os demais presidiários não quiseram explicar o motivo da briga e muito menos apontar os responsáveis pelo crime.

Nesta mesma cela, estavam detidos Edmundo e Manoel.

São Paulo era uma cidade ainda maior e mais movimentada do que Belo Horizonte. Assim, não foi difícil para Tomásia "encaixar" Isabel em outro prostíbulo. Com Ênio, eles viviam em um modesto apartamento de dois dormitórios, que em nada lembrava a espetacular residência que possuíam na capital de Minas Gerais.

Não tinham se acostumado com a vida simples e talvez nunca se acostumassem, mas agora não tinham mais como mascarar sua condição financeira. A vantagem era que, em São Paulo, ninguém os conhecia.

Isabel se prostituiu por apenas duas semanas, desde que chegara à nova cidade. Ela contou a uma colega de trabalho que fazia aquilo muito mais para sustentar os pais do que por algum tipo de prazer. A outra jovem, que viera de Campinas, foi taxativa. Disse que Isabel precisava se livrar deles para caminhar com as próprias pernas. Era linda demais para se vender a homens desconhecidos pelo resto da vida.

E foi o que Isabel fez. Teve uma discussão ferrenha com os pais na qual determinou que nunca mais voltaria ao prostíbulo. Tomásia ficou furiosa e estapeou a filha várias vezes. Na verdade, ela agia por medo. Isabel era o sustento dos pais e, a menos que ela arrumasse um emprego lucrativo, os três passariam fome.

Depois dos tapas que dera na filha, Tomásia foi procurá-la à noite, em seu quarto. Mas, ao entrar nos aposentos de Isabel, uma surpresa: o quarto estava vazio. A única coisa deixada por Isabel foi um bilhete, dizendo: *"A partir de hoje eu mesma mando na minha vida. Estou saindo de casa e não vou lhes dizer para onde irei. Se não quiserem virar mendigos, é melhor que procurem empregos dignos".* As semanas seguintes mostraram que Isabel dissera a verdade. Ela tinha desaparecido. Tomásia e Ênio não tiveram mais notícias da única filha.

Morando em Campinas, com a família de sua ex-colega de trabalho, Isabel conheceu um rapaz de classe média, por quem demonstrou verdadeira afeição. Ele também se apaixonou por ela e a pediu em casamento. Ao menos, não demoraria quatro anos para se casar, como Ícaro fizera. Por esse novo pretendente, ela sentia mais atração e tinha certeza de que seria feliz ao seu lado, enterrando para sempre seu passado de promiscuidade, luxúria e prostituição.

Tomásia e Ênio foram obrigados a arrumar emprego. Conseguiram trabalho em uma casa de família, em São Paulo. Ele como motorista particular de uma mulher muito mais esnobe e arrogante que Valéria. E Tomásia como empregada doméstica na casa, sendo diariamente humilhada e espezinhada pelos patrões.

———

Foi com muita emoção que Samara e Sidnei viram pela primeira vez a criança que iriam adotar. Tratava-se de uma linda menininha de dois anos. Como uma bela coincidência, a menina era morena, com os cabelos crespos e as feições delicadas. Parecia uma mistura de Sidnei e Samara, como se realmente fosse filha deles.

Tiraram muitas fotografias da menina no orfanato. Ainda teriam algumas audiências até que obtivessem a autorização junto ao Juizado para que concluíssem o processo de adoção. Mas já estavam providenciando roupas, brinquedos e um apartamento novo para acomodarem a pequena Stephany.

De vez em quando Samara brincava dizendo que, quando a menina estivesse com dez anos, ela teria sessenta e um, o que a faria parecer a avó da filha e não a mãe. Mas para Sidnei estava tudo bem e normal. Nunca se importou com os comentários alheios. Amava a esposa e sabia que era amado. Na verdade, tanto Sidnei quanto Samara tinham aprendido que nem sempre podemos dar ouvidos ao que as pessoas nos dizem. A voz mais sábia é aquela que vem do coração.

O domingo amanheceu com céu claro e limpo. Logo o sol começou a brilhar, mostrando que aquele seria um belo dia.

"Quarenta e seis anos", pensou Valéria assim que abriu os olhos. Essa era a idade que estava completando. Vivera uma vida intensa, mas cujos resultados favoráveis só tinham começado a aparecer havia poucos meses. Ela sentia-se outra pessoa e, quando se lembrava das atitudes que tivera, sentia vergonha de si mesma.

Todos os dias, nem que fosse por apenas dez minutos, ela e Teresa se encontravam em algum lugar da casa para conversarem sobre espiritualidade. Teresa lhe emprestara livros fantásticos sobre o assunto. Valéria, que nunca fora dada a ler nada que não se referisse à moda, perdia a noção do tempo, mergulhada naquelas obras que tanto conforto e paz traziam ao seu coração.

Não tinha mais medo de espíritos e, quando contou isso para Teresa, a governanta caiu na risada. Agora ela entendia que a espiritualidade era um assunto moderno, bem-conceituado, que vinha sendo aceito em muitas crenças religiosas e científicas.

Foi então que ela se deu conta de que Felipe não estava na cama. Aos domingos, ele raramente se levantava antes dela. Valéria sentou-se na cama e notou o papel dobrado sobre a colcha. Com cuidado, ela o desdobrou e reconheceu a caligrafia de Felipe, que dizia:

"Eu tentei, mas foi impossível salvar o nosso casamento. Estou saindo de casa novamente, levando Michel e Kennedy comigo. Felicidades, Felipe".

Ela quase gritou ao ler aquelas palavras. Releu a mensagem, saltou da cama, jogou o penhoar por cima da camisola e saiu correndo do quarto. Com lágrimas escorrendo pelo rosto, ela passou pelo quarto de Michel e de Kennedy, que estavam arrumados e vazios.

Não conseguia entender o que fizera para que eles a abandonassem de novo. Será que os magoara de alguma forma, sem nem ao menos perceber?

Estava descendo a escadaria de mármore apressada-

mente, à procura de Teresa, quando várias pessoas surgiram por todos os lados, sorrindo e aplaudindo. Num segundo ela viu os rostos do marido, dos quatro filhos, de Serena e do seu irmão Márcio, que gritaram em uníssono:

— Feliz aniversário, Valéria!

Como se fosse uma festa infantil, alguém soltou bexigas coloridas que subiram até a abóbada bem trabalhada da casa. Totalmente sem reação, Valéria abraçou o próprio corpo e sentou-se em um degrau das escadas. Todos foram até ela, que só conseguia chorar. Recebeu, num só momento, tantos abraços e felicitações que nem soube compreender quem falava o quê.

— O seu bilhete...? — ela balbuciou para Felipe, mas a emoção embargou sua voz.

— Ora, querida, e você realmente acreditou que eu ia deixá-la? Boba será a pessoa que perder Valéria Falcão de vista.

— E temos presentes — sorriu Ícaro.

— E novidades — completou Sidnei.

— Vocês vieram...

Samara e Laysla, sorrindo, estenderam dois embrulhos para Valéria. Ela pegou os pacotes e agradeceu:

— Muito obrigada! E eu queria aproveitar este momento para pedir perdão às duas por ter sido tão preconceituosa e ignorante.

— Hoje é um dia feliz, dona Valéria — respondeu Samara, animada. — Não vamos nos ater às mágoas do passado. Todos nós temos defeitos, por isso estamos caminhando rumo ao aperfeiçoamento. Temos que cometer alguns deslizes para aprender com eles.

— Sejam bem-vindas à família Falcão — tornou Valéria, emocionada.

— Posso te dar um abraço? — perguntou Laysla.

— Claro.

Laysla envolveu Valéria com os braços e, aproximando os lábios do ouvido da futura sogra, sussurrou:

— Obrigada... Clarice.

O coração de Valéria deu um salto ao ouvir o nome que dera ao fazer a denúncia anônima contra Edmundo e Manoel. Mas, pela expressão tranquila de Laysla, era evidente que, apesar de ela ter descoberto a verdade, não diria nada a Ícaro. Seria um segredo que morreria entre as duas.

Serena, Márcio e Mirela também se aproximaram. Serena estava deslumbrada com a imensidão da casa.

— Puxa, Valéria, sua casa é um pouquinho maior que a minha, hein?

Houve novas risadas descontraídas. Felipe explicou mais tarde que ele fora pessoalmente à cidade natal de Valéria buscar a família dela para o aniversário surpresa que tinham organizado para ela. Os rapazes tinham se encantado com a figura alegre e simpática da avó e do tio.

— E Nestor? — quis saber Valéria, notando a falta do outro irmão. Ele não teria ido porque não conseguira perdoá-la?

— Ele não quis vir — admitiu Serena com a voz triste. — Mas mandou uma lembrança para você.

Serena mostrou um pacote pequeno, embrulhado em um papel colorido. Valéria abriu a embalagem rapidamente e sentiu os olhos marejarem quando viu as pequenas sapatilhas coloridas que ganhara de uma vizinha, aos cinco anos.

— Nestor sempre guardou essas sapatilhas — explicou Serena. — Sabia o quanto você as tinha detestado e agora quis devolvê-las. Espero que não se importe.

Valéria, sem saber muito bem se aquilo era uma resposta positiva por parte do irmão ou não, simplesmente sorriu. Pelo menos, de algum modo, Nestor lembrara-se dela, o que poderia ser um bom sinal.

Felipe abraçou-a por trás e beijou-a no pescoço, dizendo que ela ficava mais linda a cada aniversário. Então ele apontou discretamente para uma janela, que dava para o jardim, onde a mesa com os comes e bebes fora colocada. Valéria não sabia dizer como pudera permanecer dormindo enquanto eles cuidavam de toda aquela organização.

Ao desviar os olhos na direção apontada pelo marido, Valéria viu Michel conversando com Helder sob uma árvore. Helder contava algo que fazia Michel rir.

Por um momento, Valéria lembrou-se de Isaac. A amizade entre o filho e Isaac tinha começado exatamente daquela forma, para terminar em um relacionamento íntimo. Ela pouco sabia sobre a vida de Helder, à exceção de que ele era de uma família simples e honesta. Porém, pela primeira vez ela viu o relacionamento do filho com outros olhos. Michel foi quem mais procurara convencer os irmãos de que ela tinha mudado. Ele queria vê-la feliz, então nada seria mais justo que desejar o mesmo para ele.

E quando viu Michel e Helder unirem-se em um abraço, aproximando os rostos no que, a distância, parecia ser um beijo, ela sorriu. Abençoava aquela união, assim como abençoava a vida em comum que Sidnei teria com Samara e o futuro casamento de Ícaro com Laysla. Fora muito egoísta, mas tinha aprendido a rever seus conceitos.

Tinha compreendido que, ao se despir do racismo, do desrespeito e da discriminação, ela jogara fora conceitos antiquados, substituindo-os por uma forma mais moderna e compreensiva de encarar os relacionamentos dos filhos. Para que eles fossem felizes como sempre desejara, era preciso libertá-los e apoiar suas escolhas da melhor maneira que pudesse.

— Eu tenho uma notícia para dar a todos — anunciou Kennedy, de repente.

Todos pararam para olhá-lo. Ele fez um gesto para Edilene, que se aproximou. Ela também aparentava estar muito bem. A partir da semana seguinte, Edilene reassumiria seu trabalho na barraca de frutas em que Laysla trabalhava, pois queria que a filha se dedicasse ao curso de Moda que Ícaro estava pagando para ela. Michel a orientaria, compartilhando tudo o que ele já aprendera.

— Não tenho nenhuma vergonha em dizer para todos que tenho problemas com bebidas alcoólicas. Mas decidi que quero mudar isso também. Todo mundo passou por várias transformações nos últimos tempos, menos eu, que continuo parado no mesmo lugar, como se fosse um bloco de concreto.

Algumas pessoas riram disso, mas outras permaneceram sérias, esperando para ver aonde ele queria chegar.

— Eu resolvi passar por um tratamento em uma clínica de recuperação para pessoas dependentes de álcool. Tenho certeza de que vou sair de lá outro homem.

— Eu passei pelos mesmos problemas que ele recentemente — ajuntou Edilene, segurando na mão de Kennedy. — Nunca mais bebi, mas ainda me sinto muito insegura. Aqui mesmo, nesta festa, há bebidas alcoólicas e eu vou me esforçar para me manter longe delas. Por isso, quero acompanhar Kennedy nesta luta contra o vício. Faremos tudo o que for necessário para superar essa batalha, porque nós dois nascemos para ser vencedores.

Houve uma salva de palmas. Valéria e Felipe prenderam Kennedy e Edilene em um abraço forte e carinhoso.

Teresa acompanhava a cena com grande emoção. E, ao virar o rosto para o lado direito, próximo das escadas, por brevíssimos segundos, teve uma visão que a deixou maravilhada.

Tinha certeza de ter visto alguns espíritos usando roupas claras. Não reconheceu todos eles, mas pôde ver o espírito de Isaac, que olhava carinhosamente para Michel e para Helder, torcendo para que os dois fossem felizes juntos.

Mas Teresa também pôde ver o espírito do seu filho, Carlinhos, de mãos dadas com a mulher que fora sua mãe e a quem se dedicara após o acidente. Ambos acenaram para ela e assopraram um beijo, desaparecendo em seguida.

Abel e Elke permaneceram mais um pouco. Eles também tinham certeza de que Michel seria feliz ao lado de Helder, pois ele era o espírito de Sheridan, o guerreiro que se apaixonara por Glynna na última encarnação, e agora animava o corpo de Michel.

Abel e Elke deram as mãos para Isaac e para o homem que também acompanhava a movimentação com olhos lacrimejantes. Era o espírito de Alfredo, pai de Valéria, que sempre aguardara pelo retorno da filha em sua pequena cidadezinha.

— Acho que posso dizer que Valéria finalmente retornou — ele comentou com os demais. — Não para sua cidade, mas para a vida que ela merece ter ao lado daqueles que ama. Que Deus proteja a todos!

— Por aqui, tudo está em paz, o que é o mais importante — concluiu Elke, olhando para Abel: — Valéria ainda tem muito que aprender, mas creio que o que ela já aprendeu a fez encontrar a verdadeira felicidade.

— É isso mesmo, Elke. A principal mensagem que ela compreendeu foi que, apesar das dificuldades que enfrentamos todos os dias, das desilusões e decepções que sofremos com outras pessoas, dos obstáculos que ultrapassamos para progredirmos, a Vida, com sua inteligência e sabedoria infinitas, nos faz receber a visita da verdade.

Alfredo segurou com força na mão de Isaac e ambos sorriram para Elke e Abel. Estavam prontos para partir, mas retornariam sempre que fosse possível ou necessário.

Quando eles se foram, deixando energias suaves e elevadas no ambiente, Ícaro, Michel, Kennedy e Sidnei abraçaram Valéria a um só tempo, beijando-a várias vezes no rosto.

— Nós amamos você, mãe. E parabéns pelo seu aniversário mais uma vez.

E Valéria soube, naquele momento, que seus filhos estavam felizes, como ela sempre desejou. Seu sonho finalmente se realizara.

fim

GRANDES SUCESSOS DE

ZIBIA GASPARETTO

Com 20 milhões de títulos vendidos, a autora tem contribuído para o fortalecimento da literatura espiritualista no mercado editorial e para a popularização da espiritualidade. Conheça os sucessos da escritora.

Romances

pelo espírito Lucius

A força da vida
A verdade de cada um
A vida sabe o que faz
Ela confiou na vida
Entre o amor e a guerra
Esmeralda
Espinhos do tempo
Laços eternos
Nada é por acaso
Ninguém é de ninguém
O advogado de Deus
O amanhã a Deus pertence
O amor venceu
O encontro inesperado
O fio do destino
O poder da escolha
O matuto
O morro das ilusões
Onde está Teresa?
Pelas portas do coração
Quando a vida escolhe
Quando chega a hora
Quando é preciso voltar
Se abrindo pra vida
Sem medo de viver
Só o amor consegue
Somos todos inocentes
Tudo tem seu preço
Tudo valeu a pena
Um amor de verdade
Vencendo o passado

Sucessos

Editora Vida & Consciência

Amadeu Ribeiro

A herança
A visita da verdade
Juntos na eternidade
Laços de amor
Mãe Além da vida
O amor não tem limites
O amor nunca diz adeus
O preço da conquista
Reencontros
Segredos que a vida oculta vol.1
A beleza e seus mistérios vol.2
Amores escondidos vol. 3
Seguindo em frente vol. 4
Doce ilusão vol. 5

Amarilis de Oliveira

Além da razão (pelo espírito Maria Amélia)
Do outro lado da porta (pelo espírito Elizabeth)
Nem tudo que reluz é ouro (pelo espírito Carlos Augusto dos Anjos)
Nunca é pra sempre (pelo espírito Carlos Alberto Guerreiro)

Ana Cristina Vargas

pelos espíritos Layla e José Antônio

A morte é uma farsa
Almas de aço
As aparências enganam
Código vermelho
Em busca de uma nova vida
Em tempos de liberdade
Encontrando a paz
Escravo da ilusão
Ídolos de barro
Intensa como o mar
Loucuras da alma
O bispo
O quarto crescente
Sinfonia da alma

Carlos Torres

A mão amiga
Passageiros da eternidade
Querido Joseph (pelos espírito Jon)
Uma razão para viver

Cristina Cimminiello

A voz do coração (pelo espírito Lauro)
As joias de Rovena (pelo espírito Amira)
O segredo do anjo de pedra (pelo espírito Amadeu)

Eduardo França

A escolha
A força do perdão
Do fundo do coração
Enfim, a felicidade
Um canto de liberdade
Vestindo a verdade
Vidas entrelaçadas

Floriano Serra

A grande mudança
A outra face
Amar é para sempre
A menina do lago
Almas gêmeas
Ninguém tira o que é seu
Nunca é tarde
O mistério do reencontro
Quando menos se espera...

Gilvanize Balbino

De volta pra vida (pelo espírito Saul)
Horizonte das cotovias (pelo espírito Ferdinando)
O homem que viveu demais (pelo espírito Pedro)
O símbolo da vida (pelos espíritos Ferdinando e Bernard)
Salmos de redenção (pelo espírito Ferdinando)

Jeaney Calabria

Uma nova chance (pelo espírito Benedito)

Juliano Fagundes

Nos bastidores da alma (pelo espírito Célia)
O símbolo da felicidade (pelo espírito Aires)

Lucimara Gallicia

pelo espírito Moacyr

Ao encontro do destino
Sem medo do amanhã

Márcio Fiorillo

pelo espírito Madalena

Lições do coração
Nas esquinas da vida

Maurício de Castro

A outra (pelos espíritos Hermes e Saulo)
Caminhos cruzados (pelo espírito Hermes)
O jogo da vida (pelo espírito Saulo)
Sangue do meu sangue (pelo espírito Hermes)

Meire Campezzi Marques

pelo espírito Thomas

A felicidade é uma escolha
Cada um é o que é
Na vida ninguém perde
Os desafios de uma suicida (pelo espírito Ellen)
Uma promessa além da vida

Rose Elizabeth Mello

Como esquecer
Desafiando o destino
Livres para recomeçar
Os amores de uma vida
Verdadeiros Laços

Sâmada Hesse

pelo espírito Margot

Revelando o passado

Sérgio Chimatti

pelo espírito Anele

Lado a lado
Os protegidos
Um amor de quatro patas

Thiago Trindade

pelo espírito Joaquim

As portas do tempo
Com os olhos da alma
Maria do Rosário
Samsara

VIDA & CONSCIÊNCIA
EDITORA

Rua das Oiticicas, 75 – SP
55 11 2613-4777

contato@vidaeconsciencia.com.br
www.vidaeconsciencia.com.br

Meire Campezzi Marques

pelo espírito Thomas

A felicidade é uma escolha
Cada um é o que é
Na vida ninguém perde
Os desafios de uma suicida (pelo espírito Ellen)
Uma promessa além da vida

Rose Elizabeth Mello

Como esquecer
Desafiando o destino
Livres para recomeçar
Os amores de uma vida
Verdadeiros Laços

Sâmada Hesse

pelo espírito Margot

Revelando o passado

Sérgio Chimatti

pelo espírito Anele

Lado a lado
Os protegidos
Um amor de quatro patas

Thiago Trindade

pelo espírito Joaquim

As portas do tempo
Com os olhos da alma
Maria do Rosário
Samsara

VIDA & CONSCIÊNCIA
EDITORA

Rua das Oiticicas, 75 – SP
55 11 2613-4777

contato@vidaeconsciencia.com.br
www.vidaeconsciencia.com.br